U0018298

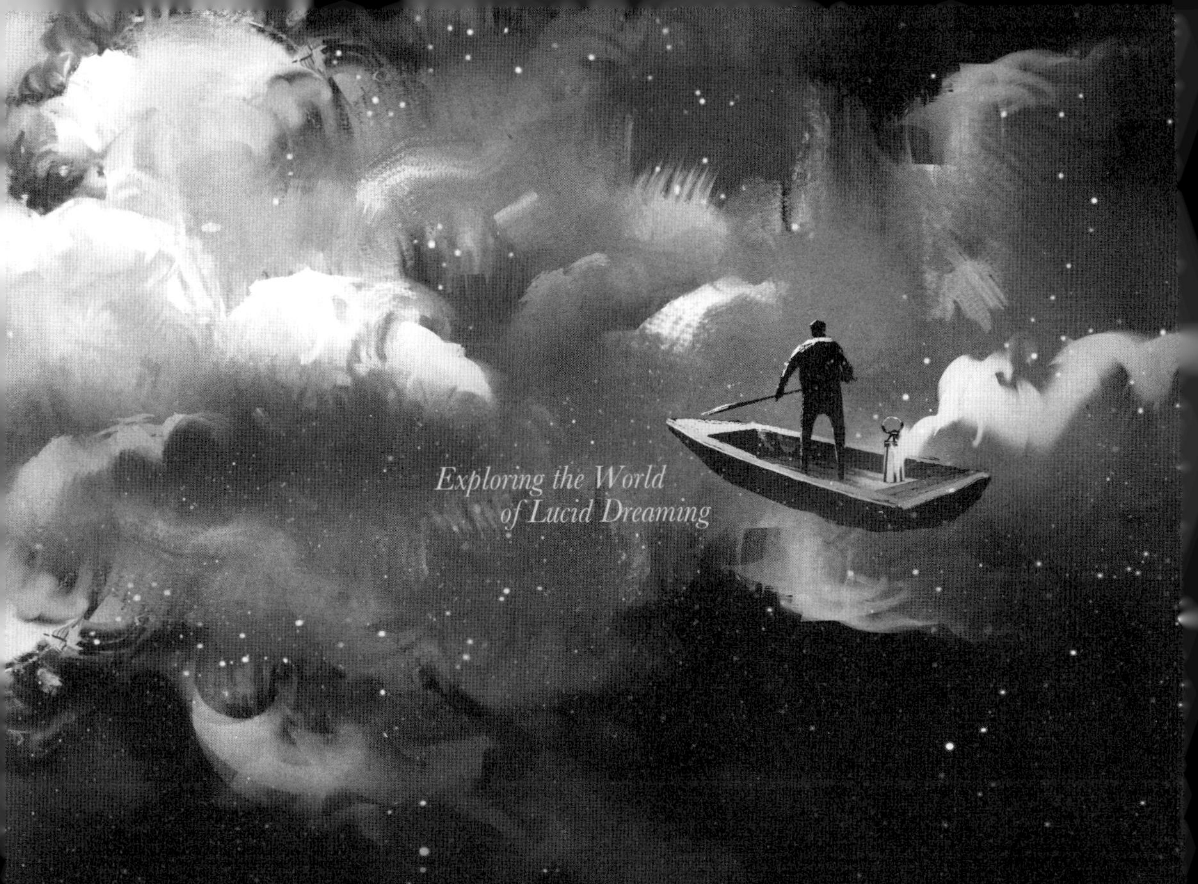

清明夢
完全使用手冊

操控夢境，翻轉人生！

史蒂芬・賴博格博士 Stephen LaBerge, Ph.D
霍華德・瑞格德 Howard Rheingold ———— 著
蔡永琪 ———— 譯

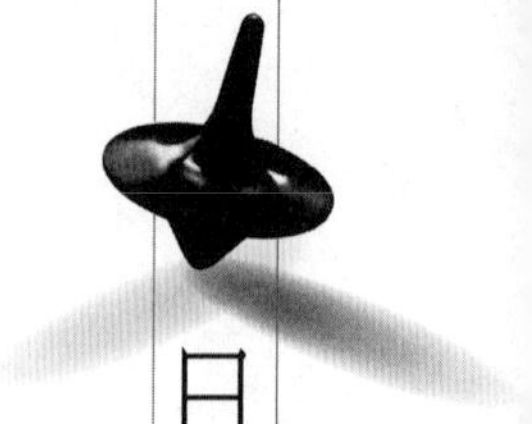

目次

42個清明夢練習

第一章

別再浪費你的夢：認識什麼是清明夢

我發現我在做夢。我舉起手臂，開始向上升起（事實上，我被抬了起來）。我穿越漆黑的天空，天際從墨黑轉為靛藍、深紫、淺紫、白色，接著又變成耀眼的亮光。我被抬起時，空氣中一直流瀉著音樂，那是我所聽過最悅耳動人的音樂，聽起來像是人聲，不像是樂器演奏，我所感覺到的喜悅，言語難以形容。我被輕柔地放回地面，感覺自己來到了生命的轉捩點，選了正確的路。這個夢彷彿是一種回報，讓我體驗喜悅。音樂在我耳際迴盪，我慢慢地、悄悄地甦醒，這份歡愉持續幾天，但是這份回憶卻永遠留存。

（密西根州海灣市的A.F.）

我太太指著落日時，我正站在一片遼闊的空地，看著落日，心想：「真奇怪，我以前從沒見過這種顏色。」接著，我幡然醒悟：「我一定是在做夢！」我從未有過如此清晰的知覺感受，顏色如此美麗，那股自由感如此令人振奮，我開始奔跑，穿過這美麗的黃金麥田，在空中揮舞著雙手，放聲大喊：「我在做夢！我在做夢！」突然間，我離開了夢境，這一定是因為過度興奮之故。我立刻醒來，回想剛才發生的事，於是搖醒太太，告訴她：「我辦到了！我辦到了！」我在夢境狀態成功保持了意識，我再也不是以前的我了。聽來有點好笑吧！初次體會清明夢，就有這麼大的影響！我想是那股自由感，我們看到真正掌控了自己的宇宙。

（明尼蘇達州赤鹿河的D.W.）

我目前正在修專業音樂家的課程（法國號），希望能排除在眾人面前表演的恐懼感。好幾次，我試著在入睡前放鬆整個身體和心靈，將自己置於自我催眠、白日夢的狀態。接著，我集中精神想辦法做夢，夢中我獨自在一大群觀眾面前表演，但卻絲毫不緊張或焦慮。在我進行這個實驗的第三個晚上，我做了一個清明夢，夢中的我在芝加哥交響樂廳舉辦獨奏會（我以前曾經在那裡表演過一次，但當時是和整個交響樂團一起演出）。我並未因觀眾而緊張，而我所演奏的每個音符都讓我更有自信。我完美地演奏以前只聽過一次，但從未嘗試過的曲子，而觀眾熱烈的掌聲使我充滿自信。醒來時，我快速寫下夢境內容與我演奏的曲子。第二天練習時，我未多做練習就演奏起這首曲子，表演幾近完美。兩週後（期間也做了幾次清明夢），我與樂團一起演奏了蕭士塔高維契（Shostakovich）的《第五交響曲》（Fifth Symphony）。這是我第一次演奏絲毫不緊張，演出非常地順利。

（伊利諾州普羅斯貝克山的J. S.）

怪異、奇妙，甚至不可能的事常在夢中發生，但是人們通常不會意識到自己在做夢。**通常**並不意味著「總是」，通則下總有一些重要的例外。有時，造夢者**的確**清楚知道，如何解釋他們正在經歷的詭異事件，前面那些**清明夢**的相關敘述，就是他們知道自己在做夢以後，所產生的結果。

清明夢的造夢者明白他們所經歷的世界，是個人想像力創造出來的，因此，他們可以有意識地影響夢境結果，也可以創造並轉變物體、人物、情況、世界，甚至是自己。藉由對自然與社會現實的了解，他們可以判斷真實與夢境，進而辨到真實世界裡不可能的事。

清明夢的世界提供了比日常生活更遼闊的舞台，讓想像所及的事，從芝麻小事到豐功偉業，都有可發揮的空間。只要選擇這麼做，你也可以縱情於瓊筵之上，翱翔於斗牛之間，甚至穿梭到未知的祕境。有些人把清明夢當作工具，用來解決問題、自我療癒或是個人成長，你不但可以加入他們，更可以用它找到你最深層的認同——你到底是誰？這也是現代心理學家認為清明夢可以幫你完成的。

人類知道清明夢的存在已經好幾個世紀了，但是對它的了解程度還是很稀少。我自己在這方面的科學探索，以及全世界其他夢境研究人員的研究，都才剛起步。這全新的研究領域，近來引起許多人的注意，而且根據研究發現，只要施予適當訓練，大家就可以學會做清明夢。

為何人們想學習在夢中保持意識清明呢？根據我個人的經驗，與其他成千上萬名造夢者的看法，清明夢可能格外逼真、強烈、有趣，而且令人心情振奮，大家經常認為清明夢是人生最棒的經驗之一。

誠如許多人所發現，清明夢可以用來改善**清醒**時的生活品質。數以千計的人寫信到史丹佛大學，告訴我他們如何運用清明夢得來的知識與經驗，協助自己從生活中得到更大的收穫。雖然清明夢的實際運用與科學輪廓才剛開始浮現，運用清明夢作為自我心靈探索的工具也才剛萌芽，但是大多數人仍然可以安全地運用清明夢，來進行內在的探索。唯一**不**適於體驗清明夢的人，也許是那些無法分辨真實與虛妄的人。學習清明夢並不會讓我們忘卻清醒與做夢的差異，反之，做清明夢是為了使自己變得**更具有覺察力**。

為何撰寫這本新書？

在《清明夢》（*Lucid Dreaming*）那本書裡，我蒐集了從古至今關於這個主題的文獻資料。自從該書出版以來，成千上萬的讀者寫信給我，提到他們的經驗與發現，並請求我提供更多關於清明夢的實用資訊。為了回應那些請求，我決定和霍華德．瑞格德合作撰寫新書。霍華德曾經發表大量文章，探討創意、意識與夢境等主題。

《清明夢完全使用手冊》是一本自學課程，讓你按部就班學會做清明夢。你可以依照個人的步調學習，決定如何運用清明夢來豐富你的生活。書中的清明夢真實案例，都是從寄到史丹佛大學的信件裡摘要出來的，比如說本章開頭所引用的三個夢境。儘管這些「軼事證據」（**anecdotal evidence**），無法取代嚴謹的科學實驗，但是這些軼事的確為後續的清明夢探索，提供了珍貴的靈感。

自從《清明夢》出版以來，我的研究團隊繼續在史丹佛大學實驗室裡，研究夢境狀態的身／心關係，並在與夢境探索者（**oneironauts**）的工作坊裡，鑽研進入、延長與運用清明夢的方法。[1] 本書引用的清明夢資料來源，包括：史丹佛的研究、西藏睡夢瑜伽上師的教導，以及其他科學家的研究等。德國心理學家保羅．索雷（Paul Tholey）博士鑽研清明夢已有二十年之久，他的研究對本書的撰寫也有珍貴的貢獻。

本書以循序漸進的方式，呈現學習清明夢的技巧和知識。書上提到的練習適合大部分人，但是每個練習的有效程度則視個人心理與生理而定。請利用這些練習做自我測試，看看哪些練習最適合你自己。

本書的基本目標是：引導你準備好做清明夢，以及如何將清明夢應用到生活中。如果你勤於練習，應該可以大大提升你做清明夢的頻率。第五章的相關科學理論，有助於你了解清明夢形成的基礎。其餘篇章則是描述，運用清明夢來改善生活與睡眠的方法。我們篩選了一些案例，讓你更了解清明夢的實際用途。

就我們所知，本書是一般大眾首次可以取得關於清明夢的操作指南。然而，你可能無法藉由快速瀏覽本書而學會做清明夢。就像其他值得學習的事物一樣，清明夢需要付出心血。動機是成功重要的先決條件，你必須真的想做清明夢，並撥出充裕的時間來練習。如果你持續不懈地按照步驟練習，我們相信你的清明夢功力一定會大為提升。

本章將檢視你為什麼要學習在夢中變得意識清明，並概述本書的內容。第二章提供有關睡眠的背景資訊，並協助你釐清清明夢壓抑你進步的誤解。接著，將幫助你熟悉你的夢境，你將學會如何開始記錄夢境，如何加強夢境回憶。在嘗試做清明夢之前，你至少要能每晚記住一個夢。當你在夢境日誌記錄了幾個夢境之後，你就已經做好準備，可以建立「夢境徵兆」（dreamsigns）目錄了，這些夢境的特點，是你可以用來通往清明狀態的指標。

第三章討論的是，如何在夢中發現自己在做夢。當中提到兩個主要方法，分別是練習質問自己是清醒或在做夢的「反思意念練習」，以及可隨心所欲做清明夢的「清明夢記憶推引法」（MILD），這個推引法將訓練你記得在做夢時多觀察。

第四章是描述，直接從清醒狀態進入清明夢狀態的方法。而第五章詳細敘述做夢過程的起源與本質，並從夢境的前後情節來討論清明夢。

第六章則告訴你，如何增強對於夢境的操控，例如：如何停留在清明夢裡，如何隨個人意願醒來，以及如何操控、觀察夢境世界。除了操控夢境的練習之外，我們也討論了在清明夢裡，採取開放、彈性與非強制性角色的好處。

第七章教你如何運用清明夢達成願望、滿足欲望。我們將用案例和建議協助你探索新世界，展開夢境探險，並教你如何將夢境探險連結到你的自我發展。

第八章說明了，如何運用清明夢來預演現實生活。清明夢可以作為生活的「模擬艙」，你可用這個方式測試新的生活方式，以及發展技能。在夢境狀態下練習，拓展經驗、改善表現並深化對於現實生活的了解。

第九章論述到，清明夢是藝術、科學、商業與個人創意的豐富來源。不同的案例顯示，人們透過清明夢，為即將出世的孩子找到名字、修理汽車，並理解抽象的數學概念。

第十章協助你用清明夢面對並克服恐懼，讓恐懼的情緒不再限制你享受人生。造夢者可以克服夢魘，並藉此學會如何在最糟的狀況下，做出最好的應變之道。

第十一章指導造夢者，如何養成更整合、更健康的人格特質。清明夢可以幫助你面對人際關係裡的衝突，不論是過去或現在發生的人際衝突，甚至是面對親朋好友逝世的衝擊，都可以透過清明夢找到解決之道。同時，我們可以在清明夢裡學會心理彈性（mental flexibility），因為我們在夢中不會受傷，可以嘗試用前所未有的方式來解決問題。這有助於我們找到更多在清醒時，可以派得上用場的行為，減少我們不知所措的情況。

第十二章教你運用清明夢來更深地了解自己，以及自己與外在世界的關係。在夢中，你就是自己「夢想成為的人」，了解這點將有助於你看出，你的自我認知如何限制你的每日生活。清明夢的超自然經驗案例會提供給你一個方向，或許那將會是你想在個人內在世界探索的方向。

最後，整本書以後記作為結尾，並邀請你加入清明學會，成為清明學會的會員，共同努力開展清明夢的潛能與知識。

人生中，四分之一的時間用於睡眠

在深入探討如何做清明夢之前，我們先來仔細探究「學習在夢中保持清醒」的理由，清明夢是否值得我們付出如此多的時間與心力去學習呢？人生短暫是眾所皆知的事實，更糟的是，我們一生必須花上四分之一到二分之一的時間在睡眠上。但是你知道嗎？這樣不費心思地睡眠，讓我們錯過了成千上萬個維持清醒與活力的機會。

藏傳佛教的塔湯祖古（Tarthang Tulku）仁波切曾經寫道：「夢是知識與經驗的寶庫，卻往往被視為探索現實的工具，而遭到忽略。在夢境的狀態下，我們的身體休憩，但是我們可以看見、可以聽見，可以四處移動，甚至還可以學習。當我們善用夢境狀態時，我們的人生就像是加倍一樣：不只是活了一百歲，而是活了兩百歲。」[2]

我們不只可以從清明夢中獲得知識，也可以把夢中的情緒帶到清醒狀態。當我們從美妙的清明夢中笑著醒來，清醒後的情緒自然也會隨之豁然開朗。有個年輕女子在讀了探討清明夢的文章後，做了生平第一個清明夢，她的夢境給了我們一個生動的樣本。發現自己在做夢後，她「試著記住文章中的建議」，但是腦中唯一浮現的卻是她自己的想法：「終極體驗」，她覺得自己置身於「光與色彩交融的極樂中」，持續一會兒之後，她「進入完全的『高潮』」，然後，「輕輕地飄進清醒的意識」，接下來一個多星期她都有著「飄飄然的歡樂感」。[3]

這種清醒後持續存在的良好感受，是清明夢的一個重要層面，不論記得夢境與否，往往會為我們在清醒時的情緒，增添愉悅的色彩，有時甚至整天都很快樂。正如「惡」夢的負面餘波會讓你覺得倒楣，美夢的正面感受也會幫助你帶著信心與活力，展開一天的生活，鼓舞人心的清明夢就是如此美妙。

也許你還在想：「我的夢境生活已經夠有趣了，為什麼還要努力提升我對夢的覺察力？」倘若如此，請你想想傳統神祕教義所說——人類多半處在睡眠狀態。曾有人詢問伊斯蘭教蘇非派（**Sufi**）的卓越導師伊德里斯．夏（**Idries Shah**），請他指出「人類的基本錯誤」。他的回答是：「以為自己是活著的，其實只是在生命的等候室睡著了。」❹

清明夢可以幫助我們理解夏的說法，一旦你知道自己在做夢，同時明白你可以做到的遠遠高於原本的認知時，你就能想像在清醒時遇到類似狀況會是什麼樣子。正如梭羅（**Thoreau**）所說：「我們的真實生活就是當我們在夢裡保持清醒之際。」

如果你尚未做過清明夢，你可能會覺得很難想像清明夢是什麼狀況。雖然需要親自體驗才能真正了解何謂清明夢，但是如果將清明夢與較為人熟悉的意識狀況做個比較，你可能就會大致了解——那個意識狀況，就是你現在的意識狀態！接下來的練習，將引導你覺察日常清醒的意識狀態，每個步驟請花一分鐘時間練習。

練習 1 覺察當下的意識狀態

一、觀看

覺察你所看見的事物，注意豐富多變、栩栩如生的影像——形狀、色彩、動作、大小與整個視覺可及的世界。

二、傾聽

覺察你所聽見的事物，注意耳朵所聽進的各種聲音，不同音域的強度、音高與音調特質，包括老掉牙的故事或音樂的美妙旋律。

三、感覺

覺察你所觸摸的東西，注意它們的質感（平滑、粗糙、乾燥、黏糊或潮濕）、重量（沉重、輕巧、結實或空洞），帶給你喜悅、疼痛、熱與冷等感覺。也留意身體當下的感覺，並將這感覺與其他時候的諸多感覺比較，例如：疲累或活力充沛，僵硬或柔軟，痛苦或愉快等等。

四、品嘗

覺察味道，品嘗不同的食物，記住並想像這些東西的味道。

五、嗅聞

覺察聞到的氣味，例如：暖和的身體、土壤、薰香、菸、香水、咖啡、洋蔥、酒精與海的味道，請盡可能記住並想像這些東西。

六、呼吸

覺察你的呼吸，雖然在做這個練習時，你已經呼氣、吸氣不下五十次了，但不久之前，你可能尚未有意識地覺察到自己在呼吸。屏住呼吸幾秒鐘，吐氣，再深吸一口氣，留意你的呼吸可讓你有意識地調整呼吸。

七、情緒

覺察你的感覺，請記住憤怒、歡樂、寧靜與激動，以及其他情緒之間的差異。情緒感覺起來有多真實？

八、思維

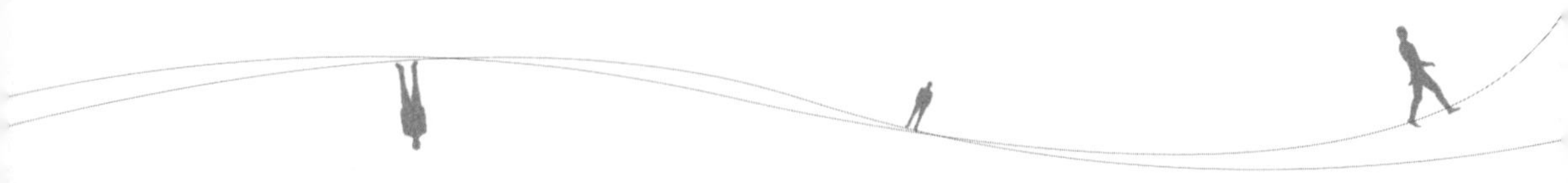

覺察你的思維，留意你此刻正在想什麼？那些想法有多真實？

九、「我」

覺察你的世界總是包含著**你**。正如威廉．詹姆士（William James）所說，**我**所看見、**我**所聽見、**我**所感覺與**我**的想法，是構成經驗的基本事實。但是，你並不是你所看見、聽見、感覺與思考的事物，你**擁有**這些經驗。重要的是，你是那個**留意到的人**，雖然你總是站在經驗的多維宇宙中心，卻不是每次都能有意識地覺察到自己。請依照下面的方式稍微做點變動，簡短地重複這個練習：當你觀察每個經驗的不同層面時，請覺察到是**你**在觀察這些事物。（「**我**看見光……」）

十、覺察你的覺察力

最後，請覺察你的覺察力。一般而言，我們會把注意力聚焦於外在的事物上，但是注意力本身也可以作為被覺察的對象。每種覺察力都存在於我們的內心世界，然而從永恆的角度來看，神祕學家告訴我們，我們終究是一個整體，無限的覺察力就是我們存在的證明。此一經驗難以用語言確切表達。

清明夢與清醒時的生活

經過上述練習，對於平常清醒時，意識所覺察的豐富資訊，你已經有了新的鑑別能力，但是這個鑑別能力要如何與清明夢的經驗連結呢？目前你對世界的大多數觀察，都可以應用在夢境世界。如果你在做夢，你會發現這個多重感官的世界，與你體驗的真實世界一樣豐富。你會看見、聽見、感覺、品嘗、思考，並**存在**，就像現在一樣。

兩者的差異在於，做夢時你所經歷的感官世界，源自於內在而非外在；而清醒時，大多數你所感知到的事物，都與外界既存的人、事、物有關。因為清醒時，你所感知的物體與你的心靈是各自獨立的，因此能夠相對穩定。比如說，你可以看著這個句子，闔上書一會兒，重新打開到同一頁，你將會看到同樣的句子。

但是，正如第三章所述，同樣的事並不會發生在夢裡。由於沒有穩定的外在刺激來源可用來建構你的經驗世界，因此，夢境比實際世界還要多變。

如果你在做清明夢，你對夢境世界的體驗會與真實世界非常不同。首先，你會明白一切都是夢，因此，你周圍的世界會更常重整、轉換，「不可能」的事會發生，而夢境本身並不會在你知道是「不真實」的時候就消失，反而可能增加清晰度與光彩，直到你驚奇到目瞪口呆的程度。

你會發現整個夢境世界都是你的創作，因此油然而生自由的喜悅感。沒有任何外在事物或物理法則能局限你的經驗，你可以隨心所欲辦到任何事。你會敢於面對一直以來逃避的某人或某事，你可以和心目中最有魅力的對象來場雲雨邂逅，可以造訪你很想交談卻已逝去的親人，也可以取用自己內在的智慧。

藉由覺察當下的意識狀態，你的生命將開拓更多可能性。在這個過程裡，你會更享受夜晚的夢境旅程，加深對自己的了解。藉由在夢中保持清醒，你的生活也將隨之覺醒。

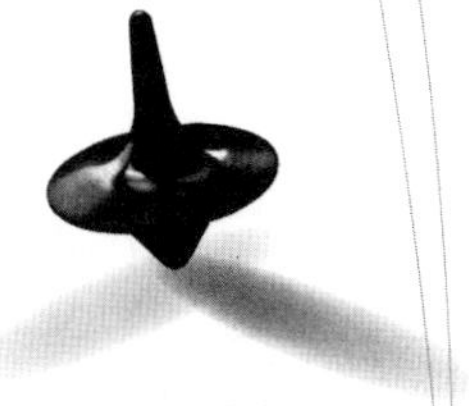

第二章 睡前的啟動：做清明夢前的準備工作

許多人第一次讀到或聽說清明夢，就做了清明夢，這或許就是新手的好運。因為對清明夢好奇而購買這本書的你，很有可能已經做過一、兩次清明夢了，但是，你可能還沒學會如何想做就做清明夢。

在你開始探索清明夢的世界之前，你必須明白大腦與身體在睡眠時的一些基本狀況。這有助於你了解，為什麼一些「心理障礙」導致大家難以在夢中保持警醒。

做清明夢，從「記錄夢境日記」與「改善夢境回憶（dream recall）」開始，你的日記會協助你記錄下夢境的內容；接下來則是運用日記所蒐集的夢境，找出在夢中頻繁出現，足以作為可靠特徵的夢境狀態指標——**夢境徵兆**。你所列出的夢境徵兆，將有助於你順利達成第三、四章所提的如何進入清明夢。

睡眠中的大腦，做夢中的心靈

大家對於睡眠這個謎總是百思不得其解，為什麼我們要在每天二十四小時裡，自我關閉八小時呢？某些可能的答案是，修復身體與心靈，並讓我們避開黑暗時刻的紛亂。但是，把睡眠稱為謎將引出一個更大的問題——清醒又意味著什麼？清醒的基本定義是：**保持覺察狀態**。要對什麼保持覺察？我們提到睡眠與清醒時，說的是對外在世界的覺察。

但是人或事要如何被「覺察」呢？生物有機體的覺察，是指大腦的運作，知覺感官偵測到外界的刺激（光線、聲音、溫度、觸感、氣味等），並將訊號傳達到大腦，由大腦翻譯這個訊號，再加以合成，好讓外在世界發生的狀況在腦中形成概念。

大腦是生物演化的產物，不論是處於做夢或是清醒狀態，我們都用大腦在體驗世界。在過去的億萬年裡，生物在大自然「弱肉強食，適者生存」的生死遊戲裡相互競爭。最簡單的單細胞生物得要在遇見某物時，才知道來者是掠奪者抑或獵物，如果是食物，單細胞生物就會將之吞噬；如果是掠奪者，就會被吃掉，這顯然是種危險無知的生存方式。

我們的大腦對世間正在發生的事，維持著最新的概念模型，並能預測未來有可能發生的事。預測這個動作需要運用之前獲得的資訊，凌駕於目前可得的資訊之前。如果你是青蛙，有個小小的黑色物體飛過，透過演化在青蛙大腦裡所建構的資訊，你就會預測這個物體是可以吃的，因此，咻地一聲，你就可以吞進一隻蒼蠅！又或者，如果有大片黑影突然遮住荷葉，這訊號（也是透過演化所蒐集而來）就會讓你的青蛙大腦預測到危險，而「撲通」一聲逃走！青蛙所認知的世界和我們人類不同，那些複雜的顏色、光影與移動模式，我們可能認定為樹、花、鳥或漣漪；在青蛙的世界裡，則可能只由「小型飛行物」（食物）、「迫近的龐然大物」（危險）、「舒適溫暖」（陽光）或「美妙聲音」（另一性別的青蛙）等簡單元素構成。

儘管人類大腦遠比青蛙複雜，但卻依照相同的基本原則運作。大腦「模擬世界」的能力十分高明，我們通常不會覺察到它在模擬任何東西。我們張開眼睛，可以看見事物，視覺經驗似乎就像看出窗外般簡單。然而，看見、聽見、感覺等等，都是心靈模擬現實的過程。你的意識內容，也就是直到目前為止你所累積的經驗，都是經過**建構**而來的，它們會依你當前的目的、當下的作為以及目前可得的相關資訊而有所不同。

睡眠中的心靈

如果你在清醒的狀態下從事某種活動，例如：走路、閱讀等，你的大腦就會忙著處理外來的知覺訊號，在記憶的配合運作下，提供你建構世界的材料。在你清醒活動時，這個模型會準確地反映你與外在世界的關係。

當你處於清醒狀態，但是身體並沒有任何活動，這個輸入的協調機制就會從外在轉移到內在。以睡眠而言，外在世界的知覺輸入少之又少，因此，你會停止這外在世界的意識模型。當你睡眠中的大腦活動足以建構一個世界模型時，這模型多半和周遭環境正在發生的事無關，換言之，那就是夢。睡眠中的大腦，並不是每次都會建立新的世界模型，有時，大腦似乎只是在思考，或幾乎什麼也不做。睡眠時的心靈活動，絕大多數與睡眠者的大腦狀態有關。

二十世紀以前的科學家認為，睡眠是被動抽離世界的狀態，但實際情況並非如此。睡眠可分成兩種不同階段：靜態階段和動態階段，這是透過生物化學、生理、心理和行為的諸多差異來區分的，這兩種狀態可以藉由腦波變化（頭皮測出的電子活動）、眼球運動與肌肉張力來加以界定。靜態階段符合一般常識，認為睡眠是休憩、無活動的狀態；當你慢慢、深深地呼吸時，你的心靈幾乎沒有運作，你的新陳代謝率會降到最低，並釋放出成長荷爾蒙，幫助人體修復。從這個狀態甦醒，人會感到迷惘，很少有人會記得曾經做過夢。當貓狗以放鬆的姿勢安靜地睡覺（貓會呈現「獅身人面像」的姿勢），均勻緩慢地呼吸時，你可以從牠們身上觀察到這個狀態，而這正是發生說夢話與夢遊的睡眠階段。

從靜態轉換到動態階段的過程相當戲劇化，在快速動眼期（REM）的動態睡眠階段，你的眼珠會像清醒時一樣快速移動（當然，眼睛是閉著的），呼吸變得急促、不規則，大腦消耗與清醒時一樣多的燃料，而夢境則栩栩如生。如果你是男性，可能會出現勃起現象；如果你是女性，陰道的血液流動則會增加。而你的身體保持近乎完全靜止的狀態（一些小小抽搐例外），因為在快速動眼期，身體會短暫癱瘓，以避免人體做出夢中的行為。

快速動眼期的「睡眠癱瘓」並不會在甦醒時立即停止，因此，你可能會發生明明清醒過來，卻仍無法動彈的狀況。睡眠癱瘓聽起來似乎很恐怖，但是，事實上它一點害處都沒有，甚至有助於引導你進入清明夢（參見第四章）。當你看到自己的貓或狗明明累得呼呼大睡，呼吸卻不規則，身體抽搐，還呈現眼部運動時，你就可了解在歐洲為什麼把快速動眼期的睡眠，稱之為「矛盾睡眠」（paradoxical sleep）了。以狗為例，狗還會搖擺尾巴、低吠、嚎叫與吠叫。一般人看到這種景象通常會說：「你看，小花在做夢！」

睡眠者的夜晚旅程

靜態睡眠還可以分成三個階段。第一階段是介於昏昏欲睡與淺睡的過渡階段，特徵是有緩慢的眼部運動，以及生動簡短的小夢，這種小夢稱為「入睡想像」（hypnagogic imagery, hypnagogic 源自希臘文，意指「引入睡眠」）；一般而言，人們會快速通過第一階段，進入第二階段「真眠」（bona fide sleep），這個階段的特徵是，腦波具有稱為「睡眠紡錘波」（sleep spindles, 譯註：陣陣短暫而強烈的腦部活動）與「K複合波」（K-complexes，譯註：突然出現的一次大波幅振動慢波）的獨特模式，此刻的心理活動稀少。

一般而言，二十到三十分鐘後，人們會進入更深層的「DELTA 睡眠」（Delta Sleep）。這個階段的睡眠特徵是安靜沉穩，腦波呈現大幅度的緩慢移動，因此又稱為「安靜睡眠期」。DELTA 睡眠很少出現做夢的情形，有趣的是，部分東方神祕學將這個深層無夢的狀態，視為與內在意識連結的狀態。根據斯瓦米．拉瑪（Swami Rama）尊者的說法：「此時內在世界充滿最高意識的強烈光芒，清醒意識的自我狀態消逝，此外，未知心靈的個人層面則暫時被拋棄。記憶、困擾、麻煩的夢境影像全都被拋諸腦後，所有個人的無意識局限，都在最高意識的強烈光芒下消融。」❶

在最深層的 DELTA 睡眠階段停留三十至四十分鐘後，會再回到第二階段。差不多在開始睡眠七十到九十分鐘後，就會首度進入快速動眼期。快速動眼期進行約五或十分鐘後，可能會短暫清醒，這時有可能會記得夢境，之後又會回到第二階段，還有可能進入 DELTA 睡眠，接著每九十分鐘左右又進入另一個快速動眼期，就這樣反覆進行，度過整個夜晚。

在練習做清明夢時，你應該將這個循環的兩個細節記在心裡：一、快速動眼期的長度，會隨著夜晚的流逝而增加；二、快速動眼期的間隔，會隨著夜晚的流逝而減少，從晚上剛開始的九十分鐘，到八小時後只剩二十至三十分鐘，最後，在五次或六次的夢境睡眠週期後，你會在當晚的第十次或第十五次清醒時醒來。我們每天晚上平均醒來這麼多次，但是我們卻忘記曾經醒來這回事。

這就像是有人半夜打電話給你，但是你卻可能忘記和那個人說話一樣。一旦度過夜晚的旅程後，你可能會覺得納悶，清明夢是發生在睡眠的哪個階段。這個答案的發現過程，值得我們在此重述。

若是你睡著了，若是你在睡覺時做了夢，若是你在夢中到了天堂，在天堂摘了一朵美麗奇異的花，你醒來時，手中握著的那朵花呢？啊，那之後呢？

——山繆．泰勒．柯立芝（Samuel Taylor Coleridge）

有史以來，詩人、哲學家與其他造夢者都曾提過，他們從夢境世界帶回具體的某種東西，證明夢境和人生同樣真實，就像柯立芝的花一樣，但這個驚人的看法始終遭到世人質疑。

一九七〇年代晚期，當我開始在史丹佛念博士班研究清明夢時，我發現自己面臨的挑戰是——證明清明夢是真的。當時的專家認為，知道自己在夢著有意識的夢是一種自相矛盾的說法，認為這是不可能的事。這類哲學推理無法使我信服，畢竟我自己就有過清明夢的經驗。

我毫不懷疑清明夢是真實的，但是我要如何向別人證明呢？為了要證明，我必須從夢境世界帶回證據，證明我的確知道我在睡眠時做夢。然而，光是醒來時說我曾經在夢中清醒，並無法證明我的確在睡眠時清醒。我必須用某種方法，在紀錄上標示我做清明夢的時間，以證明當時我的確在睡覺。

過去的研究顯示，造夢者在快速動眼期的眼球運動方向，有時正好和他們回報之夢裡的目視方向相同。睡眠與夢境研究先驅威廉．迪蒙在一個著名的例子中指出，某個造夢者在一連串左右左右的眼球轉動後（大約二十多次），從快速動眼期睡眠中醒來。他說他夢見在打桌球，在醒來之前，他已經在他的夢境裡，注視來往於空中的球很久了。

我也從自己的經驗得知，在做清明夢時，我可以看向任何我想要的方向。因此，我靈機一動，應該可以用事先安排好、可辨識的模式來移動眼球，以告訴別人我在做清明夢。為了測試這個想法，當晚我在史丹佛睡眠實驗室過夜，我頭戴電極貼片以測量我的腦波、眼球運動與肌肉狀態，而我的同事琳．納傑（Lynn Nagel）博士則在我睡覺時，用波動記錄器監測這些資料。

當晚我做了個清明夢，夢中我將眼球左右左右轉動。第二天早上，我們檢查波動記錄器時，發現眼球運動出現在快速動眼期中間。在我撰文之際，有其他二十多位清明夢的造夢者，也成功地從清明夢中發出信號，而這些夢幾乎都只出現在快速動眼期的睡眠中。

這個從夢境世界溝通的方式，對往後的清明夢與夢境生理學研究有著無比的價值。在夢境裡，清明夢的造夢者能記得執行先前同意的行動，對清醒的世界發出信號，這個全新的方法使我們得以從事夢境研究。

在受過訓練的清明夢造夢者協助下，我們得以將眼球運動信號技巧（Eye movement signaling technique）發展成強大的方法。我們發現夢境世界探索者，可以執行所有的實驗任務，在夢境狀態擔任受試者與實驗者。史丹佛睡眠研究中心已經開始研究做夢時的身／心關係，並在該中心的一系列研究中，說明夢境探索方法（oneironautical approach）的細節。

為何夢境似乎如此逼真？

傳統上認為，在夢境中和清醒世界裡，人們對時間的感覺是有差異。我們探討夢境時間這個問題的方法，是要求受試者在清明夢裡做眼球運動的信號，每間隔十秒（從一千零一、一千零二一往上數），再做眼球運動信號。在所有的案例裡，我們發現清明夢裡所做的時間估計，都與在清醒狀態時所做的估計，誤差在幾秒之內，而且訊號相隔的時間相當接近真正的時間。我們根據這點得到的結論是：在清明夢裡，夢境時間非常接近時鐘時間，也就是說，在夢裡做某件事的時間，和真正做那件事所花的時間一樣多。

也許你會懷疑，如果是這樣，你怎麼會有彷彿歷時多年或整個人生的夢呢？我認為這個效果在夢中，與電影或戲劇裡時間流逝的幻覺類似，是透過相同的舞台效果完成的。不論在螢幕、舞台或夢裡，如果我們看見某人在午夜鐘聲響起後關燈，經過一陣黑暗，我們看見他關掉鬧鐘，且窗外灑入清晨燦爛的陽光，這時就算我們「知道」才過了幾秒鐘，也會接受（不自覺地假設）已過了好幾個小時。

由清明夢造夢者藉由眼球運動，從睡眠世界發出信號的方法顯示，造夢者在夢中注視之處，與他緊閉雙眼下實際的眼球運動，有著強烈的關聯性。過去的研究者雖然對這個問題感興趣，但並未有清明夢造夢者來證實，那時只能憑運氣，在出現高度可辨識的眼球運動模式時，用來與受試者所回報的夢境活動相互配對。因此，他們通常只能在夢境與真正的眼球運動間，取得微弱的相似處。夢境眼球運動和真實眼球運動兩者間的強烈關聯顯示，我們在夢境世界環顧四周時，與清醒世界裡運用的是相同的視覺系統。

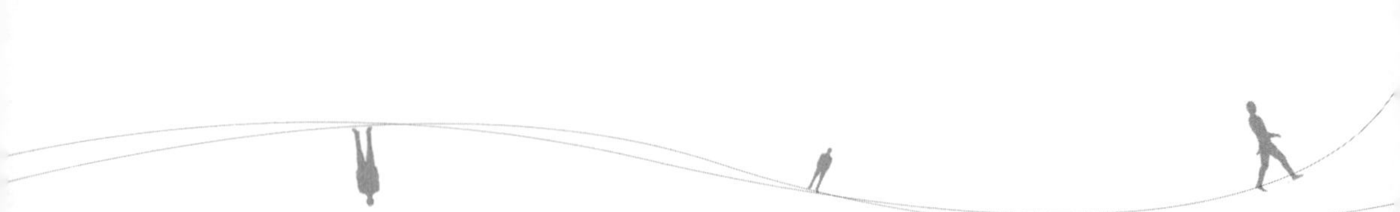

在生理與夢境活動一致性的研究中，最具戲劇性的證明，莫過於清明夢性愛研究。一九八三年，我們進行了前導研究，希望確認在快速動眼期的清明夢裡，個人所經歷的性活動是否會表現在生理反應上。

由於女性提到的夢中高潮比男性多，因此我們先從一名女性受試者展開研究。我們記錄這名女性受試者的生理在一般狀況下，會受到性興奮影響的不同層面，包括呼吸、心跳、陰道肌肉張力與陰道壁伸縮脈衝等。這個實驗要求她在下列時間點做特定的眼球運動信號：當她發現自己在做夢時，開始性活動時（在夢中），以及感覺到高潮時。

這名女性受試者在清明夢裡，精確執行了我們所同意的實驗任務，我們的分析顯示，她所回報的夢境活動，與事先做的多數生理測量，有著重大的相關性。在她打出高潮信號的那十五秒生理記錄裡，她的陰道肌肉活動、陰道壁伸縮脈衝與呼吸頻率都達到當晚的最高值。但與我們預期不同的是，心臟跳動的頻率只有小幅度增加。

此後，我們請兩位男性受試者做了類似實驗。在這兩個例子裡，呼吸速率出現驚人的增加，然而心跳頻率還是沒有出現大幅提升。有趣的是，儘管兩位造夢者都清晰描述出清明夢裡逼真的高潮，但是兩人都沒有射精。這與成人男性一般所經歷的「夢遺」正好相反。

上述實驗可以說明以下結論：睡眠期間，夢裡所經歷的事件對大腦所產生的影響，和類似事件發生在清醒時幾乎一樣，但是對身體的影響則比較小，其他研究也支持這個結論。清明夢造夢者在夢中屏息或呼吸急促時，生理上他們的確會屏息或喘氣。此外，清醒狀態時唱歌與數數字所產生的大腦活動，幾乎都和做清明夢時相同（唱歌傾向使用右腦，而數數字則傾向使用左腦）。簡而言之，對大腦而言，夢見做某事和真的做某事是相同的，這個發現解釋了為何夢境似乎如此逼真——對於大腦而言，夢境就是真實。

我們持續研究夢境行為與生理機能間的關聯，目的在於將夢境睡眠期間所有可以測量到的生理系統，製作成詳細的身／心互動對照圖，對於實驗夢境心理學和身心醫學而言，這類對照圖具有重大的價值。如果我們想改善日常生活，那麼可以試著從夢境下手。

有關清明夢的問答集 Q&A

許多對清明夢感興趣的朋友寫信給我，他們都提到覺得自己很孤獨，正如某封信所寫：「我無法和別人討論這件事，他們會以為我瘋了，如果我解釋我在夢中所做的事，他們還會帶著詭異的眼神看著我。」我們的文化，鮮少支持有興趣探索心靈狀態的人。這個排拒可能源自心理學中行為主義者的觀點，他們把包括人類在內的所有動物，都看作是「黑箱」，這個黑箱的行為反應都依賴外在的刺激。動物「心靈」的內容被視為無法衡量，因此超越科學研究的疆域。

然而，自一九六〇年代後期開始，科學再度開始探索意識經驗的領域，清明夢的研究便是其中一個例子。不過，文化理解通常遠遠落後於科學理解，達爾文的生物進化論已經有一個世紀之久，這個理論摧毀了當時廣為接納的思維，其所造成的文化風暴，至今仍影響著我們的社會。因此，我們不難發現有些人——包括科學家在內——仍然抗拒科學研究正在探索的人類心靈新能力（對西方人而言是「新」）。

為了幫助讀者理解清明夢對生活具有重要的影響，本書引用許多造夢者的個人敘述。如果你覺得自己剛好住在無法分享夢境生活的地方，這些例子應該可以讓你感到與其他探索夢

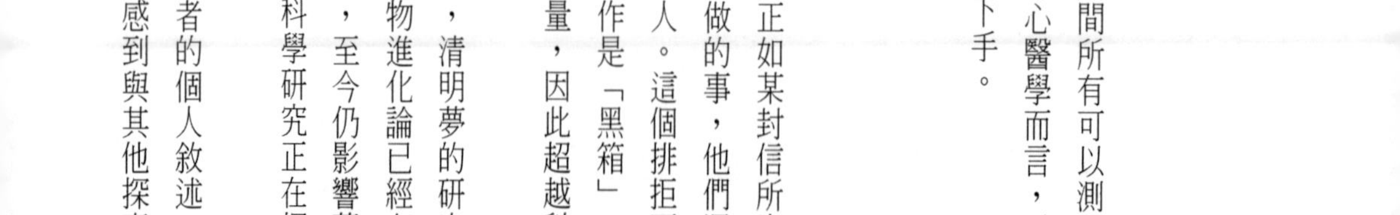

境的人有所連結。

問：清明夢是否會對某些人造成危險？

答：除了夢魘之外，絕大多數的清明夢都是正面、有益的經驗，比起一般夢境更是如此。然而，可能有些人會覺得做清明夢很可怕，甚至有些案例會使人感到極為不安，因此，我們無法推薦每個人都嘗試清明夢。但是，我們相信對於一般人而言，清明夢是絕對無害的。不同的人使用清明夢的目的並不相同，我們並不需要因為某些人可能用比較不理想的方式做清明夢，而警告一般夢境世界的探索者不要嘗試。

如果讀完本書前六章，你仍然對清明夢持保留的態度，那麼我們會建議你不要再繼續閱讀。「誠實地面對你自己吧。」你必須對**你的**自我坦誠，千萬別讓他人將其個人恐懼強加於你身上。

問：我擔心如果我學會做清明夢，我所有的夢都會變成清明夢，到時我該怎麼辦呢？

答：哲學家鄔斯賓斯基（P. D. Ouspensky）稱清明夢為「半夢狀態」，對於半夢狀態他曾有過矛盾的情緒，他認為：「這個狀態所產生的第一個感覺就是吃驚。我原本預期會有某個發現，卻發現另一件事；接著則是感到特別喜悅，這是『半夢狀態』，以及能以新方式看待、理解事物所帶來的喜悅；第三種感覺則是對這些夢的某種恐懼，因為我很快就注意到，如果我任其自行發展，清明夢境會開始滋長、擴大，並侵入我的睡眠與清醒狀態。」[2]

我剛開始嘗試做清明夢時，也有過同樣的恐懼，我的努力很快就獲得驚人的成效，幾個月後，我突然以飛快的速度做越來越多的清明夢。我擔心自己無法控制這個過程：「要是我的所有夢**全都**變成清明夢，我該怎麼辦？我的智慧不足以有意識地引導我所有的夢境，要是我出了錯呢？」我心中不斷出現這類疑惑。

然而，我發現當我懷有這種疑慮時，我就不再做清明夢了。冷靜思考之後，我明白若是沒有我的同意，我的夢就不太可能變成清明夢。鄔斯賓斯基和我都忘了，清明夢不是隨隨便便就可以辦得到的。除非睡覺的時候，刻意想在夢中維持意識或保持清明，否則清明夢是很少發生的。因此，我明白自己可以調節（有必要的話，可以限制）做清明夢的頻率。事實上，在這十多年間，我做過上千次的清明夢，但是，除非我有意識地想多做，否則我每個月只會做幾個而已。

問：我相信夢境是無意識心靈發送的訊息，因此我擔心有意識地控制我的夢境會干擾這重要的過程，剝奪我獲得夢境詮釋的好處。

答：第五章會解釋夢境並非來自無意識心靈的訊息，而是透過無意識與意識心靈互動所創造出來的經驗。在夢境中，有更多無意識的知識，等待我們的意識去取用。然而，夢境並非無意識心靈的專有領域。倘若如此，人們將永遠記不得夢境，因為我們無法清醒接觸無意識的部分。

我們所經歷、存在於夢中的那個人，或者稱之為「夢境自我」（dream ego），和我們的清醒意識正好是同一個。正如清醒意識在現實生活中所做的一樣，它會不斷透過它的期望與偏見，去影響夢中的事件。清明夢與一般夢境的基本差異在於，自我覺察到這個經驗是個夢境，這賦予自我更多自由選擇與創意責任，使它可以在夢中找到最好的行動方式。

我不認為你應當一直維持有意識地知道自己在做夢，但是我覺得這個程度，應當和你現實生活中所保持的意識狀態差不多。如果你在所處的（夢境或清醒）狀態，可以順利地依照習慣做事，那你就不需要有意識地操作你的行為。然而，如果你的習慣將你導向錯誤的方向（不論是做夢或是清醒時），你都應當要「醒來」，明白哪裡做錯，並重新修正你的方法。

至於夢境詮釋的好處，清明夢可以如同非清明夢一般，具有豐富的檢驗效果。事實上，造夢者有時會在夢裡詮釋夢境，變得清明很有可能得以轉變原本會發生的事，但是夢境仍然可以被詮釋。

問：我有時會在清明夢裡見到來世的狀況，同時也會感受到無比的力量或能量。那時，我的意識會擴張到遠超過我在現實生活中所感受到的一切，這個經驗似乎比我所知道的現實還更真實，於是我變得很恐懼。這些夢中的經驗遠遠超過現實世界的範疇，我很擔心無法從夢中醒來。如果我無法從這些清明夢中醒來，會發生什麼事？我會不會死掉或是變成瘋子？

答：這個顧慮聽起來似乎很嚇人，但是這只是對未知事物的恐懼罷了。目前並無任何證據顯示，夢中的行為會危害大腦的生理狀況。夢境或許很強烈，但是夢境時間並不會超過快速動眼期，頂多只有一個小時左右。當然，世人對夢境世界的探索才剛開始，一定會有很多尚未知曉的區域，你不必害怕開拓這些區域。在夢中突然出現的陌生經驗，可能會讓人緊張不已，但這是自然的適應反應，這和生物在遇見新狀況或新領域時，都會先勘查是否有危險

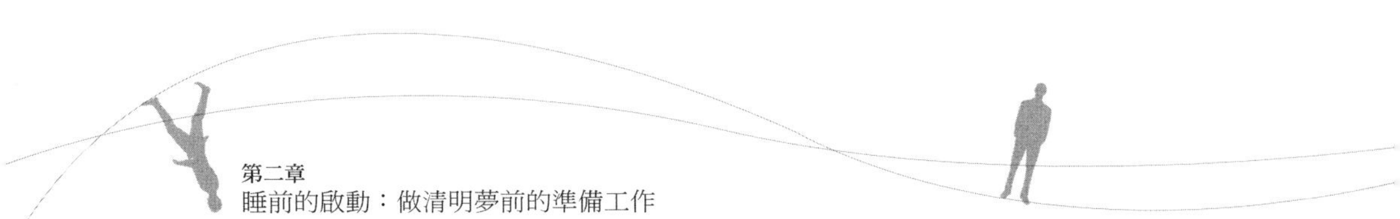

是一樣的。然而，這股恐懼並不完全和所發生的事有關，你不需要害怕在夢中真的受傷。當你發現身處全新的經驗中時，請拋卻恐懼，只要看看發生什麼事就好（第十章的內容涵蓋面對夢中恐懼的因應之道）。

問：有人說，如果你在夢中喪命，你就真的會死。這是真的嗎？

答：如果這是真的，怎麼會有人知道呢？我們可以直接提出反證，根據許多人夢醒後的說法，他們在夢中死亡，卻沒有不好的結果，他們還活著。此外，只要你願意，你可以讓死亡的夢境變成重生的夢境，我自己就曾這麼做過。我全身莫名地變得虛弱，我發現我就快累死了，只有時間採取最後一個行動，我毫不猶豫地決定，我最後要做的事便是表達全然的接受。當我抱持這種態度呼出最後一口氣時，我的心流洩出一道彩虹，醒來時我狂喜不已。❸

問：如果我在夢裡操弄、掌控另一個夢境人物，並神奇地改變夢中環境，我會不會養成在現實生活裡對我不利的習慣呢？

答：我們在第六章會討論，如何運用清明夢培養有助於現實人生的方法，這是為了控制你在夢中的行為與反應，而不是去控制夢中的其他人物與元素。但這並不是說，我們認為你喜歡在夢境國度裡飾演國王或女王是不好的事，事實上，如果你常常覺得無法控制你的生活，或是缺乏自信，那麼你很有可能會因為在夢境中取得掌控權而獲益。

問：為了變得清明而付出的努力與練習，是否會造成睡眠不足？我不會因為在夢中保持清醒而感到更累嗎？為了做更多的清明夢，是否值得犧牲我在白天的活力呢？

答：做清明夢反而能讓人充分休息。清明夢通常是正面的經驗，做完夢以後，你會感覺更有活力。做夢後感覺到的疲勞程度，與你夢中所做的事有關，如果你在夢中知道自己在做夢，同時也明白那些世俗的顧慮都是無關緊要的，那麼在非清明的狀態下，不斷對抗沮喪事件，可能會比做清明夢更令人疲累。

當你有時間與精力時，你應該要練習做清明夢。做增加夢境回憶和進入清明夢的練習，會需要你付出比平常更多的時間在晚上保持清醒，你的睡眠時間可能會增長。如果你太忙，找不出更多睡眠時間，或是無法犧牲好不容易得到的一丁點睡眠，那麼，你最好現在不要練習做清明夢。現在學習清明夢反而會增加你目前的壓力，可能也無法達到好效果。至少在剛開始時，清明夢需要良好的睡眠與心靈能量以便專注。一旦學會以後，只要提醒自己可以辦得到，你就應當能達到隨時想做就做清明夢的程度。

問：我擔心自己沒有做清明夢所應具備的條件，如果花了大把時間做完你們建議的這些練習後，我還是做不了清明夢呢？如果我花了這麼多時間在這上面卻沒成效，我會覺得自己很沒用。

答：學習任何技巧最大的一個障礙在於**太努力嘗試**，學習清明夢尤其如此，因為清明夢需要優質的睡眠與平衡的心靈狀態。如果你因為做不成清明夢而睡不著，請暫時放開一切，什麼都不要做。放輕鬆，暫時幾天或幾星期忘掉做清明夢，有時放開一切後，反而會出現清明夢。

問：清明夢這麼刺激有趣，真實生活相形之下顯得單調無趣，有沒有可能會清明夢成癮，其他什麼事都不想做呢？

答：頑固倔強的逃避現實者，若是生活單調無趣可能會迷上清明夢，至於這是否可以稱之為上癮，則又是另一個問題。不論如何，對於為清明夢而「睡完一生」的人，我們建議他們將清明夢中學到的事，應用在現實生活中。如果清明夢更真實、更有趣，那麼這應該會激勵你，讓你自己的生活變得與夢中一樣，更有活力、更熱情、更有趣，也更有益處。在這兩個世界裡，你的行為將會強烈影響你的感受。

問：我目前正在接受心理治療，我是否可以做清明夢呢？清明夢有助於我的治療嗎？

答：如果你正接受心理治療，同時又想學做清明夢，請和你的治療師討論是否可行。並非每位治療師都清楚了解清明夢，以及清明夢對於治療的意義，因此，請確認你的治療師了解你所談的內容，以及是否熟悉目前關於清明夢的資訊。本書第八、十與十一章，將會提到清明夢應用在心理治療的情況，如果你的治療師認為清明夢目前並不適合你，請遵照治療師的意見。如果你不認同治療師的看法，你可以選擇信任他對此議題的判斷，或是找其他治療師諮商，最好是找了解如何運用清明夢協助治療的治療師。

如何回憶起你的夢境？

「凡事有賴記憶」，這句話套用在清明夢上格外有道理。[4]如果你想學會做清明夢，那麼學習記住你的夢境就有其必要。除非你能清楚回憶夢境，否則你可能做不了幾個清明夢。原因有兩點：第一，如果你無法回憶，就算你做了清明夢也記不住它。的確，在我們一生所做的成千上萬個夢裡，我們都有可能忘了許多個清明夢；第二，良好的夢境回憶非常重要，因為想要變得清明，你必須能在做夢時辨認出你的夢**就是**夢而已。既然你試著想要辨認出自己那些夢，你就必須熟悉它們的樣子。

你知道夢大概是什麼樣子，但是夢境故事與真正發生的事件錄，並非總是能夠輕易區分。一般而言，夢與生活很像，除了某些明顯的例外，這些例外違反了你對這個世界運轉狀態的相關期待。因此，你必須明白你的夢境樣貌，尤其有哪些特徵像夢。你可以蒐集自己的夢境，並且分析其中的夢境元素，藉以了解你的夢境。

在你著手學習做清明夢的方法之前，你至少應該每晚能回憶起一次夢境，以下建議將有助於你達到這個目標。

良好夢境回憶的第一步，就是睡得越多越好。如果你能充分休息，就比較容易集中精神達成回憶夢境的目標，也就不會在乎晚上得花時間記錄夢境。之所以要睡久一點，還有另一個原因，就是因為隨著夜晚時間的消逝，每個做夢的週期會更長、更緊湊。夜晚的第一個夢是最短的，或許只有十分鐘之久，在睡了八小時之後，做夢的時間就會延長為四十五分鐘到一小時之久。

在快速動眼期，你或許做了一個以上的夢，每個夢境都很短暫，但通常每次醒來時都已經忘記了。睡眠研究者普遍認為，睡眠者若是進入別的睡眠階段，通常不會記得那個夢境，但是如果直接從夢中醒來，就有可能記住夢境。

如果你發現自己睡得太沉，無法從夢中醒來，你可以試著把鬧鐘設定在你可能做夢的時間叫醒你。快速動眼期間大約每九十分鐘發生一次，在你上床後每九十分鐘都是好時機，你可以針對較後期的快速動眼期來設定鬧鐘，讓鬧鐘在你上床睡覺後四個半小時、六小時或七個半小時後響起。

回憶夢境的另一個重要前提就是動機，對許多人而言，只要具備想要記住夢境的意念，同時在睡前提醒自己這個意念，那就夠了。此外，告訴自己將會夢到有趣、富有意義的夢境，也許會有幫助。將夢境日誌放在床邊，並在醒來時立刻記錄夢境，能幫助你加強決心。記錄的夢境越多，你會記得的夢境也就越多。至於夢境日誌該如何記錄，我們的建議如下。

你應該養成習慣，當你一醒來就問自己這個問題：「我夢到什麼？」先做這件事，否則你會因為其他思維的干擾，而忘記夢境的部分或全部內容。別改變你醒來時的姿勢，因為任何身體移動都有可能讓夢境更難記住。還有，別去想白天的事，因為這麼做也會抹去你的夢境回憶。如果你什麼都記不得，請再試幾分鐘，不要移動身體或是想別的事，通常你可以回想起片段夢境。如果你還是記不得任何夢境內容，你應該自問：「我剛才在想什麼？」以及「我剛才有什麼感覺？」檢驗你的思維與感覺，往往能提供必要的線索，讓你能檢索出整個夢境。

不要放掉任何你可能經歷的線索，試著用這些線索重建故事。當你回憶起某個場景時，請自問在那之前、更之前發生了什麼事，藉此回溯並重建整個故事。只要把注意力集中在記憶的某個片段，不用多久，就可以發展出足夠的技巧觸發整個夢境細節重演。如果你無法記起任何內容，請試著想像你可能會做的夢。請記下現在的感覺，列出你現在對自己的顧慮，同時問自己：「我有夢見那個東西或那個人嗎？」如果幾分鐘後，你所記得的只有情緒，請在日誌裡描述那個情緒（參見下面的內容）。就算你不記得當晚床上發生的事，前一天的事件或場景可能可以提醒你當晚所夢見的某件事。請做好準備留意這件事的發生，並記下你所記得的事。

培養夢境回憶能力的過程，有時會非常緩慢。如果一開始不成功，不要感到沮喪，幾乎每個人透過練習都會進步。**只要你每晚至少記住一個夢境，你就已經準備好可以嘗試做清明夢了。**

養成書寫夢境日誌的習慣

拿筆記本或是日記本寫下你的夢境。挑一本你喜歡的筆記本，專門用來記錄夢境。把筆記本放在床邊，提醒你自己寫下夢境。夢醒後立刻記下夢境內容，你可以在醒來後寫下整個夢境，或是先寫下簡短的筆記，之後再擴充內容。

別等到早上起床後才寫，否則就算是晚上剛醒時格外清晰的夢境細節，到了早上你可能什麼都不記得了。我們心中似乎都內建著夢境橡皮擦，會讓夢境中的經歷比清醒時的經歷還要難回憶。因此，請務必在夢剛醒時，立刻寫下幾個關於夢境的關鍵字。

你不需寫出一紙流暢優雅的文字，夢境日誌只是個工具，而你是唯一閱讀這本日誌的人，請描述影像和人物的外貌、聲音與氣味。情緒反應是夢境世界的重要線索，因此，別忘了描述你在夢中的感覺。請記下任何不尋常的事，在現實生活中永遠不會發生的事情，如：飛天豬、在水底呼吸的能力，或是深奧隱晦的符號。你也可以在日誌上畫出特別的圖像，素描和文字都可以，這只是用來讓你以影像連結直覺與記憶，協助你未來做清明夢。

在頁首寫上日期，在日期下記錄夢境，按個人需要寫越多頁越好。在每個夢境描述後留下一張空白頁，以便做之後的練習。

如果你只記得片段的夢境，不論那些支離破碎的內容在當時感覺有多麼不重要，請務必全部記錄下來。如果你記得整個夢境，請用簡短、醒目、代表夢境主題或情緒的標題，作為你那篇日誌的標題。「春天的守護神」或是「教室暴動」都是絕佳的描述性標題。

當你開始在夢境日誌累積一些新的材料時，你可以翻閱之前的夢境內容，並針對那些夢境對自己提問。使用「夢境符號」（dream symbols）自我分析不是本書的目的，你可以在坊間找到許多處理夢境日誌的技巧。[5]

詮釋夢境有許多不同的方法，清明夢是一種覺察的狀態，並非理論，它同樣可以應用在許多不同種類的夢境工作。不論你採用哪種方式分析夢境日誌的內容，你都會發現有助於增加你理解心靈創造符號的方式；接著，也會讓你整合個性的不同面向（參見第十一章）。此外，閱讀日誌可幫助你熟悉哪些部分像是夢，這麼一來，當你做夢時，你就可以認出那些元素，藉以成功地進入清明夢狀態。

認出你的夢境徵兆，通往清明夢之門

我站在倫敦住家外的人行道上。旭日正在升起，海灣的水面在晨光下閃閃發光。我看見馬路轉角高聳的樹，也看到四十階（Forty Steps）之外古老灰塔的頂端。在清晨陽光的魔力下，當時的景致美極了。

現在的人行道和平常不太一樣，是用小小藍灰色的三角形石頭所鋪成，長的那邊垂直對著白色的路邊圍欄。我正要走進屋裡時，目光隨意瞥見這些石頭，我的注意力為這瞬間的奇怪現象所吸引，這幕景象如此特別，我簡直不敢相信眼前所見。它們似乎在晚上都改變位置了，長的那邊現在都平行對著路邊圍欄了！

接著，我靈光一閃想到了答案：儘管這燦爛的夏日清晨感覺如此真實，但我其實正在做夢！領悟了這個事實後，夢境的質感隨之改變，這種改變很難形容給那些沒有相同經驗的人明白。生命的活力立刻增加百倍，海、天空與樹從未如此閃耀美麗，就連一般的房子似乎都充滿生氣，呈現異樣的美。我從未感覺到如此舒暢，頭腦如此清晰，如此難以言喻的「自由」！那種感覺難以用言語表達，但是幾分鐘後，我就醒了。[6]

幸好有明顯改變位置的鵝卵石這個小細節，這是唯一格格不入的特徵，鑲嵌在幾可亂真的寫實場景中，讓這個做夢的人領悟他正在做夢。我將這類夢境特徵命名為「夢境徵兆」。幾乎每個夢境都有夢境徵兆，我們都有屬於自己的夢境徵兆。

一旦你明白如何找出自己的夢境徵兆，夢境徵兆就會像是霓虹燈，在黑暗中一閃一閃地傳遞出訊息：「這是個夢！這是個夢！」你可以把你的日誌當成一個豐富的資訊來源，從中找出你的夢如何發出夢境本質的信號，從而學會辨認出你最常見，或最具特色的夢境徵兆，這也是將你的夢境世界和清醒世界區別出來的具體辦法。

當大家發覺自己在做夢，往往是因為他們發現夢中出現不尋常或荒謬的事件。藉由訓練自己辨認出夢境徵兆，將可以讓做清明夢的能力有所提升。

夢境徵兆的出現，並不會使人更常變得清明，因為我們一般會予以理性化，虛構故事來解釋發生的事，或是心想：「一定有個解釋。」的確，一定會有解釋，但是這類半夢半醒的造夢者，很少能發現真相。另一方面，已經學會辨認夢境徵兆的人，一旦在夢中發現夢境徵兆，結果就是做一個清明夢。

在舊金山某個危險區域，不知何故，我開始在人行道上爬行。我開始心想：「好奇怪，我為什麼沒辦法走路？其他人在這裡可以直立走路嗎？難道只有我必須匍匐爬行？」我看見有個穿西裝的男人走在街燈下，現在我的好奇心被恐懼取代了。我心想，像這樣匍匐前進或許有趣但並不安全。接著，我又想，我從未如此做過，我在舊金山總是站著四處行走！這種情況只會在夢中發生，終於，我明白了，我一定是在做夢！

（加州柏克萊的S.G.）

有一回，我夢見隱形眼鏡從眼睛裡掉出來，然後，鏡片就像某種單細胞生物般倍數繁殖，夢醒後，我了解到未來要是出現這類夢境，異常的鏡片就是夢境徵兆。的確，藉由辨識出這件特別的怪事，我至少做了十幾個清明夢。每個人都有自己專屬的夢境徵兆，雖然有些夢境徵兆對我們大部分人而言，看起來很熟悉，像是穿睡衣去上班。以下敘述的夢境徵兆列表，可以協助你找出自己的夢境徵兆，但是別忘了，你的夢境徵兆和你一樣獨特。

夢境徵兆表所列出的夢境徵兆種類，是依據大家分類夢境經驗的方式，自然排列出來的，共可分為四大類：第一類是「內在覺察類」，指的是造夢者（自我）內在發生的事，如：思維與感覺；其他三類（行為、形式與情境）則是把夢境環境的元素加以區分，「行為類」包括夢境世界裡所有事物的活動，如：夢境自我、其他人物與物體；「形式類」指的是事物、人與地方的形狀，這些東西在夢裡往往是荒謬且變幻無常的；最後一類是「情境類」，在夢裡，雖然人物、地點、行為等元素，各自並無奇怪之處，但是有時候夢裡的組合卻十分詭異，這類奇怪的情形就是情境類夢境徵兆。發現自己在不可能去的地方，在不尋常之地遇見其他人物，發現某些物體出現在不恰當之處，或是扮演不習慣的角色等事件，也都屬於情境類。

上述每一類都可再區分為次類別，我們將以真實的夢境例子來描述這些次類別。請仔細閱讀列表，才能明白如何辨別夢境徵兆。接著，下一個練習會指導你如何蒐集個人的夢境徵兆。未來各章節裡的做清明夢技巧，就會運用你在這個練習裡所提出的夢境徵兆。

夢境徵兆列表

一、內在覺察類

當你有種奇特的想法、情緒、感覺，這種想法可能是不尋常的，可能只會在夢中發生，或是「神奇地」影響夢境世界；這個情緒可能很不適當、全然古怪；或是感覺到身體麻痺、靈魂出竅，以及突然、強烈的性興奮；知覺上異常清晰或模糊，或是你能夠看見或聽見現實生活中所無法看見、聽見的事物。例如：

想法

- 「我試著要弄清楚房子和家具是從哪來的，而我發現思考這件事本身就很奇怪。」
- 「當我想著我不想出車禍時，車子就駛離路上。」
- 「當我發現門鎖住時，我『希望』門是開著的。」

情緒

- 「我非常緊張、自責。」
- 「我對某人很狂熱。」
- 「我很氣我姊，所以我把某個女人送我姊的東西丟到海裡。」

感覺

- 「我似乎『靈魂出竅』。」
- 「突然一陣性興奮席捲了我。」
- 「感覺像是有隻大手壓著我的頭。」

知覺

- 「我不知為何不用戴眼鏡就看得很清楚。」
- 「所有的一切，看起來就像是吃了『迷幻藥』之後看到的樣子。」
- 「我不知道為何聽得到遠處兩個男人的談話。」

二、行為類

你或是夢境人物（包括無生物與動物），在做現實生活裡不尋常或不可能做的事。那個行為必須在夢中發生，也就是說，並不是造夢者心裡的思維或感覺。功能異常的裝置設備，就是一種物體行為的夢境徵兆。例如：

自我行為

- 「我騎著單輪車回家。」
- 「我在水底下，但是我能呼吸。」
- 「做單槓引體向上越做越輕鬆。」

人物行為

- 「演員朝觀眾丟黏黏的蟲子。」
- 「某人在他老婆面前熱情地吻我。」
- 「髮型師按照藍圖剪我的頭髮。」

物體行為

- 「燻香腸燃起熊熊火燄。」
- 「一支大手電筒飄在空中。」
- 「車子危險加速，煞車失靈。」

三、形式類

你的外型、夢境人物的外型，或是夢境物體的形狀，都很奇怪地變形或改變了。罕見的服飾與髮型都算是形式異常，此外，夢境中你所停留之處（場景）可能和現實生活中截然不同。例如：

自我形式

- 「我變成男人。」（在某個女人的夢境中）
- 「我在一堆瓷盤裡。」
- 「我是莫札特。」

人物形式

- 「我看著她時，她的臉扭曲變形了。」
- 「有個長得像妖怪的巨人走過去。」
- 「和現實相反，某人的頭髮剪得很短。」

場景形式

- 「海灘的邊緣就像是有長椅的碼頭。」
- 「客廳的形狀不對。」
- 「我迷路了，因為街道長得和我印象中不同。」

物體形式

- 「我看見一隻紫色小貓。」
- 「我的錢包完全變形。」
- 「我的車鑰匙寫著『豐申』，而不是豐田。」

四、情境類

夢境的地點或狀況陌生奇怪。你可能置身於現實生活裡不可能去的地點，或是涉入詭異的社交狀況，同時，你或另一個夢境角色，可能扮演著不熟悉的角色。物體或角色可能在不對的地點，或是夢境發生在過去或未來。例如：

自我角色

- 「我們是逃犯，逃避法律制裁。」
- 「這是〇〇七那一類的夢境，而我是主角詹姆士．龐德。」
- 「我是第二次世界大戰敵後突擊隊員。」

人物角色

- 「我的朋友被指定當我的先生。」
- 「我爸爸的舉動就像是我的情人。」
- 「雷根、布希和尼克森都在開噴射機。」

角色地點

- 「我現在的同事和我高中時的朋友在交往。」
- 「瑪丹娜坐在我房間的椅子上。」
- 「我已往生的弟弟出現在廚房裡。」

物體地點

- 「我的床在街上。」
- 「我的房間有電話。」

- 「牆上長出奶油起士和蔬菜。」

場景地點

- 「我在火星的殖民地上。」
- 「我在遊樂園玩。」
- 「晚上我一個人在海面上。」

場景時間

- 「我回到讀小學的時候。」
- 「我參加第二十五屆高中校友聚會。」
- 「我和我那匹血氣方剛的馬在一起。」

情況

- 「我參加一場奇怪的典禮。」
- 「有部商業廣告片在我家拍攝。」
- 「兩家人聚在一起，想要了解對方。」

練習 2 找出你獨有的夢境徵兆

一、寫夢境日誌

寫日誌記錄你所有的夢境。蒐集至少十幾個夢境後，進行下一個步驟。

二、記錄你的夢境徵兆

請繼續蒐集夢境，同時標示出夢境日誌裡的夢境徵兆，在夢境徵兆下畫線，並在每個夢境描述後面列出夢境徵兆。

三、用夢境徵兆表將每個夢境徵兆分類

在表單上每個夢境徵兆旁，寫出夢境徵兆表的分類名稱。比如說，如果你夢見某個貓頭人，這可能就是形式類夢境徵兆。

四、挑選主要的夢境徵兆類別

請清點每個夢境徵兆類別（內在覺察、行為、形式或情境類）出現的次數，並排列出順序。最常出現的類別，就是下個步驟裡，你的主要夢境徵兆類別。如果類別之間有關聯，請挑選最吸引你的類別。

五、在清醒時練習尋找夢境徵兆

養成審視日常生活的習慣，檢查有哪些事件，符合你主要的夢境徵兆類別。比如說，如果你的主要類別是行為類，請研究你、別人、動物、物體和機器的行為和移動方式。完全熟悉事物在現實生活的樣貌，當夢境出現不尋常的事時，你才能立刻發現異常的訊號。

做清明夢前的目標設定

做清明夢是種心靈表現，你可以藉由練習來提升造夢的技巧。運動心理學家針對改善表現，曾經做過大量的研究，在其研究中，有個最具威力的工具，就是目標設定的理論與實務。[7]

目標設定有其成效，審閱過一百多份論文的研究人員指出，「目標設定有其積極效果，這個效果可以說是心理學文獻最有力、也是最能重現的發現。」[8]在此，我們改編了某位研究人員的調查結果，針對如何正確學習做清明夢的技巧，提出一些點子。[9]

練習 3 睡前啟動，今晚你想做什麼夢？

一、設定明確、特定與數字化的目標

目標是個人化的，而且和你的潛能與能力有關。依據你可達成的程度，你可能想每晚記住一到兩個夢境，或是在下週或下個月內，至少做一次清明夢。我開始做夢境研究時，我給自己設定的目標是，增加每月清明夢的次數，這使我可以很容易地評估我在特定目標的表現。

二、設定困難但是實際的目標

對許多人而言，做清明夢是個困難但實際的目標。對比較高階的造夢者而言，較適合的目標是，學習如何飛翔，或是面對恐怖的角色。只要你在能力範圍內願意接受挑戰，你的表現就會隨著你追求的目標提高而進步。

三、設定短程與長程目標

設定短程目標，譬如：記住某個夢境數字，或是每天做一定數量的練習（參見第三章）；同時，計畫長程目標，如：至少每月做一次清明夢。訂出你希望達到某種熟練程度的日期，如：「我希望在六月一日前做四個清明夢」。

四、記錄並評估進展

當你達到你所設定的目標時，如：一個月內做十二個清明夢，請記錄這個成就。當你達到目標時，請設定新的目標。或者，如果你因為遠遠無法達到目標而感到沮喪時，請設定較為實際、可執行的目標。請在夢境日誌裡加上註解與統計，圖表可能會讓這個過程有較清楚的紀錄。

如何達到最佳成效

許多造夢者指出，他們最常在拂曉時分做清明夢，這可能是因為下半夜會比上半夜出現更多快速動眼期。此外，實驗室針對清明夢發生時間所做的分析顯示，清明夢發生的頻率會隨著每個連續的快速動眼期持續增加。[10]

假設你平常睡八小時，一個晚上下來，你可能經歷六個快速動眼期，最後半個快速動眼期是在夜晚最後四分之一時發生的。根據我們的研究，你在這最後兩小時的睡眠裡，做清明夢的可能性，是前六小時的兩倍。這也意味著，如果你把平常的睡眠時間減少兩小時，那麼你就少了一半做清明夢的機會。同樣地，如果你平常只睡六小時，那麼延長兩個小時的睡眠時間，就有可能增加你做清明夢的機會。

結論很明顯，如果你想促成清明夢，請延長你的睡眠。如果你認真看待清明夢這回事，而且找得出多餘的時間，那麼你就應當每週至少安排一次，比平常多睡幾個小時。

如果你發現自己實在沒辦法再撥出睡覺時間，有個簡單的祕訣可以增加你做清明夢的頻率，那就是重新安排你的睡眠時間。如果你平常是睡到早上六點，那麼，請在清晨四點起床，並保持清醒兩個小時，處理任何你必須做的事。然後回到床上，再從六點繼續睡到八點。在這延後的兩小時睡眠時間裡，你就會比平常四點到六點的睡眠期，出現更多快速動眼期，清明夢的發生機率就會增加，卻不需要多花時間在睡眠上。

有些清明夢的愛好者在執行做清明夢的程序時，都一定會重新安排睡眠時間。比如，亞蘭．沃斯雷（Alan Worsley）提到，當他想要做清明夢時，他會在清晨一點半上床，從兩點睡到七點四十五分左右，再讓鬧鐘叫醒他，總共睡不到六小時。接著，他起床吃早餐、喝茶、看報、收信等，保持清醒兩、三個小時；九點或九點半時，他會仔細寫下他在清明夢裡想執行的相關特定實驗，或活動的計畫與意圖，接著再回到床上，通常他會在十點或十點半前入睡。接著，他會睡上幾個小時，在這段時間裡，他常常會做清明夢，有時甚至連續數個夢境持續長達一個小時。[11]

重新分配睡眠可以有效促進清明夢，請務必嘗試這個方法。只要稍微努力一點，你就會獲得豐碩的成果，以下練習可以幫你步上軌道。

練習 4 安排時間做清明夢

一、調鬧鐘

上床前，請將鬧鐘調到比平常早二到三個小時響，並在正常時間就寢。

二、早晨立刻起床

鬧鐘響時，請立刻起床，並維持二、三個小時的清醒。你可以隨意做你想做的事，直到回床上睡覺前的半個小時。

三、專注於做清明夢的意念

回床上睡覺前的那半小時，請思考你想在清明夢裡完成什麼事，例如：你想去哪裡旅行？你想見誰？你想做些什麼？你可以利用這段時間醞釀特定主題的夢（參見第六章）。

四、回到床上，練習做清明夢

醒來二、三個小時後，請確保你睡覺的地點，在接下來的二、三個小時可以保持安靜不受打擾。請上床，並練習最適合你的做清明夢的方法，方法請參考接下來的兩章。

五、給自己至少兩個小時的時間睡覺

可以調鬧鐘或是請人叫醒你，但是一定要給自己兩個小時的做夢時間。這次你可能會有至少一次到兩次的長期快速動眼期。

清晨之所以最適合做清明夢，還有另一個原因。雖然夜晚剛開始時，我們得花上一到一個半小時的時間，才會達到快速動眼期，但是經過數小時的睡眠，我們往往可以在一醒來又入眠後，只花幾分鐘的時間，就進入快速動眼期。有時我們可以從夢中醒來，一會兒之後又進入夢中。這些事實使得另一種類型的清明夢有可能發生——亦即清醒導入的清明夢，我們將在第四章討論這種類型的清明夢。

進入夢境前，先學習深層放鬆

在你準備好練習做清明夢之前，你必須能讓自己進入警醒卻放鬆的狀態——心靈警覺但身體深度放鬆。以下所列的兩個練習將會告訴你怎麼做，它們將有助於你消除當天心靈上的憂慮，讓你專注在做清明夢上。清明夢需要**集中精神**，如果心有旁騖、身體緊繃，就難以做清明夢。在進入下一章之前，請先掌握住這些重要技巧。

練習 5 呼吸與放鬆肌肉緊繃

一、平躺下來

如果你無法躺著，請坐在舒服的椅子上，閉上雙眼。

二、注意呼吸

注意你的呼吸，並且加深加長地呼吸。吸氣時稍微將橫隔膜往下移動，突出腹部，並從底部將空氣抽進肺部；吐氣時，讓自己深深地吐氣，藉此釋放緊繃。

三、先緊繃，然後放鬆全身肌肉

繃緊然後再放鬆全身肌肉，一次一次慢慢來。先從慣用手開始，將手從手腕處往回折，就好像是要把手背放在前臂上一樣，緊緊地維持五到十秒。請留意緊繃感，釋放緊繃並放鬆，並注意其中的差異。再次緊繃、放鬆。做深層腹式呼吸時，請暫停二十到三十秒，接著再慢慢吐氣。另一隻手重複這個過程。接著，在前手臂、上手臂、額頭、下巴、頸部、肩膀、腹部、背部、臀部、雙腿與雙腳處，重複這個緊繃、放鬆、緊繃、放鬆的順序。請在每個主要肌肉群之間暫停，深呼吸，並在吐氣時釋放更多緊繃。

四、放鬆所有緊張狀態

在輪流做完放鬆全身肌肉後，放鬆這些肌肉群。若是有某處感覺到緊繃，就多做一次緊繃與放鬆的順序。想像緊繃感像是無形的液體流出身體的景象。每次緊繃與放鬆時，請提醒你自己，這回的放鬆要比之前的緊繃更明顯。（**改編自傑克博森的著作**）[12]

練習 6 全身六十一點放鬆練習

一、依據圖表

圖2.1描繪身體的六十一個放鬆點。若要做這個練習，你必須知道這些點的順序。這些點從額頭開始，沿著右手臂往下又往上移動，接著穿過左手臂，往下到軀幹，往下再往上經過你的右腳與左腳，接著再回到軀幹與額頭。

二、一次專注於一個點

先從額頭開始，請將注意力集中在雙眉間／眉心處，並想想點編號1。繼續將注意力放在第一點數秒鐘，直到你對於這個位置的覺察力非常清晰為止。請想像你自己位於這個點，在移動到下一個點之前，你在這一點應當感覺到有股暖意與沉重感。

三、按照順序移動每個點

同樣地，按順序將注意力放在前三十一個點，慢慢進行，在到達每個點時，請想像你自己位於這個點上。在繼續之前，要先感覺到該點有股暖意與沉重感。別讓你的心神遊蕩，起初你可能會覺得難以辦到，你會發現有時你突然忘記自己正在做練習，並開始做起白日夢或是想別的事。如果你忘了進行到哪個點了，請回到起點或你注意到的最後一個點，並繼續下去。如果你還是會分心，無法按照順序關注到所有點，那就請繼續練習這三十一個點。

四、擴展你的練習，包括所有六十一個點

當你可以按照順序關注前三十一個點時，請用全部六十一個點重複步驟一與步驟二。繼續練習這個步驟，直到你能不分心地做完所有點。現在，你已經準備好做清明夢了。

圖2.1：六十一個放鬆點[14]

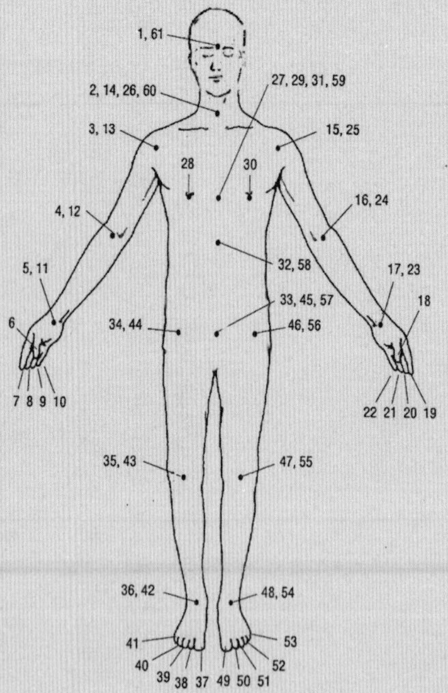

（改編自斯瓦米．拉瑪的《不移動的練習》，*Exercise Without Movement*[13]）

第三章 在夢境中醒來：進入清明夢的方法

在開始做這章的練習之前，你應該已經可以每晚至少記住一個夢境，也應當在日誌裡記錄了十個以上的夢境，並從這些夢境中找出你個人的夢境徵兆。你現在已經做好準備，可以進入專門為了做清明夢而設計的練習。如果你還沒做過清明夢，這些練習會協助你做第一個清明夢。

做清明夢比你想像的還容易

我曾教過成千個人學習如何做清明夢，經驗讓我明白，幾乎每個勤於練習這些技巧的人，都可以順利做清明夢。沒有人能確切指出，學習做清明夢要花多長時間，這得看你的夢境回憶能力、動機、練習程度，以及我們稱之為「清明夢天分」的因素而定。儘管我動機強烈，每週也做三到四個清明夢，但還是花了我兩年半的時間，才到達隨意做清明夢的境界。不過，當時我必須自創方法。而你們的優勢在於，可以用其他造夢者測試、修改過的技巧練習。如果沒有馬上成功，請不要失望，也別放棄！只要堅持下去，幾乎每個人都能透過練習做到。做清明夢比你想像中的更容易！

接下來兩章，會提供許多做清明夢的技巧，我們將重點放在適合多數人的技巧上。但是，依據個人生理、個性與生活方式的差異，每個人適合的方式各有不同，比如說，第四章所提的技巧最適合（但是並非專屬於）那些快速入眠的人練習。因此，我們致力於提供完整的做清明夢技巧，也於本書呈現大多數已知的方式，你應當試試任何吸引你的方法。一旦明白了做清明夢的原則與練習，你就可以自行結合書中所提的技巧，發展出屬於自己的方法。不論如何，請多加實驗、觀察，只要鍥而不捨，你一定會找到方法。

如何判別是夢還是真實？

一、搭建兩個世界間的橋梁

現在先暫停一切，問問自己下面這個問題：「我現在是在做夢還是清醒的？」請認真想想，盡自己的能力試著回答這個問題，並準備好證明你的答案。

現在你有答案了，請問自己另一個問題：「在平常一天裡，我多常問自己是在做夢還是清醒著？」除非你主修哲學，或是已經在練習做清明夢，否則答案應該是從來沒有。如果你在清醒時從未問過自己這個問題，那麼，你在做夢時，又多常會問自己這個問題呢？

這個問題的含意應該很清楚，你可以運用清醒與夢境兩者於生活習慣間的關係，幫助你做清明夢。有個辦法可以讓你轉為清明，那就是當你在做夢時問自己是否在做夢。為了要做到這點，你應當養成習慣在清醒時提出這個問題。

二、判別機制

心靈的某個部分負有「真相測試」的任務，也就是決定刺激源是來自內在或外在。奧力佛・福克斯（Oliver Fox）稱此為「判別機制」（The critical faculty），並視此為一般夢境裡的「入睡」，他認為這個機能對於取得清明狀態而言非常重要。為了要在夢裡變得更清明，福克斯寫道：

假設我在夢裡身處一家咖啡館，隔壁桌坐著一位非常吸引人的女士，只是，她有四隻眼睛。以下是對於這個判別機制的活動程度描述：

一、在夢裡，這幾乎是靜止的，但是清醒時我覺得這位女士有古怪之處。突然之間，我想到了：「對啊！她有四隻眼睛！」

二、在夢裡，我略為驚訝地說：「真奇怪，這女人有四隻眼睛！這毀了她的美。」但是我說話的口吻，其實是和下面說的話採用同樣的方式：「真可惜她的鼻梁斷了！不知道怎麼弄斷的！」

三、判別機制比較清醒，而四隻眼睛被視為異常，但是這個現象並未完全被辨識出來。我大叫：「天啊！」接著，為了消除自己的疑慮，我說道：「一定是鎮裡的怪人秀或是馬戲團表演。」像這樣，我游移於理解的邊緣，並未完全理解。

四、我的判別機制現在完全清醒，拒絕接受這個解釋。我繼續思考下去：「但是從沒有聽過這種怪人！有四隻眼睛的女人，這不可能！我一定是在做夢。」[1]

接著要面臨的挑戰，就是如何在就寢前啟動判別機制，如此一來，夢中出現需要解釋的奇怪現象時，判別機制就能做好充分的準備，並且正常運作。

保羅．索雷十多年來，針對兩百多名受試者所做的研究裡，推導出好幾個成功做清明夢的技巧。索雷宣稱，有個方法可以有效達到清明狀態（尤其適合初學者），那就是針對意識狀態發展「判別反思態度」（critical-reflective attitude），意即在清醒狀態下問自己是否在做夢。他強調，不斷反問自己「判別問題」（「我是不是在做夢？」）非常重要，至少每天要問個五到十次，而且每次感覺像在做夢時，都得問自己這個問題。在夢境般的狀況下自問非常重要，因為在清明夢裡，判別問題的提出通常都是出現在白天也會提出這類問題的時候，在就寢與入睡時問自己這個問題好處多多。以下是這些注意事項與改編自索雷的練習。

練習 7 時刻自問：「我在做夢嗎？」

一、計畫何時測試你的狀態

挑選白天裡五至十個不同的場合做測試，這些場合應該要和你的夢境有某些類似事件。只要遇見和夢境徵兆相似的事件，就要辨識你的狀態。只要發生讓人驚訝、直覺不可能發生的事，經歷罕見的強烈情緒，或是如夢似幻般的事時，請辨識你的狀態。如果你有重複的夢境，那麼只要和那個重複的情境有關的狀態，都是理想的測試時機。比如說，如果你重複出現懼高的緊張夢境，你就應該在過橋時，或是到高樓大廈的頂樓時做狀態測試。

比如說，造夢者喬決定只要出現以下情境，就做狀態測試：

（一）踏進電梯（這是他許多焦慮夢境的起源）
（二）和老闆說話
（三）看見美女
（四）看到印刷錯誤
（五）上廁所時（他發現他夢裡的廁所常常很奇怪）

二、測試你的狀態

盡可能多問自己這個判別問題（至少是步驟一所挑選的五至十個特別時段）：「我是在做夢還是清醒？」不要只是機械式提問，漫不經心地回答：「顯然，我是清醒的。」否則，當你在做夢時，也會同樣如此回答。請看看周圍，是否有不尋常或是不對勁之處顯示你正在做夢；回想前幾分鐘所發生的事，是否難以記起來？倘若如此，你可能就是正在做夢。正確回答這個判別問題的指引，請參考下面單元的建議。

（改編自索雷的反思技巧）[2]

有關狀態測試的建議

當造夢者告訴其他夢境人物，他們懷疑自己在做夢時，往往會遭到抗議以及得到與此相反的論點：

有個清明夢的場景是我高中時住的地方，那棟房子有個花園，可以說是庭院裡最棒的地

方，我的一位密友出現在那裡。當我坐著環顧房子時，我發現那棟房子雖然看來完整無損，事實上，它早在七年前就被剷平了，但是房子現在卻清清楚楚地矗立在我眼前。我立刻明白我正處於夢境之中，於是轉向我的朋友，要他醒來，告訴他我們在夢裡，如果他能明白這點，我們就可以去我們想去的地方，做我們想做的事。但是，他卻不聽我的話，堅持說那是真的，還說我讀太多卡司塔尼達（Carlos Castaneda）的書了，我應該改讀《福音書》才對。

（北卡羅萊納州哥倫比亞的P.K.）

重點就是，別把別人的話當真，並認真做狀態測試！許多造夢者認為，嘗試飛行是比較可行的方法，最簡單的方法就是跳起來，試著延長你離開地面的時間，如果你比平常在空中多停留一秒，你就可以確認你是在做夢了！

每次執行狀態測試時，請使用同樣的方法。就我的經驗而言，最棒的測試如下：找出某段文字，並閱讀那段文字（如果可以的話），然後看向別的地方，接著再重讀一遍，看看那段文字是否維持原樣。每次我在自己的清明夢裡做這個測試時，文字都會以某種方式變形。那些字句可能不再有意義，或是字跡可能變得潦草難懂。

另外，還有一個同樣有效的狀態測試：如果你戴的是數字手錶，你可以重複看錶面兩次，在夢裡，手錶不會正確運作（也就是說，不會按照預計的方式改變數字），通常不會顯示合理的數字（或許手錶顯示的是**夢境標準時間**）。順帶一提的是，這個測試只對數字手錶有用，無法應用在指針型手錶上，指針型手錶有時會顯示相當可信的夢境時間。當我決定做狀態測試時，我會看看我的手錶，如果我發現手錶變成相當逼真的指針型手錶，但我卻不記得自己曾把數字手錶換成手腕上現在戴的米老鼠指針錶，我就會明白我正在做夢。做這個確認時要小心，你可能會發現自己想出某個荒謬的推理，來解釋為何自己看不懂正確的時間，例如：「或許電池快沒電了」，或是「燈太暗，看不清楚錶面」。

當你懷疑自己在做夢時，狀態測試是找出你實際狀況的一種方法。因此，你通常可以用這個方法，作為達到清明的最後一個步驟。隨著練習的增加，你會發現自己可以用越來越少的時間辨識夢境徵兆，而且更頻繁地從懷疑自己在做夢，過渡到**知道**自己在做夢。你可能會發現，只要你發覺有測試現實的需要，**這個感覺本身就足以作為你在做夢的證據**，因為在清醒的狀態，我們從來不會認真思索自己是否真的清醒。[3] 這是狀態測試的最後一句話：任何時候只要你懷疑自己可能只是在做夢，你就很有可能真的是在做夢！

藏傳佛教徒長年以來，都是利用清醒時刻培養心靈狀態，再將此狀態引進夢境，以做成清明夢。但是，這些技巧的起源卻籠罩在過去的迷霧之中。據說，這些技巧源自阿富汗烏金拉瓦巴（Lawapa）上師，十八世紀時，經由藏傳佛教的始祖蓮花生大士引進西藏。[4]

西藏教義一代一代傳承至今日，我們現今所閱讀的《睡夢瑜伽》（*The Yoga of the Dream State*）最早編寫於十六世紀，一九三五年譯成英文，書中描繪了好幾種「理解夢境狀態本質」（也就是做清明夢）的方法。[5] 藏傳佛教的技巧多半都依照修煉者的能力而設計，牽涉範疇之廣，上從蓮花生等梵文的觀想，下至呼吸法與專注力練習都包含在內。

練習 8 保持清明的日間與夜間練習

對初學者來說，相關性最大的西藏睡夢瑜伽練習，稱作「透過決心的力量加以了解」，意思是，不論處於清醒或夢境狀態，都要「決心維持意識於不間斷的清明」。換言之，這個技巧牽涉到日間與夜間的練習。

一、日間練習

不論在白天遇到什麼狀況，持續想著「一切都是夢」（也就是說，你的心靈創造出你的經驗），並下定決心要看透虛幻事物的真實本質。

二、夜間練習

夜晚準備就寢前，下定決心要看穿夢境狀態，也就是說，明白這不是真實的，而是個夢境。（選修練習：請向你的上師祈禱，讓你能理解夢境狀態。許多人可能必須修改這個選修練習，如果你有修煉導師，請直接禱告；如果你沒有，但是有禱告的習慣，那麼就像平常那樣禱告；你也可以將其取代為你心裡和清明夢有關的象徵性人物；如果你既不禱告，也沒有信靠的上師，那麼請跳過這個指導方法，或是向自己心目中最具智慧的來源請求援助。）

祕訣小分享

因為我們夢見的，是自己最近關心的人事物，因此，如果你在日間花足夠的時間想著「一切都是夢」，那麼，到最後你很有可能會在夢裡夢見這些事。

（改編自伊凡斯魏茲的著作）[6]

二十年前，我參加加州大索爾（Big Sur）伊撒冷學會（Esalen Institute）所舉辦的藏傳佛教工作坊，主講者是塔湯祖古仁波切（仁波切的意思是「珍貴的珠寶」）。即使他會的英語詞彙非常少，但在場的人卻都能心領神會、笑聲不斷，我原本預期會聽到一些高深的內行指引，但是得到的卻是更為珍貴的事物。

仁波切隨意用手一揮，指著我們周圍的世界，同時自信滿滿地宣布：「這個……夢！」接著，他會笑得更開心，並指向我、其他人或物體，看起來似乎非常神祕地堅持說：「這個！夢！」接著，又是一陣笑聲。仁波切設法傳達概念給我們（他怎麼辦到的，我真的不知道。我不排除心電感應的可能性，畢竟他能說的英文字彙極少），他要我們將所有經驗看成夢境，並試著維持睡眠與清醒這兩個狀態間，意識不間斷的持續性。我不覺得我的練習很順利，但是週末結束，我在回舊金山的路上，卻出乎意外地發現我的世界有所不同了。

數夜之後，我做了第一個清明夢，那是我五歲時開始做的連續探險的夢。在夢裡：

> 雪輕輕落下。我孤單地攀爬K2峰，身處世界頂峰。當我向上穿越陡峭的雪堆時，我驚訝地發現，我的手臂是裸露的。我只穿短袖上衣，這件衣服根本不適合穿來爬世界第二高峰！我立刻明白，我在做夢！我很高興地跳出山脈開始飛翔，但是夢境逐漸消失，我就醒了。

西方人的意念

很少有西方人，對於東方大師的思想能夠一見如故，但對於意念的觀念應該很熟悉。儘

管大多數人提到，他們偶爾會不由自主地做清明夢，但是清明夢很少會在我們沒有意念要做的前提下發生。因此，如果我們想更常做清明夢，就必須先在做夢時加強辨認夢境的意念。如果一開始不順利，請參考西藏箴言，每天早晨努力不下二十一次，就能「理解夢境狀態的本質」。

西藏人認為決心的程度，將決定做成清明夢與否，保羅．索雷加以修改，並做了大量的實驗。[7]以下，是我根據索雷的方法所改編的練習。

練習 9 執行夢境任務

一、決心認出自己在做夢

在清晨時光，或是在你後半段睡眠快醒來之際，請清楚、自信地確認自己打算要辨認出夢境狀態。

二、觀想自己認出了這是夢

盡可能逼真地想像，你正處於發現自己在做夢的狀態裡，將幾個最常發生或最喜歡的夢境徵兆，放進你的觀想中。

三、想像自己執行了某個夢境行為

除了練習辨認夢境徵兆之外，還要在夢中實踐一些行動，最好是本身即為夢境徵兆的行為。好比說，觀想自己在夢裡飛翔，然後辨認出自己在做夢。這麼做時，請務必要下定決心，下次做夢時要辨認出來。

祕訣小分享

之所以要設定意念，在夢中落實某個行為，是因為造夢者雖然記得要做某件事，有時卻在尚未進入清明夢之前就做了。事後反思時，才想起來：「這是我想在夢裡做的事！所以我一定是在做夢！」意念行為應當是夢境徵兆，因為如果你發現自己在做夢境行為，你就比較有可能會進入清明夢。

融會貫通索雷博士的各種技巧

我們可以混用索雷提出的技巧，以判別狀態測試為基礎，同時進行意念與自我暗示（autosuggestion）。索雷主張，在他所討論過的幾種造夢方法裡，「判別狀態測試」是最有效的方式。[8]以下，是索雷的推測：

只要按照建議執行，大家都能學會做清明夢。之前從未做過清明夢的受試者，平均每週試過四到五次之後，就會出現第一個清明夢，不過個案間的落差很大。在最順利的狀況下，受試者在第一晚就做了清明夢；在不順利的狀況下，受試者則等到好幾個月之後才做清明夢。到達判別反思的心理狀態，可能需要歷時好幾個月。之後，就算受試者並未在白天提出判別問題，清明夢都會出現。清明夢出現的頻率，有很大的程度仰賴受試者的意願。只要按照上述建議練習，大多數的受試者至少每晚都會做一個清明夢。[9]

接下來，是我按照個人經驗，綜合索雷各項技巧而成的判別練習。

練習 10 轉為清明，認出自己在做夢

一、先選定辨識夢境或真實的時機

事先選定某些時刻，在那些時刻記得測試你的狀態。比如說，你可能決定在下班一回到家，每次開始聊天，或每個整點時，問自己：「我在做夢嗎？」選擇你覺得自在的頻率做狀態測試，並用意象協助自己記得提問。比如說，如果你打算回到家時提問，那麼看見自己開門時，就要記得你的意念。

在白天做這個練習十次以上，在你挑選的時間做，或是任何你覺得如夢似幻的狀況時做，比如說，只要你覺得發生驚人或古怪的事，或是情緒沒來由地強烈起來，就問自己：「我在做夢嗎？」

二、測試你的狀態

問自己：「我是在做夢，還是清醒的？」環顧四周，看看是否有古怪或異常的事，可以印證你在做夢；回想前幾分鐘發生的事，你是否難以記得剛發生的事？倘若如此，你可能正在做夢。請閱讀某篇文字兩遍。除非你有確切證據（比如說，每次你看那段文字，文字都是相同的），否則請不要下結論，認為自己是清醒的。

三、想像你自己在做夢

證明自己處於清醒狀態後，請告訴自己：「我現在並不是在做夢，但是如果我正在做夢，那會是什麼情景？」盡可能生動地想像你在做夢。刻意想像你知覺到的（聽覺、感覺、嗅覺或視覺）都是一場夢——那些人、樹、陽光、天空和大地與你自己，全都是夢。仔細觀察你的環境裡，有哪些是第二章所提到的夢境徵兆，想像如果你的夢境徵兆出現了，那會是什麼狀況。

一旦你能夠清楚感覺自己就像在夢裡，請告訴自己：「下次我做夢時，我會記得辨認出我是在做夢。」

四、觀想在清明夢裡做某件事

事先決定你想在下個清明夢裡做什麼事，你可能想飛，想和夢境人物聊天，或是想嘗試本書後半部建議的各種用途。

現在，想像進入清明夢之後，你會如何達成你的願望，如何體驗你之前決定要做的事，並且下定決心，到時候你一定會記得自己正在做夢，然後做你打算在夢境中做的事。

（改編自索雷的著作）[10]

祕訣小分享

起初，你可能會覺得質問你所經歷的現實很奇怪，但是你絕對會發現，每天數次審視現實世界，是很值得培養的習慣。在我們的工作坊裡，我們分發出去的名片上印著「我在做夢嗎？」的字眼。你可以將這個問題寫在名片背面，並將名片塞到口袋裡。拿出名片閱讀那些字，之後可以做個現實測試：看看別處，接著很快地再看一次名片。如果文字變得扭曲，你就是在做夢。一旦你在現實生活中，建立起判別夢境或現實的習慣，你遲早會在真正做夢時如此自問，接著，你就能在夢裡保持清醒。

如何有效進入清明夢？

一開始，我為了撰寫博士論文，開始調查隨心所欲做清明夢的可能性，就在那時，我發展出有效進入清明夢的方法。[11]

在此之前，我每個月記得的清明夢不到一個；在我研究的前十六個月裡，我使用了自我暗示（下面有關於此技巧的詳細說明），那時我平均每個月記得五個清明夢，清明夢的數量從一到十三個都有。我完全不知道自己是怎麼辦到的！只知道我在就寢前告訴自己：「今晚，我會做清明夢。」但是要怎麼做？我完全沒概念，沒概念意味著我對要不要做清明夢這件事，幾乎無能為力。

然而，我漸漸發現一個重要的心理因素，和進入清明夢有關，就是**記得**要辨認我在做夢的睡前意念。一旦我明白，我要在下次做夢時記得做某件事（即：轉為清明）時，我就具備了能力，可以想出幫我達成目的的技巧。我們要如何設法記得在夢裡做某件事呢？或許我們應該從比較簡單的問題問起：我們要如何記得在日常生活裡做某件事？

在日常生活裡，我們運用某些外在的符號或輔助（購物清單、電話本、手指纏線、門邊貼紙條等），來幫我們記住要做的事。但是，如果沒有這些提醒物，我們要怎麼記得未來的意念（又稱做**預期性記憶**）？此時，動機就扮演了很重要的角色，你不太可能會忘記你很想做的某件事。

當你設定記得做某件事的目標時，你就已經啟動了大腦的目標設定功能，在你達成目標前，這個系統會維持運作的狀態。如果這個目標對你而言非常重要，系統就會維持高度運作狀態，直到時間**到**之前[12]，你會不斷檢查是否該執行的時間到了，而不會變得完全無意識。舉個更常見的狀況來說，例如：你決定下次去五金行時要買釘子，但由於這件事可能沒有很重要，因此你去了五金行，卻忘了這回事。也就是說，除非你去五金行時，剛好留意到一盒釘子，或是鐵鎚，才會讓你聯想到要買釘子。

這個例子，凸顯了另一個與「記得去做某事」有關的重要因素，那就是聯想。在要記得去做某件事時，我們可以藉由以下的方法，來提高記得的機率：一、強烈的記憶動機；二、在我們要記得去做的事，以及做這件事時的情況之間建構心理聯想同——你可以想像自己正在做那件事。

為了記住要維持清明的意願，我發展出了「清明夢記憶推引法」（MILD）。[13]根據我個人的體驗，以及把它教給上百人的經驗，我在本書中增修了這個方法的實用步驟，請注意以下討論的前提條件。

若想使用清明夢記憶推引法順利做成清明夢，你必須具備以下能力：首先，如果你在**清醒時**就無法記住即將要做的事，你就不太可能在**睡著時**記得要做的事。因此，在嘗試清明夢記憶推引法之前，你必須確認自己可以在清醒時記得去做某件事。如果你和大多數的人一樣，習慣依賴一些提醒物，就必須練習只用自己的記性去記，以下練習可以幫你養成必要能力，以執行清明夢記憶推引法。

練習 11 記錄夢境內容的記憶訓練

一、閱讀當日目標

以下是一套每天四個目標事件的記憶練習，這個練習需要執行整整一週，一週內每天都要做。早上起床時，閱讀當天的目標（請不要提早閱讀目標），並記住當日的目標。

二、在白天尋找你的目標

留意目標事件下一次發生的時機，一發生就立刻自問：「我在做夢嗎？」如果你的目標是「下次我聽見狗吠」，那麼下次聽見狗吠時，請留意這個事件並執行狀態測試（確認是夢還是真實）。你要想辦法在下次發生這類事件時，立刻留意到這個目標。

三、記錄你遇見多少個目標事件

當天結束時，請寫下你留意到，有多少個符合這四個目標的事件（你可以在夢境日誌裡預留空間，記錄這個練習的進展）？如果你發現自己沒有在當下，留意到目標對象，而是稍晚在回想時才留意到這個事件，就不算是辨識出那個目標。如果你確定，當天預設的目標事件都沒發生，請在夢境日誌裡如此註記。

四、這練習需持續至少一週

請做下面的練習，將所有日常目標都試過一遍。如果在一星期結束後，你仍然錯過大多數目標，請繼續做練習，直到你可以看出大多數的目標為止。列出自己的目標清單，記錄你的成功率，並觀察自己記憶力的發展狀況。

每日目標

星期日：

下次我看見寵物或動物時

下次我照鏡子時

下次我開燈時

下次我看見花時

星期一：

下次我寫字時

下次我覺得痛時

下次我聽見有人叫我的名字時

下次我喝飲料時

星期二：

下次我看見紅綠燈時

下次我聽見音樂時

下次我丟東西到垃圾桶時

下次我聽見笑聲時

星期三：

下次我開電視或廣播時

下次我看見蔬菜時

下次我看見紅色車時

下次我付錢時

星期四：

下次我讀這張表以外的文字時

下次我看手錶時

下次我注意到自己在做白日夢時

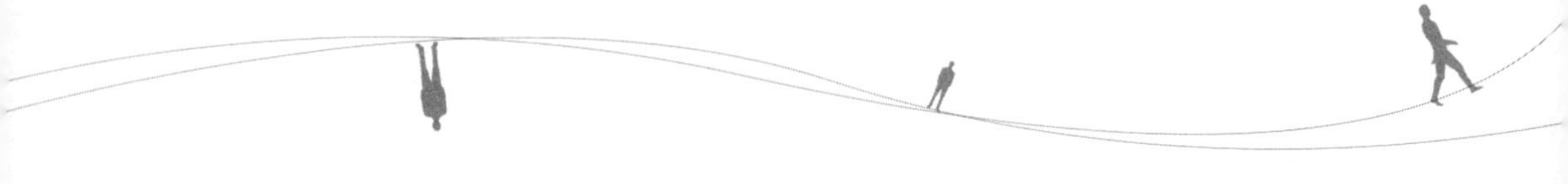

下次我聽見電話響時

星期五：

下次我開門時

下次我看見小鳥時

下次我在中午過後上廁所時

下次我看見星星時

星期六：

下次我把鑰匙插進鎖孔時

下次我看見電視廣告時

下次我在早餐後吃東西時

下次我看見腳踏車時

練習12 清明夢記憶推引法

一、準備做夢境回憶

就寢前，請下定決心，整個晚上的每個夢境週期之間，要醒過來回憶夢境的內容（不論是在天剛亮後的第一個夢境週期，清晨六點之後，或是你覺得方便時）。

二、回憶你的夢境

醒來後，不論那時是幾點，請試著盡可能回憶夢裡所有的細節。如果你發現自己昏昏欲睡，請想辦法喚醒自己。

三、專注於你的意念

回頭再睡時，請將注意力集中於「記得自己在做夢」的意念上，告訴自己：「下次我做夢時，我想要記得我在做夢。」用心試著去感覺你真的想這麼做，將自己的思維縮小到這個想法上。如果你發現自己在想著別的事情，只要放掉那些想法，並將心思帶回你想記住的意念即可。

四、看著自己轉為清明

同時，想像你回到剛才的夢境，但是這一回你認出這是個夢。請從這個經驗找出夢境徵兆，當你看見夢境徵兆時，對自己說：「我在做夢！」並持續這個夢。比如說，你可能決定在進入清明夢時想要飛翔，就這個例子而言，當你在這個夢中「領悟」你在做夢時，請想像你自己離地起飛。

五、重複

重複步驟三與四，直到確定了你的意念為止。接著，讓自己再次入睡。如果在入睡時，你發現自己想著別的事，請重複這個程序，讓入睡前的你只想著：下次做夢時，記得要辨認出那是夢。

祕訣小分享

如果一切進行順利，你會入睡，發現自己進入夢鄉，此時你會記得要留意你在做夢。如果練習這個方法時，你要花很久時間才能入睡，請別擔心：你清醒的時間越長，你就越有可能會在終於入睡後做清明夢。這是因為你清醒的時間越長，你重複練習清明夢記憶推引法的次數就越多，因而強化了你想做清明夢的意念。此外，清醒可能會啟動你的大腦，更容易達成清明。

如果你是熟睡者，你應該在記住夢境後起床，並做任何需要百分之百清醒的活動，大約十至十五分鐘，如：打開燈看書，或是下床走到另一個房間。最好的活動就是寫下你的夢境，閱讀一遍，留意所有的夢境徵兆，準備好做清明夢記憶推引法。許多人只做了一、兩晚的清明夢記憶推引法，就順利做了清明夢；有些人則花比較久的時間才辦到。持續練習清明夢記憶推引法，你會更能掌握做清明夢的方式。我們許多高階的夢境探索者都用這個方法培養能力，以便在他們所選擇的夜晚，做上幾個清明夢。

自我暗示與催眠技巧

派翠西亞・嘉菲德（Patricia Garfield）宣稱，「使用自我暗示法後，她達到古典學習曲線，使持久清明夢的發生頻率增加，從原本沒有清明夢，到最高每週做三個清明夢。」[14]她指出，使用自我暗示法五、六年後，她平均每月可以做四到五個清明夢。[15]正如上述，我也用這類技巧達成了非常相似的結果：在我寫博士論文的前十六個月裡，我運用自我暗示法做清明夢，那時我每個月平均可做五點四個清明夢。[16]

索雷也曾用自我暗示技巧做實驗，可惜的是，他除了提到暗示的效果可以運用放鬆技巧來改善之外[17]，提到的細節極少。索雷建議，在睡前使用自我暗示，並處於放鬆狀態，要小心避免不要過度努力。

努力過頭與未付出心力的自我暗示之間，存在著很有意思的差異。在我研究初期，我在實驗室試著做清明夢時，用的就是自我暗示法，我發現太努力嘗試，反而產生了反效果。這使我很挫折，因為當晚在實驗室睡覺時，我必須至少做一個清明夢。每週用自我暗示做幾個清明夢，對我而言並不夠，我在實驗室睡覺的那些夜晚都必須做清明夢才行。

然而，在我創發出清明夢記憶推引法後，我發現我可以努力嘗試，而且每次都會成功，這是因為清明夢記憶推引法牽涉到付出心力的意念。當我使用自我暗示法時，我在實驗室的六個夜晚裡，只有一個晚上做了一個清明夢；但是，使用清明夢記憶推引法時，我待在睡眠實驗室的二十一個夜晚裡，有二十個晚上我做了一個以上的清明夢。

由此可以明顯看出（至少對我而言），自我暗示法不如某些做清明夢的技巧有效，像是清明夢記憶推引法。然而，由於自我暗示較不需付出心力的本質，對於願意做較少清明夢的人而言，自我暗示可以讓人以較不嚴苛且較不費力方式練習，因此還是有其優勢。從另一方面來說，對於極度容易被催眠的人而言，自我暗示更適合用於進入清明夢，當我們討論「後催眠暗示」（posthypnotic suggestion）時，就會更明白其中道理。

練習 13 在夢中醒來，決定性的自我暗示

一、完全放鬆

躺在床上，輕輕閉上雙眼，放鬆頭部、頸部、背部、雙手與雙腿。完全放開所有肌肉與心靈的緊繃，並且慢慢、平靜地呼吸。享受放鬆的感覺，拋開你的想法、憂慮、掛念與計畫。如果剛睡醒，你可能已經充分放鬆了。否則，你可以使用練習5。

二、告訴自己要做清明夢

處於深度放鬆時，告訴自己今晚要做清明夢。避免將強烈的意念放入你的暗示中，切勿激烈地堅信：「今晚我會做清明夢！」在這種壓力過大的信念後，如果你發現接連有一、兩個晚上做不出清明夢，你可能就會迅速失去對自己的信心。相反地，請試著將自己置於真心期待當晚或近期內，很快就會做清明夢的心靈框架內，讓自己期待地想著要做的清明夢。期待這件事的發生，但是要樂於讓它在對的時機發生。

什麼是後催眠暗示？

如果自我暗示可以增加你做清明夢的頻率，那麼使用後催眠暗示後，效果或許會大大提升。查理士．塔特（Charles Tart）推斷，後催眠暗示，可以提供「最有效的技巧，藉由睡前的暗示來控制夢境內容」。[18] 清明夢既然可以被視為某種夢境內容，或許也會受到後催眠暗示的影響。我在三個場合使用後催眠暗示做清明夢實驗，成功了兩次。[19] 我只是普通容易被催眠的人，對於高度容易被催眠的受試者而言，後催眠暗示會是非常有成效的技巧，絕對值得鑽研。

藉由後催眠暗示做成清明夢，目前所能取得的另一份資料，就是由臨床心理學家喬瑟夫．丹（Joseph Dane）發表的博士論文。在此，我們只集中在這份研究裡的一個有趣層面，在兩組各十五位女大學生參與的實驗裡，所有參與者都不曾做過清明夢，她們接受數次的催眠，接著輪流被帶到實驗室一個晚上做監測。其中一組（後催眠暗示小組）從她們在催眠狀態所描繪的夢境想像，發展出個人的夢境符號；另一組（控制組）也被催眠，但是並未找出個人的夢境符號。當晚稍後，她們再度被催眠，後催眠暗示小組的女生在被請求做清明夢時，都看到了她們的符號。她們留在睡眠實驗室那一晚所回報的清明夢，都比控制組所做的清明夢歷時更長，而且也與個人更有關聯性。後續的實驗顯示，後催眠暗示小組的女生比控制組的女生，繼續做了更多的清明夢。[20]

電子清明夢導引

本章所討論的清明夢做法，是將你的清醒意念帶進已經清明的夢境裡。以清明夢記憶推引法為例，它是以未來記得做某事的能力為基礎：「在做夢時，我會記得要留意我在做夢。」

然而，當我們在清醒時，可能就已經很難記住要做的事了，更何況是睡覺時。

近年來，我在史丹佛的研究聚焦於協助造夢者記住他們的意念。我的推論是，如果造夢者可以在做夢時，經由外在世界的某個提示勾起回憶，那麼要進入清明的任務就至少完成一半了，大家要做的事就是記得那個提示。

讓提示進入夢境聽起來很困難，其實不然。我們睡覺做夢時，儘管並未意識到周圍的世界，但是，我們的大腦仍然持續透過我們的感官監控周圍的環境。睡覺時，我們並非處於完全不設防的狀態，其實在我們感覺異常或有潛在威脅時，通常就會醒來。由於這個無意識的監控，有時候，我們周圍的某些行動會進入我們的夢境（與之結合）。我在史丹佛的研究小組一直以來都在致力於尋找——能立即與夢境結合的提醒物。

我們剛開始清明夢的提示實驗時，使用的提醒物或許再平淡無奇不過了，那是一段錄音訊息，播放著：「這是個夢！」[21] 我們監測四位受試者在實驗室睡覺時的腦波、眼球運動，以及其他生理反應。受試者處於快速動眼期的睡眠時，床上播放錄音帶的擴音器音量漸漸增強。這研究的受試者都已精通做清明夢，因此，做清明夢的成功率非常高。錄音帶總共播放了十五次，共產生了五次清明夢，其中有三個清明夢是造夢者在夢中聽見「這是個夢」時產生的。另外，有兩個清明夢是在錄音帶播放時發生，但是受試者並未提到有在夢裡聽見錄音訊息。

錄音帶有十次沒有順利做成清明夢，可歸因於做清明夢的兩大挑戰：造夢者可能醒來（有八次將受試者吵醒），或是無法辨認出提示。

就算使用了提示，而造夢者仍維持睡眠狀態，那也無法保證會順利產生清明夢。訊息有兩次進入造夢者的世界，但是造夢者心不在焉，沒有領悟到提示的意義。有個例子相當有趣，受試者埋怨夢中有人不斷跟他說：「你在做夢！」但是他卻沒注意到那是提醒！從這個例子，和我們用提醒物導入清明夢的努力中，我們得到的結論是，可以在人們做夢時，從外界提醒他們，幫助他們悟到現在這是夢。但是，造夢者仍必須要辨認出提示，並且記得那些提示的意義。在那之後，我們開始運用本書提到的早期版本心理技巧，並搭配外在的提示。

我們的下一個提示實驗，是由心理系學生羅伯特．里奇（Robert Rich）所做的，藉由這個實驗他完成了一篇優秀的論文。由於先前的研究已經顯示，觸覺刺激比起視覺或聽覺刺激更常與夢境相結合[22]，因此我們決定採用相關的刺激作為提示，測試做清明夢的效果。我們在受試者處於快速動眼期時，透過床墊傳送振動。[23]

在研究進行前，受試者做了很多準備工作，在進實驗室開始記錄之前，他們在腳踝套上振動器，振動器上裝有定時裝置，一天會啟動好幾次。只要受試者感覺到振動，他們就做狀態測試與提醒物練習，提醒物是提醒他們在夢中感到振動時，就能辨認出這是在做夢。

在十八個受試者中，有十一個人，曾在實驗期間的一、兩個晚上做過清明夢。他們總共做了十七個清明夢，其中有十一個夢是在振動時發生。受試者感覺到振動時的其中一個狀況是，夢境世界出現混亂：

> 我開始在床上漂浮，電極在拉扯，接著，牆開始前後移動。之後，史蒂芬在角落出現，他說：「如果開始出現奇怪的事，你就要知道你在做夢……」

這位受試者明白**正在**發生怪事，於是他轉為清明，然後飛出去看星星。這個實驗結果讓我們知道，就快要發現有效進入清明夢的方式了。雖然振動是相當有效的提示，卻有許多實行上的困難，因此我們繼續嘗試其他種類的刺激。

我們接下來測試的是亮光，因為亮光很少讓人感覺到周遭環境有危險。或許我們能在不驚醒受試者的情況下，讓亮光與夢境結合。在一個研究裡，我們讓四十四位受試者戴上附有紅光的專用蛙鏡睡覺，同時監測他們的生理狀況。[24]在快速動眼期開始後幾分鐘，受試者可能在做夢時，我們快速打開蛙鏡的亮光。在後來的實驗裡，我們用電腦連結到蛙鏡，偵測到進入快速動眼期時，我們就打開亮光提示。後來，這變成「夢境亮光」（DreamLight）[25]的第一個原型，我們會在接下來的單元裡做介紹。

在這個研究裡，四十四位受試者中有二十四位，在實驗室過夜時做了清明夢（大多數受試者只在實驗室待一晚）。全部加起來，受試者總共在實驗室度過了五十八個夜晚，回報了五十個清明夢。大家或許可以預料得到，那些比較常做清明夢的人，比較容易藉由亮光轉為清明，在每月至少做一次清明夢的二十五位受試者裡，有十七位（百分之六十八）曾經在實驗室做過一次，或更多次的清明夢。其中，有三位受試者之前從未做過清明夢，他們之中有兩位卻在亮光的提示下，啟動了生平第一次清明夢。

其他研究顯示，每晚至少記得一個夢境的人，每個月至少可以做一次清明夢。[26]因此，對於容易回憶起夢境的人而言，亮光提示似乎是做清明夢的好幫手。

蛙鏡上閃爍的紅色亮光，可以用許多方式與夢境結合，造夢者必須警覺到夢中光線有了突然的改變。以下，是以亮光提示促成清明夢的一個例子：

有個女人遞給我某個金屬或是白色的東西，那個東西照亮我的臉，我知道那是提示。她是個金髮美女，我明白她是我的夢境人物，我充滿愛意緊緊地、充滿感激地擁抱著她，我感覺她都快和我融為一體了⋯⋯

研究結果顯示，我們可以使用感官提示在實驗室促成人們做清明夢，但我們希望大家能在家使用這方法，不必到實驗室進行。於是，我們開始著手研發攜帶式清明夢推引設備——夢境亮光燈。這個面具設備搭配了快速動眼期偵測器，以及提示造夢者的亮光燈，能提供有效提示，幫助大家悟到自己在做夢。

看見夢境亮光

我在《清明夢》一書中寫道：「我認為遲早都會有人設計、販售有效的清明夢推引設備，這只是時間的問題罷了。這是目前我個人研究的主要重心……科技的輔助，可以讓初學者起步更容易，或可省去數年的灰心挫折與錯誤嘗試。」[27]《清明夢》出版後不久，我開始著手設計這類設備。

一九八五年九月，我收到鹽湖城工程師戴若．迪克森（Darrel Dixon）的信，他有興趣研發清明夢推引設備，願意提供協助。我給他一份設計圖，很快地，他就製作出了我們的第一個原型，這是一對黑色的盒子，可當作眼球運動偵測系統與攜帶式電腦的介面裝置。由睡眠者面具上的偵測器偵測眼球運動，而電腦則監測眼球運動的活躍程度，當程度夠高時，電腦就會透過儀器釋放信號，而開啟面具的閃光。這個初期設備，很像是一九五〇年代科幻片的道具，金屬盒子上覆蓋著旋鈕，有著複雜的線路，還有用蛙鏡改造的面具與紅色閃光。但是，它真的有用！某位受試者在使用後的第二個晚上，做了以下的夢：

> 我坐在商店外的汽車內，蛙鏡的亮光亮起，我感覺到亮光照在我的臉上。我等著亮光熄滅，再做現實測試。我伸手拿下蛙鏡……接著，蛙鏡不見了，我仍坐在車內，這時我決定用

讀一美元鈔票上的字來做現實測試。有個字錯了，因此，我的結論是：我在做夢！我下了車，開始飛翔，感覺好棒。街道明亮暖和，涼爽清澈。我向上飛到一棟建築物上方，太陽照在我的雙眼，這是那道亮光！它洗掉了想像，我的身體一陣暈眩，最後，我與朋友們站在店裡，不再清明，並且告訴他們我的經驗。

過去幾年，史丹佛研究小組用夢境亮光做了好幾個實驗。兩門清明夢學程的參與者，獲得了在家使用夢境亮光燈的機會。

在這研究裡，我們檢驗了幾個會影響清明夢的因素，包括不同種類、程度的心理準備。根據之前對提示清明夢的調查結果，我們發現，心理準備是做成清明夢的重要關鍵因素。實驗證明，夢境亮光能有效促成清明夢，但效果比不上練習「清明夢記憶推引法」。然而，若能兩者並用，一方面使用夢境亮光，一方面練習清明夢記憶推引法，則最能相輔相成，在所有可能的組合裡，產生最高的清明夢頻率。我們的研究顯示，練習過清明夢記憶推引法的人，在使用夢境亮光時做清明夢的次數，高出那些沒用過清明夢推引法的人五倍之多。[28]

使用夢境亮光時，心理準備至關重要。因為當你在做夢時，如果你的心理並未專注於辨認出夢境，你就不會明白亮光代表的意義。發明出**讓**你做清明夢的設備是不可能的，有些事你還是得靠自己努力才行。

不同的亮光經驗

夢境亮光使用者的挑戰之一，就是要先做好心理準備，不論亮光在夢裡以何種形式呈現，遇到時才能辨認得出提示來。有時候，來自夢境亮光燈的光，在夢裡看起來就和清醒時一樣。然而，在絕大部分情況下，亮光的呈現形式會與夢境環境交織得天衣無縫，因此造夢者必須極度留意，從另一個世界傳來訊息的可能性。如果造夢者太沉浸於夢境中，那麼當信號來時，就可能無法被察覺到，這也顯示我們在夢中將一切合理化，而非邏輯思考的傾向。比如說，有個受試者提到這段話：

> 在某個旅程裡，我們正在下山。我有兩次看見明亮閃耀的紅色花樣遮住我整個視線，從某個中心點向外發光。我稱這個光線為「蘇非煙火」，心想那一定是故意讓我們看不見某個東西。我覺得我明白這次旅程的重要性，但我的友人並不明白這點。

心理學家珍．傑肯巴克（Jayne Gackenbach）認為，當光線出現在夢裡，而人們卻無法辨認出光線，是因為他們對於看到「轉為清明的提示」這個概念，有著某種「抗拒」心理。[29]然而，光線的出現就像是夢境徵兆一樣，一定只會以夢裡的異常事件來呈現。我們都曾錯失過，在夢裡認出自己在做夢的機會，這並不是因為我們有心理障礙，對於轉為清明有所抗拒，而是因為我們沒有做好充分準備，要辨認出夢境徵兆來。當做好心理準備，留意到可能是夢境亮光所產生的閃光事件時，造夢者就可以利用那些亮光轉為清明：

> 我和旅行團坐在劇院看電影，這時螢幕變暗，接著變成紅色的抽象幾何圖案，於是我恍然大悟——這是夢境亮光！我正在做夢。

亮光會在夢裡以不同形式呈現，夢境亮光的使用者提到了五種常見形式：

- **和清醒時一樣的光**：戴上夢境亮光燈的人，在夢裡看到的亮光，和清醒時看到的一樣。

比如，「我看見的閃光，和我在清醒時看到的閃光一樣。」

- **融入夢境的光**：亮光變成夢境環境的一部分。比如，「我留意到房間裡的燈光閃爍。」
- **照射進夢境的光**：亮光如光束般照入夢境，看起來不像是源自夢境本身。比如，「有兩道光射進我的視野。」
- **發光的圖案與形體**：造夢者看見綻放光芒的圖案，有時是幾何圖案，或是會發光的東西。比如，「我看見光可鑑人的金黃色圖案，以及一顆閃閃發光的鑽石。」
- **夢境晃動、模糊閃爍**：造夢者並未看見亮光，只看到閃光造成的晃動。比如，「我留意到周遭有著模糊的閃爍。」

亮光推引的清明夢

以亮光促成的清明夢，和自發性清明夢有一個明顯的不同，那就是亮光提示！然而，傑肯巴克最近指出，「人工推引清明可能會不利於清明夢的品質。」[30]我很尊敬我的同業，但是她的研究似乎不太科學，她的結論是根據單一受試者的少量資料，而這結論極具爭議性。那份資料則來自一個初步探索性的研究，研究報告是比較同一位受試者的十八次亮光做清明夢，與十八次自發性清明夢經驗，結果顯示在亮光推引的清明夢中，夢到較少次飛行、較多次性愛。[31]

傑肯巴克據此宣稱，與夢境性愛相比，飛行「比較典型，代表更高形式的夢境清明」。關於這個概念，她所引用的唯一證據是，一群行為嚴謹的中西部冥思者，他們夢到的飛行次數高於性愛次數二十倍之多。這點沒有實質意義，因為根據原始資料的重新分析顯示，受試者在亮光提示的清明夢裡夢見性愛的次數，與自發性清明夢一樣多。至於飛翔，有幾位受試者的自發性清明夢，是發現自己在飛翔時啟動的，在校正這個因素後，飛行出現在亮光推引與自發性清明夢之間的比率，就沒有顯著的差異了。

關於自發性清明夢，與以亮光促成清明夢之間的差異，有一個較合理的假設，就是接受亮光提示的造夢者可能比較不理性，至少在清明夢的第一個場景裡，我們或許可以預期到這一點。因為和經提示後才轉為清明的造夢者相比，自發性清明夢的造夢者，必須擁有較為一致的心理狀態。我們還需要做更多研究，才有辦法證明或推翻這個假設，但是根據夢境亮光使用者的說法指出，亮光促成的清明夢可以和自發性清明夢一樣強烈、刺激，且值得玩味。戴洛·修威特（Daryl Hewitt）與琳·勒維坦兩人是勇敢的夢境探索者，後者曾大力協助我們發展夢境亮光，自願測試我們設計的每個新款式。以下夢境，摘自他們兩人所述：

在我的夢裡，亮光面具閃爍不停，我辨認出那道閃光，知道我在做夢，於是發出眼球運動信號。我的背景是睡眠實驗室，我想要出去，一會兒之後，我發現有道鎖住的玻璃門。我試圖像鬼魅般穿門而過，但最後只是將身體往門衝去，破門而出。我發現樹林間有塊空曠區域，開心地跳進空中漂浮。我一飛沖天，那是很棒的經驗，我飛過群山，但是每座山之外，隱約還有更高的山，我迷失在雲層裡。有時我俯衝至深谷，穿越森林。漸漸地，天色暗了，天空星辰密布。我漂浮到天空高處，到達群山之上，可以看見銀河與月亮。我選了一顆較大的星星，開始旋轉，秉持意念要出現在那顆星星旁邊。我非常興奮，興奮到可以聽見自己的心在跳動。亮光再次閃爍，我做出眼球運動信號，表示我仍在清明狀態。兩分鐘之後，我醒了過來。

（加州舊金山的D.H.）

我夢見自己回到先前夢到過的地點，那是《天堂》（*Paradise*）版本的奇怪公園。我回到那個現在是市集的地方，看看那裡是否有令人感興趣的食物。當我抵達時，我看見亮光閃爍，我做出旋轉技巧好繼續停留在夢裡。這時，我的朋友L出現了，我請他幫忙看看我想要的東西，我很清明，但是想看看夢境會變成什麼樣子。我發現許多奇怪的麵條，我知道這個市集的所有東西都很「特別」，因為這裡是「天堂」。心滿意足地吃完麵後，我看到一個招牌，盯著招牌，看著招牌轉變，想著招牌是否會告訴我什麼訊息，但它看起來多半很混亂沒什麼意義，不過它一度停止轉變，出現「黃金地產」這樣的字眼。這對我而言沒什麼意義，但是似乎讓我很愉快。我跟L說，我們一起去找其他我想要的東西吧！我們步行穿過商店，我思索著是否要放棄控制「引導」，這時我立刻感覺到夢境變得很強烈，同時也感覺到「清醒」的知覺。我反思這是因為平常在清明夢裡，我都會有所控制、操作，並且思考很多事，而這思考與指揮似乎阻礙了我稱之為「內在之光」的感受。我走到外面，那裡一片漆黑，我開始上升，星星如此美麗，L就在下面。我邀L與我一起飛翔，他答應了。就在他要飛翔之際，亮光再次出現，我就醒來了。

（加州紅木城的L.L.）

到目前為止，我們順利設計了一個儀器，它可以提高做清明夢的機率達五倍以上。這聽起來很棒，但我們還是無法斷言，只要使用夢境亮光燈，你**就**能夠做清明夢。因此，我們還在持續研發中。

隨著深入研究如何在夢境裡轉為清明，以及清明開始時大腦與身體的狀態，我們應該可以大大提升激發清明夢的能力。當然，我們希望將這個知識傳遞給各位夢境探索者。如果大家想要了解更多關於夢境亮光的訊息，以及我們的最新進展，請參考我們在後記裡的邀請。

第四章 催眠與孵夢：從無意識到有意識的睡眠

本章要談的是透過**有意識入眠**進入清明夢的世界。這牽涉到在失去清醒的狀態下維繫意識，同時在不失去任何反思意識（reflective consciousness）下，直接進入清明夢的狀態。這有許多不同的途徑，入眠時，你可以專注於入睡（展開睡眠）想像，刻意觀想你的呼吸或心跳、身體知覺，以及你的感受等。如果你快要進入快速動眼期睡眠，請保持心靈的活躍，你會感覺到你的身體睡著了，但是你的意識仍會保持清醒。接著你就會發現，你已經清明地身處於夢境世界之中了。

清醒導入清明夢

這兩種進入清明夢的方式，會產生兩種截然不同的清明夢。有意識進入夢境睡眠的經驗，稱為**清醒導入清明夢**（Wake-Initiated Lucid Dreams, WILDs），這與無意識入眠後才轉為清明的**夢境導入清明夢**（Dream-Initiated Lucid Dreams, DILDs）剛好相反。[1]這兩種清明夢有一些不同之處：清醒導入清明夢總是和從快速動眼期睡眠醒來，或是隨即回到快速動眼期睡眠的短暫清醒（有時僅一、兩秒鐘）有關，入睡者具有曾經清醒的主觀印象，但是夢境導入清明夢則不是這樣，儘管兩種清明夢似乎都比較有可能發生在夜晚後期。

清醒導入清明夢的比例，也會隨著夜晚的流逝而增加。換句話說，清醒導入清明夢最有可能在早晨，或是午睡時發生。這在我自己的清明夢裡尤其明顯：夜晚第一階段快速動眼期的三十三個清明夢裡，只有一個（百分之三）是清醒導入清明夢；但是午睡時做的三十二個清明夢裡，卻有十三個（百分之四十一）是清醒導入清明夢。❷

一般而言，「清醒導入清明夢」比「夢境導入清明夢」少發生；實驗室所研究的七十六個清明夢裡，百分之七十二是夢境導入清明夢，而清醒導入清明夢則只有百分之二十八。❸舉個具體的例子來說，清醒導入清明夢的比率，只占我在家做的清明夢的百分之五到十，但卻占我在實驗室前十五個清明夢的百分之四十。❹我相信這重大差異出自兩個原因：只要我在睡眠實驗室過夜，我總是高度意識到每次的清醒，而且為了把對生理記錄的干擾降至最低，我總是格外努力，不做不必要的移動。

因此，我在實驗室從快速動眼期醒來時，就可能會比在家睡覺時，更有意識地回到快速動眼期；在家睡覺時，我既無法對周遭環境與自我提高意識，也沒辦法刻意不去移動。這顯示清醒導入清明夢的推引技巧，可能在適當情況下特別有效。保羅．索雷注意到，直接進入清明夢的技巧，雖然在初期需要大量練習，但是這些技巧也相對容易上手。❺這些技巧熟練後（像是清明夢記憶推引法），等於擁有了隨心所欲地做清明夢的能力。

注意入睡想像

「清醒導入清明夢」最常見的方法，就是在睡眠開始時，專注於入睡想像（hypnagogic

imagery）而入眠。起初，你可能會看見相當簡單的影像、閃光、幾何圖案等。漸漸地，就會出現更複雜的影像形式，例如：臉、人形，最後則是整個場景。[6] 以下是俄羅斯哲學家鄔斯賓斯基對其所謂「半夢狀態」的敘述，這個生動的例子讓我們得以一窺入睡想像的面貌：

我睡著了。黃金點點、火花與小星星在我眼前出現又消失，這些火花與星星漸漸匯聚成一面呈對角交織的黃金網，隨著我的心跳緩慢、有規律地跳動，我覺得這個感覺相當清楚。下一瞬間，黃金網變成一排黃銅頭盔，羅馬士兵頭戴著這些黃銅頭盔行進在下面的街道上。我聽見他們精準的步伐，我從君士坦丁堡嘉拉塔（Galata）大宅院的窗戶看著他們走過。這棟宅邸矗立於一條窄巷，巷弄一端通往舊碼頭與黃金號角，後面可以看見船艦、汽船與斯坦堡（Stamboul，譯註：伊斯坦堡的舊稱）的清真寺尖塔。我聽見他們沉重的步伐，看到陽光在他們的頭盔上閃閃發光。之後，突然間，我與靠在窗沿的自己脫離，以同樣倚靠著的姿勢慢慢飛過巷弄，飛過房舍，飛過黃金號角，朝斯坦堡的方向飛去。我聞到海的味道，感覺到風，以及和煦的陽光。這飛翔讓我感覺非常舒服，於是我忍不住張開了眼睛。[7]

鄔斯賓斯基習慣在入眠，或從夢裡醒來還半睡半醒的時候，觀察心靈內容，因而發展出半夢狀態。他指出，早上醒來後會比晚上剛要睡著前，更容易觀察半夢狀態，同時，如果沒有「付出一定努力」，那就絕對不會發生半夢狀態。[8]

美國精神科醫師納森．拉波特（Nathan Rapport）博士，發明了一套做清明夢的方法，這方法與鄔斯賓斯基的方法非常相似：「躺在床上準備入睡時，實驗者每隔幾分鐘就中斷思緒，努力回想每次因為好奇心起而中斷、消失的心思。」[9] 這個習慣持續到入睡，產生了類似下面的結果：

燈火輝煌，華麗的水晶玻璃吊燈閃閃發光。遠處的壁爐架，以洛可可風格裝飾著牆面，上面放了許多古雅精細的小雕像，和許多狂放的舞台一樣有趣。右邊有一群歡樂的美女與俊男，他們都穿著最優雅的英國維多利亞時期服裝，度過快樂的盛典。這個景象持續了「一」段過程，那段過程我沒有覺察。後來，我才發現這一切不是現實，而是一幅當時我正在看著的心靈圖畫。接著，它立刻變成難以描述的美麗景象，不知不覺中，我半夢半醒的心靈開始隱約浮現：因為我知道這些壯麗的演出，正在因為這個中斷而結束。

我心想：「我是否在此擁有那些沒有動作的心靈圖畫？」彷彿是要回應我的問題般，有位年輕女士優雅輕快地走進房間。她回到人群中不動，從背對著我的肩膀上對我回眸一笑，笑容點亮她美麗的容顏。雖然水晶吊燈閃耀著萬花筒般的閃光，華麗的背景與服飾呈現精緻的藍色與粉紅色，但是整體色調非常協調，一點也不突兀。我覺得夢裡唯一的樂趣將我的注意力帶到色彩上：精緻，但是全都栩栩如生，彷彿有著內在之光。[10]

練習 14 順應夢境，不主動干涉場景

一、完全放鬆

躺在床上，輕輕閉上雙眼，放鬆頭部、頸部、背部、雙手與雙腿。完全放開所有肌肉與心靈的緊繃，並且慢慢、平靜地呼吸。享受放鬆的感覺，拋開你的想法、憂慮與掛念。

如果剛睡醒，你可能已充分放鬆。否則，你可以使用練習5，或是練習6，以便達到更深層的放鬆。慢慢放下一切，越來越放鬆，直到你的心靈變得如同大海般寧靜。

二、觀察視覺影像

漸漸地，你的心靈之眼前方會出現視覺影像，請將注意力放在這個視覺影像上，觀看影像的開始與結束。試著盡可能仔細觀察，讓影像能反射你的心靈。切勿嘗試留住影像，只要觀看即可，不要依戀或想要行動。這麼做時，請盡量採取公平超然的觀察者觀點。起初你會看到一系列、轉瞬即逝的圖案與影像，這些影像會漸漸發展成越來越複雜的場景，最後結合成一連串的連續鏡頭。

三、進入夢境

當視覺影像變成會移動、逼真的情節後，你應當讓自己被動地進入夢境世界。不要試圖主動干涉夢境景象，要持續對想像採取超然的態度。請順應周遭所發生的事，並由此進入夢境，但是小心不要有太多的干涉，或是太少的注意力，千萬別忘了你現在正在做夢！

祕訣小分享

這個技巧最難掌控的部分，也許是在步驟三的進入夢境，難就難在要發展出微妙的警覺性，以及超然的觀察者觀點，藉此讓自己進入夢境。正如保羅．索雷所強調的，「最好不要想主動介入場景，因為這類意圖通常會導致場景消失。」[11] 這和在上一章自我暗示單元中，所說的被動意志相似，正如索雷所說：「不要企圖主動進入場景，造夢者應當試著讓自己被動地被帶進夢裡。」[12] 某位西藏導師建議採用類似的心靈框架：「當你小心觀察心靈時，就像牽著孩子的手一樣，請讓心靈輕柔地進入夢境狀態。」[13]還有一個風險就是，一旦你進入夢境，世界似乎就會變得非常真實，很容易失去清明，就像前面所引述拉波特的例子一樣，他在清醒導入清明夢剛開始時，有一段時間就失去覺察。萬一真的發生了，索雷建議你在夢裡採取一個特別的動作，如此一來，就算你暫時失去清明，還是會記得要做的動作，然後就可以再度轉為清明。

刻意觀想符號或部位

另一個「清醒導入清明夢」的方法，一直是西藏傳統愛用的方法。這個方法是在專注於入睡想像時，刻意觀想（Visualization）某個符號，因為意象的象徵性本質，可能有助於覺察力持續到睡眠開始。我們會提到這個技巧的三個變化方式，其中有兩個是來自十八世紀西藏的古老教誨手稿，第三個則是源自一位藏傳佛教的當代導師。

你在接下來的練習裡，會看到與睡眠有關的瑜伽觀想往往專注於喉嚨。瑜伽心理生理學認為，我們的身體包括了稱為**脈輪**（chakras）的「精微覺察力中心」。脈輪總共有七個，從脊椎的底部到頭頂，遍及全身，而喉輪據說是調節睡眠與清醒的脈輪，它的啟動程度可以決定清醒、睡眠或夢境的發生[14]，古代東方心理學家把這類功能歸因於喉輪；而當代西方生理學家則認為，喉輪附近的腦幹扮演著調整睡眠與意識狀態的角色，雙方看法的相似之處非常有趣。[15]

我不會因為瑜伽士沒有依照現代科學的方法提出證據，就排除他們的看法，他們的學說顯然很嚴謹，而且小心觀察過人類的身心。畢竟，瑜伽發展成形時，當代科學方法這個標準系統都尚未建立呢！相反地，我期待能有更多人以科學方法，去調查這些源自古代東方的特別觀念。本章所提到的西藏睡夢瑜伽，牽涉到特別的深呼吸方法（腹部像是圓罐般擴張，因此稱作「罐狀」呼吸）。以下練習將會教你如何做「罐狀」（pot-shaped）呼吸。

練習 15 帶來深層休息的罐狀呼吸

一、找到舒服的姿勢

躺著很容易就會睡著，所以儘管你或許會想利用本書介紹的舒適坐姿，來實施放鬆、冥想與專注練習，然而第一次做這個練習時，你應該要仰躺著，鬆開衣服頸部與手腕部位，閉上雙眼，雙手輕放在腹部，讓拇指放在胸廓底部，而中指則於肚臍上方交會。

二、研究你的呼吸

慢慢地吸一口長長的氣，再慢慢地吐一口長長的氣。接著，回到比平常稍微緩慢、深層的呼吸模式，注意你的胸膛。將注意力放在雙手，你會看見橫隔膜與腹部肌肉在吸氣、吐氣時，對肺部產生很大的影響。請感覺腹部的動作，並在你有節奏地填滿、清空肺部時，留意不同肌群的擴張與收縮。請專注於吸氣的起始點，就在腹部與胸部底端的連結處，從底部向上填滿肺部。只要注意你身體在呼吸時的感覺。

三、慢慢地深呼吸

讓你的呼吸找到平靜但正常的韻律，千萬別強迫，要讓橫隔膜與胃輪在呼吸的「罐狀」

階段多出一點力。在你吸氣時，你的腹部應該會向外鼓起，就像是個罐子般。想像自己正吸入亮光般的滋養能量，接著在吐氣時，透過身體送出亮光。請感覺這道「光」（亦即氧氣）經過動脈、靜脈血管流出肺部，將養分與能量帶到身體的每個細胞。

（**改編自韓的著作**）[16]

練習 16 孵夢觀想一：白點觀想

一、就寢前

A：下定決心，要在做夢時辨認出自己在做夢。

B：觀想喉嚨（練習6中的點編號2）發出**啊**的音，並發出鮮明的紅色（參見下面的評論）。

C：心裡專注於發光的**啊**。想像光芒照亮世界萬物，讓一切看來極度不真實，像是做夢般。

二、清晨時

A：練習罐狀呼吸七次（參見練習15）。

B：下定決心十一次，要理解夢境狀態的本質。

C：將心靈專注於雙眉間／眉心處的白點（練習6中的點編號1）。

D：繼續專注在那個點上，直到你發現自己在做夢為止。

祕訣小分享

根據瑜伽教義，每個脈輪都有特別的聲音，或是與該脈輪相關的「種子字」（seed syllable）。喉輪的種子字是**啊**，被視為是創意聲音的象徵，讓世界（概念或其他）成形的力量。這個概念與《約翰福音》非常相似：「太初有道……」

《睡夢瑜伽》一書的建議是，如果你無法透過白點觀照辨認出夢境，那就可以試試下面所介紹的黑點觀想。（**改編自伊凡斯魏茲的著作**）[17]

練習 17 孵夢觀想二：黑點觀想

一、就寢前

冥思你雙眉間／眉心處的白點（練習6中的點編號1）。

二、清晨時

A：練習罐狀呼吸二十一次（參見上面的練習）。

B：下定決心要辨認出夢境二十一次。

C：接著，將心靈專注在藥丸大小的黑點，觀想黑點位於生殖器的底部。（練習6中的點編號33）

D：繼續專注於黑點，直到你發現自己在做夢為止。

（**改編自伊凡斯魏茲的著作**）[18]

西藏睡夢瑜伽的觀想技巧

接下來的觀想，源自於在美國居住、弘法的塔湯祖古仁波切。如第三章所述，一九七〇年代他首次介紹西藏睡夢瑜伽給我，這個方法與之前提到的兩種方式很相似，都運用了喉嚨的觀想，但是這個方法則是綻放蓮花中央的火焰。這個相似性絕非偶然，蓮花生大士在十八世紀時，初次將睡夢瑜伽引進西藏，創立了塔湯祖古仁波切目前所帶領的寧瑪派。

仁波切解釋說，火焰代表覺察力；這個覺察力，和我們在現實生活中與夢境裡所體驗到的一樣。[19]因此，火焰代表清醒與睡眠之間持續覺察的潛能，以及從睡眠開始，我們試圖在夢境中保留的意識。

在佛教圖像裡，蓮花代表靈性成長的過程。蓮花出於淤泥，突出於沼澤的水面，超越土壤與水，一瓣瓣地綻放，接收純淨的光。就像那些悟道的人一樣，都能超脫凡俗：他們的根於物質世界的陰暗深處，但是他們的「頭」（理解）則伸展、迎向全然的光明。[20]當你做以下練習時，請記住這個觀想的象徵意義。

練習 18 孵夢觀想三：夢境蓮花與火焰觀想

一、完全放鬆

躺在床上，輕輕閉上雙眼，放鬆頭部、頸部、背部、雙手與雙腿。完全放開所有肌肉與心靈的緊繃，並且慢慢、平靜地呼吸。享受放鬆的感覺，並拋開你的想法、憂慮與掛念。如果剛睡醒，你可能已經充分放鬆。否則，你可以使用練習5，或是練習6。

二、想像蓮花裡的火焰

感覺到完全放鬆後，觀想你的喉嚨位置有朵美麗的蓮花，它柔軟、淡粉紅色的花瓣輕輕向內捲入。想像蓮花的中心有股熾熱的火焰，發出橘紅色的光。請盡可能看清楚火焰，這火焰的邊緣比中心還明亮。輕柔地將重心放在火焰頂端，並盡可能延長時間觀想這股火焰。

三、觀察你的想像

觀察蓮花裡的火焰影像如何和你心中浮起的其他影像互動，不要嘗試思考、詮釋或分析任何影像，只要繼續保持你的觀想。

四、與影像、夢境融合

冥想蓮花裡的火焰，直到感覺影像與你融為一體為止。這時，你會意識到自己只是看著影像而已。漸漸地，隨著練習，你會發現你在做夢。

祕訣小分享

除非你夠幸運，能自然產生生動的想像，否則你可能會覺得很難清楚、仔細地完成上面的觀想。如果你覺得很難，那麼，在你練習這個技巧前，應該要先做兩個額外的練習（參見附錄）。首先，以蠟燭提升專注力的練習，專注於燭火能強化你集中精神的能力，並提供生動的火焰感官記憶作為觀想的基礎。第二，觀想練習，觀想有助於培養你的能力，讓你能產生生動、詳細的想像力。當你熟悉這兩個練習，夢境蓮花與火焰技巧對你而言，應該就很容易了。

（**改編自祖古的著作**）[21]

注意其他的心理任務

入眠時，你也可以採取任何最不費力的方式，來鍛鍊自己心靈的專注力。現在你應該很熟悉了，你的身體會入睡，而認知過程卻會將你的意識帶進睡眠。這需要你放鬆但警醒地躺在床上，並重複執行心理任務。你將注意力集中在這個任務上，同時，你對周遭環境的感覺，會在你入睡時逐漸消失。只要你持續執行心理任務，你的心靈就會維持清醒。十年前，我在我的博士論文研究裡發展出以下技巧，就是利用這個方法來「清醒導入清明夢」的。[22]

練習 19 數數進入清明夢

一、完全放鬆

躺在床上，輕輕閉上雙眼，放鬆頭部、頸部、背部、雙手與雙腿。完全放開所有肌肉與心靈的緊繃，並且慢慢、平靜地呼吸。享受放鬆的感覺，並拋開你的想法、憂慮與掛念。如果剛睡醒，你可能已經充分放鬆。否則，你可以使用練習5，或是練習6。

二、即將睡著時，請數數

在你快睡著時，請數數字：「一、我在做夢；二、我在做夢；三、我在做夢……」並維持一定程度的清醒。如果你想，也可以在數完一百後，從頭再數一次。

三、悟到你在做夢

持續數數字並維持這個過程一段時間後，你會發現在某一刻，你會對自己說：「我在做夢……」而你就會注意到你**正在**做夢！

祕訣小分享

「我在做夢」這句話，有助於提醒你意圖要做的事，但並不是一定要說這句。單純將注意力放在數數字上，可能就足夠讓你獲得充分的警醒，能辨識出夢境的影像。

如果你讓別人在你入睡時觀察你，你將可以獲得快速的進展。觀察者的工作就是在你出現入睡跡象時叫醒你，並問你現在數到哪個數字？正在做什麼夢？

觀察者的任務可能聽起來很難，但是事實上，辨認你是否睡著是件很容易的事。睡著時，有好幾個跡象可供觀察，例如：觀察緊閉眼瞼下的眼球運動。眼球來回從一邊轉到另一邊，就是睡著的明顯跡象，而嘴唇、臉龐、雙手、雙腳和其他肌肉的抽動，也是睡著的跡象，第三個睡著的跡象則是不規則的呼吸。

當你做這個練習時，你的觀察者應該不時地叫醒你，並問你數到哪個數字以及夢境內容。起初你會覺得你已數到……可能是「五十、我在做夢……」因為在那一刻你開始做夢，忘了數數字。這種時候，請更努力繼續做這練習。在一小時內醒來幾十次後，你的練習會漸入佳境，遲早你會告訴你自己：「一百、我在做夢……」同時發現，那總算是真的了！

（**改編自賴博格的著作**）[23]

注意身體或自我

如果你在睡著時，將注意力聚焦在你的身體，可能會發現身體極度失真，開始出現神祕的振動，或是變得完全麻痺的現象。這些不尋常的身體狀態都與睡眠開始的過程有關，尤其是快速動眼期睡眠。

記不記得我們在第二章有提到，在快速動眼期睡眠時，除了移動雙眼與呼吸所用到的肌肉外，你全身的隨意肌幾乎都完全麻痺。快速動眼期睡眠的生理狀態，牽涉到大腦不同功能的合作，比如說，神經系統導致肌肉麻痺，阻礙感官輸入與皮質活化，當這三個功能一起運作時，大腦就會處於快速動眼期的睡眠狀態，而你就可能會做夢。

這些功能不會同時啟動或停止，比如說，在麻痺功能停止前，你可能剛從快速動眼期睡眠醒來，因此，雖然你是清醒的，但是你的身體仍然處於麻痺狀態。這種情況稱之為「睡眠麻痺」，有可能在人們睡著（較罕見）或醒來（較常見）時發生。如果你不知道發生什麼事，你的第一個睡眠麻痺經驗，恐怕會極為恐怖。一般人通常會掙扎著想移動或完全醒來，但往往徒勞無功，事實上，這類情緒上的驚恐反應，只會帶來反效果，反而有可能會刺激到大腦的邊緣（情緒）區域，因而繼續留在快速動眼狀態。

睡眠麻痺事實上是無傷大雅的。有時候，當睡眠麻痺發生在你身上時，你會覺得像是快窒息了，或像是被無名的惡靈附身。但這些都只是你半夢半醒的大腦在詮釋這些異常情況：一定是發生了恐怖的事！中古世紀有關夢魘襲擊的故事（據信是惡靈入侵與熟睡的女人做愛），可能對睡眠麻痺經驗過度詮釋。下回你感覺到睡眠麻痺，只要記得放鬆，告訴自己，你現在的狀態，就和每晚的快速動眼期睡眠那幾個小時一樣，這並不會使你受傷，一會兒就會消失了。

睡眠麻痺不僅不需要害怕，甚至可能是令人求之不得的事。只要你感覺到睡眠麻痺，你就等於是處在快速動眼期睡眠了，也就是說，你的一隻腳已經踏入了夢境狀態，而另一隻腳還在清醒狀態，只要跨過門檻，你就進到清明夢的世界了。以下的練習裡，我們提供了幾個技巧，幫你跨出那一步。

練習 20 孵夢觀想四：以分身進入清明夢

一、完全放鬆

夢醒後，請輕輕閉上雙眼，仰躺著或靠右側躺著。緊繃臉部、頭部、頸部、背部、雙手與雙腿，接著再放鬆這些部位。完全拋開所有肌肉與心靈的緊繃，慢慢、平靜地呼吸。享受放鬆的感覺，並肯定你想要有意識進入夢境狀態的意念，拋開所有其他的思維、憂慮與掛念。

二、專注於你的身體

現在請將注意力集中在你的實質身體，運用練習6將你的意念從身體某部位傳到下一個部位，反覆穿越所有的點。當你這麼做時，請留意身體在這些點上的感覺，請觀察你的身體影像是否出現了奇怪的感覺、振動或失真等跡象，這些跡象是快速動眼期睡眠麻痺的前兆。最後你會出現上述感覺，這些感覺會迅速演變成身體完全麻痺。到了此刻，你已經準備好拋開麻痺的身體，並用你的夢境身體進入夢境世界。

三、離開你的身體，進入夢境

當你感覺身體處於深層的睡眠麻痺狀態時，你就已準備好可以出發了。請記住，現在你已經麻痺的實質身體具有一個魔幻、可移動的「分身」，也就是你的夢境身體。除了偶爾體驗到的清明之外，你甚至很少注意到，你的夢境身體每晚都扮演著你實質身體的「分身」。現在請想像你自己的夢境身體，想像它漂浮或是滾出實質身體的感覺。跳出、摔出，或是爬出床鋪，現在你已經處於清明夢的世界了。

祕訣小分享

只要你「踏出床鋪」，你就應該能認出你是陌生國度中的陌生人。請記住，你是在夢境身體裡，而你周遭的一切都是夢境裡的東西，包括了你剛離開的床：那只是夢境床鋪。還有你剛離開的「入睡身體」，儘管你不久前還把它當作實質身體，但是現在它也是夢境身體了，你看到的一切都是你的夢。

如果你認為你用「靈魂」身體漂浮在實際的世界，那麼，我想請你做一、兩個判別觀察，並做幾個狀態測試，以下是三個測試範例：（一）試著讀兩遍某本書的同一段落；（二）看數字手錶後，看看別處，幾秒鐘後再看手錶；（三）試著找到這個段落，並閱讀這個段落，之後再自己做結論！

（**改編自索雷**[24]**與拉瑪**[25]**的著作**）

兩個身體或一個身體？

正如索雷所指出的，「第二個身體的經驗是依據認識論（epistemology）的非必要假設。」[26]正如我在《清明夢》一書中所解釋的，「靈魂出竅的經驗」往往讓我們深信，我們有兩個不同、分離的身體：實質、世俗的身體，以及比較脫俗、靈魂的身體。事實上，人只感覺到一個身體，但這並不是實質的身體，而是**身體影像**，也就是大腦對於實質身體的呈現。身體影像是我們隨時感覺得到的具體經驗，不論是我們的實質身體、夢境或靈魂出竅的經驗。[27]

因此，既然第二個身體的概念是沒有必要的，你可以試試以下改編自索雷單體技巧的方法。

練習 21 孵夢觀想五：離開身體進入清明夢

一、完全放鬆

夢醒後，請輕輕閉上雙眼，仰躺著或靠右側躺著。緊繃臉部、頭部、頸部、背部、雙手與雙腿，接著再放鬆這些部位。完全拋開所有肌肉與心靈的緊繃，慢慢、平靜地呼吸。享受放鬆的感覺，並肯定你想要有意識地進入夢境狀態的意念。拋開所有其他的思維、憂慮與掛念。

二、專注在你的身體

現在請將注意力集中在你的實質身體，運用練習6將你的意念從身體某部位傳到下一個部位，反覆穿越所有的點。當你這麼做時，請留意身體在這些點上的感覺，請觀察你的身體影像是否出現了奇怪的感覺、振動或失真等跡象，這些跡象是快速動眼期睡眠麻痺的前兆。最後你會出現上述感覺，這些感覺會迅速演變成身體完全麻痺。到了此刻，你已經準備好拋開麻痺的身體，並用你的夢境身體進入夢境世界。

三、離開你的身體，進入夢境

當你感覺身體處於深層睡眠麻痺狀態時，你就已準備好可以出發了。請記住，你目前所感覺到的身體影像，是麻痺了的實體身體，它無法移動（在心靈空間），因為感官資訊告訴你的大腦，你的實質身體是動彈不得的。當感官輸入被切斷後（當你更深入快速動眼期睡眠時），就不會有任何資訊指出你的身體仍處於之前的位置（除了記憶之外）。現在你可以自由感覺身體影像或夢境身體的移動，不需受到感官系統的任何阻礙。你的身體影像不再受實質身體的確切位置影響，就像在夢裡一樣，可以自然而然地移動。

此外，如果你感覺得到睡眠麻痺，你就可以確定可能在不久之前才受到感官輸入的抑制。只要想像你的身體影像可以再度移動即可，想像你不是在床上睡覺，而是在其他地方——任何地方、任何位置或狀況都可以。

一旦你感覺到夢境身體離開床，你就不會再感覺到實質身體的麻痺感了。

祕訣小分享

只要你「踏出床鋪」，你就應該能夠認出自己在做夢。請記住，你是用夢境身體移動，而你周遭的一切也都是夢境裡的東西，你所看見的一切事物都是你的夢。

（**改編自索雷[28]與拉瑪[29]的著作**）

一個身體或是沒有身體？

當然，就連在上一個練習中，我們所留下的身體影像，也是形上學實在論（metaphysical realism）的產物。你的身體影像是實質身體的大腦模型，在你清醒時，你的身體影像以它**是**

實質身體的方式呈現。這是因為你的身體提供大腦關於位置與情況的感官資訊，大腦從這個感官資訊建構目前的狀況模型。最後，**你**會感覺這個身體的大腦模型（亦即身體影像），就像你的身體一般。

你的大腦必須維持一個仔細更新的模型，好正確呈現事物與實質身體之間的關係，這樣，你才不會被自己的腳絆倒。

我們來思考一個截然不同的情況：快速動眼期睡眠。就這個例子而言，你的實質身體基本上不會提供有用的感官資訊給大腦，告訴它相關的狀況。因此，大腦無法適當地更新身體模型的結構，來配合實質身體。因此，身體影像可以穿梭自如於夢境國度，絲毫沒有覺察到大腦是否與實質身體有感官接觸，但是，夢境身體哪裡都去不成！

現在，讓我們徹底檢視大腦的身體模型。如果大腦的身體模型不代表實質身體的位置、活動或情況，那麼，大腦的身體模型為何要維持實質身體的外表、功能、度量空間或形式的模型呢？正如索雷所說，「個人身體在夢境裡的經驗只是從清醒狀態轉換而來的現象，本質上是可以犧牲的。」[30]這讓我們得以拋開更多「抽象的行李」，真正達到輕裝便行：從雙體技巧談到單體技巧，最後一步則是無體技巧。

練習22　在夢境裡隨意漂浮

一、完全放鬆

夢醒後，請輕輕閉上雙眼，仰躺著或靠右側躺著。緊繃臉部、頭部、頸部、背部、雙手與雙腿，接著再放鬆這些部位。完全拋開所有肌肉與心靈的緊繃，慢慢、平靜地呼吸。享受放鬆的感覺，並肯定你想要有意識地進入夢境狀態的意念。拋開所有其他的思維、憂慮與掛念。如果剛睡醒，你可能已經充分放鬆。否則，你可以使用練習5，或是練習6。讓一切放鬆下來，慢慢地，越來越放鬆，直到你的心靈變得如同最平靜的大海般寧靜。

二、想著你的身體即將失去知覺

睡著時，請專心想著：當你睡著時，你的身體就沒有知覺了。

三、在夢境裡隨意漂浮

想像你變成一個有覺察力的自我點（ego-point），這個點在夢境世界裡感知、感覺、思考並行動，就像是日光下的塵埃般，自由地在夢境世界漂浮。

祕訣小分享

索雷認為，進行「影像自我點觀想」時，你必須也專注於入睡想像。他提到：「如果視覺的夢境場景已經建立，那就有可能進入這個場景。自我點可在某些情況下，進入另一個夢境人物的身體，並接收該身體的『運動系統』。」[31]

（改編自索雷的《自我點技巧》（Ego-Point Technique））[32]

前面兩章已經討論、解釋了做清明夢的技巧。請試試所有練習，接著再專心練習對你最有效的技巧。多做練習，你就會發現你越來越熟練。做過越多清明夢，就越容易做清明夢。一旦你進入了清明夢的世界，下面的問題就會隨之而來：你接下來的目標是什麼？你要做些什麼？以下兩章將提供你延長清明夢的方法，以及如何運用夢境想像力協助應用清明夢。

第五章 操控夢境就能翻轉人生？

這一章有助於我們了解造夢的過程。既然我們做夢時，大腦如同飛到九霄雲外，在展開探索之旅前，請將雙腳穩穩站在地面。做夢其實就是運用我們清醒時的感官知覺過程，來理解世界的結果。為了要理解造夢的過程，我們必須先明白清醒時知覺的過程，並學習如何透過睡眠來調整它。

夢境是世界的模型：知覺的建構

知覺經驗是感官資訊透過複雜而無意識的評估建構而成的，這過程除了感官訊息的輸入之外，還包括許多其他因素。這些因素可以分為兩大類：預期與動機。

我們的知覺（我們所看見、聽見、感覺到的事物），有一大部分和預期有關。我們感受到的事物，正是我們所預期的結果。預期有許多不同形式，其中最重要的就是脈絡（context）。如果想看出脈絡對知覺有什麼深遠的影響，請記錄你朗讀下面兩段話，花了多長的時間：

構成放置快速卻是隨機的例子，而正確地這些詞彙就比較容易有意義的詞彙、句子，有相同的。雖然與之相比，但每個詞彙閱讀前面這一段。

詞彙組成了有意義的句子，前一段話雖然有相同的詞彙，但每個詞彙卻是隨機放置的，與之相比，這一段就更容易快速、順暢地被閱讀。

第一段話要花比較長的時間閱讀，那是因為你看得出第二段的詞彙組成有其意義存在，每個字都符合有意義的文章脈絡，可幫助你看見、了解並閱讀每個詞彙。在閱讀第一段話時，你並沒有獲得這些詞彙的脈絡協助，因此，得花更長的時間處理這些詞彙。

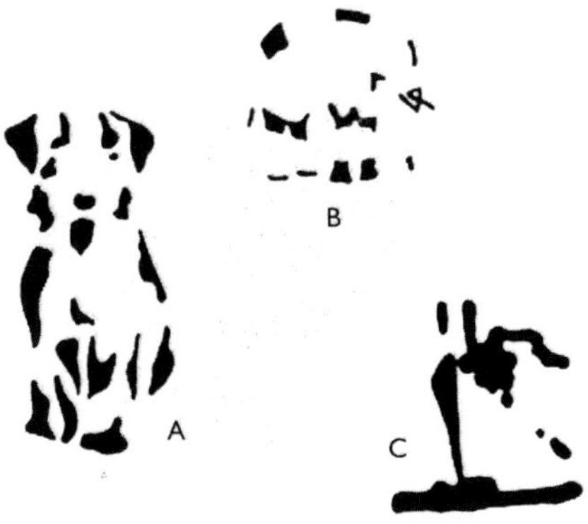

圖 5-1：不完整的圖形

熟悉的事物會比不熟悉的事物，更容易被人知覺。

試著分辨圖5-1的圖形，直到你能完全辨認出這三個物件為止，你總共花了多少時間才辨認出這三個圖樣呢？你可能先認出狗，然後是船，最後才是大象。這樣的結果與你對這三個影像的相對熟悉程度有關。而這熟悉度，就是預期。

另一個對知覺有著重大影響的，就是你最近的經驗。史坦佛（Steinfeld）發現，事先聽過航海故事的受試者，都在五秒內看出圖5-1的圖形C是蒸氣船；但是，聽了另一個不相干故事的受試者，卻得花上三十秒的時間才能看出這個圖形，這是因為我們預期當下的事件，會和剛發生的事件相同。❶

個人的興趣、職業與個性都會強烈影響到人的經驗，羅夏克（Rorschach）墨漬測試就是運用這個論據，透過詮釋模糊的圖形來評估個性。巴特萊特（Bartlett）在想像力的古典測試裡發現，受試者在被要求詮釋墨漬的情況下，會透露出許多關於個人興趣與職業的資訊。比如說，相同的墨漬讓某個女人想到「有羽毛綴飾的帽子」，讓某個神職人員想到「尼布甲尼撒（Nebuchadnezzar）的熊熊火爐」，而某個生理學家則想到「消化系統腰椎基部的底片」。❷ 請參考「圖 5-2 一攤墨漬還是……？」對你而言，它看起來又像什麼呢？

圖 5-2：一攤墨漬還是……？

有些刺激比墨漬明確，不過，測驗結果還是可以看出人們的職業所導致的知覺偏差。心理學家克里佛（Clifford）與布爾（Bull）給警察和一般民眾，看數小時的城市街景影片，並請他們留意某些逃犯（先看罪犯的臉部照片），以及某些交替變化的事件（合法與犯罪等）。雖然這兩群人都發現同樣數目的人與罪行，但是警察比一般民眾百姓指出更多的疑點。❸ 警察顯然是「預期」看見犯罪行為，因此看見了犯罪行為，預期會使知覺偏向你認為事情會發展的方向。

另一個影響知覺的重要因素，就是動機。動機是我們做某件事情的理由，它有許多不同類型，從最基本的欲望，像是：飢餓、口渴與性欲；到心理需求，如：感情、認可與自尊；以及最後最高的動機，如：利他行為，以及馬斯洛（Abraham Maslow）所謂的「自我實現」（self-actualization），亦即滿足獨特潛能的需求。這些動機，都可能會影響到知覺的過程。

強烈的情緒會激發行為，並影響知覺。從過去經驗你也許知道，憤怒的人很容易就把別人看作敵人；恐懼的人則常會看見他們所恐懼的事物，他們甚至會把樹叢看作熊。比較正面的是，戀人們往往會誤把陌生人當作愛人。動機或情緒會使你的感知受到蒙蔽，使你眼中所見都是你想要的事物。

基模：建構夢境的積木

如果知覺牽涉到分析和評估感官資訊，那麼大腦就必須運用某種配對過程，來決定我們所感知的事物。比如說，你看到某個不太清楚的圖形出現眼前時，你看到了什麼？是樹叢還是熊？石頭還是梨子？若要辨認這究竟為何物，你心裡必須已經有樹叢、熊、石頭和梨子等東西的心理模型（**mental models**），如此一來，你才能拿來和感官所取得的資訊做比對，最後，最佳的配對就是你眼中所見。這些心理模型稱作「基模」、「框架」或「底稿」，它們是由知覺與思維的積木所建構而成的。

新的基模，是透過改編或結合舊的基模而建立的，有些基模則是基因遺傳而來。基模具有重要的規律性，它顯示出一個人過去的經驗模式，以及預計未來的運作模式。基模是個人詮釋感知世界的一套理論，史丹佛大學心理學家大衛．魯梅哈特（David Rumelhart）寫道：「它是某種非正式、私人、未被清楚陳述出來的理論，和我們面臨的事件、物體或情況有關，我們用來詮釋世界的整套基模，某方面來說，是我們對現實本質的私人詮釋。」[4]

練習 23 分辨什麼是事實，什麼是推論

一、閱讀故事

若要明白基模如何引導理解，請閱讀下面的故事，並先想像這件事的發生，之後再繼續閱讀下去：

納斯魯汀走進店裡，問道：「你以前見過我嗎？」「從來沒有。」店家回答道。「那麼，」納斯魯汀接著說，「你怎麼知道這就是我？」

二、列出你確定有發生的事件

依據這則故事，列出你確定發生了的事。正如《法網》（*Dragnet*）這部影集裡，喬．佛萊戴（Joe Friday）的口頭禪：「女士，只要事實就好。」你可以隨時回頭再看剛才的故事，隨便用多少時間寫清單都可以（約五分鐘左右）。為了讓你好起頭，我們在這裡先列幾點：（一）納斯魯汀走進店裡。（二）納斯魯汀問了一個問題。（三）店家回答問題……等等。

三、列出你推論有發生的事件

現在，請列出你假設或推論故事裡有發生的事。注意每個假設的基礎，你可以隨時參考之前的故事。至少花五到十分鐘列出你的假設，你可以隨時停下來，但是務必要列出十個以上的推論。我們在這裡先列幾點：（一）納斯魯汀是個男人。（二）店家並非盲人。（三）納斯魯汀用兩隻腳走路。（四）店家並未說謊……等等。

祕訣小分享

你的推論列表，要比實際發生的事實還更多，之前你可能列出了所有想像得到的事實，但是當你發現有列不完的推論時，可能就會放棄繼續寫推論。然而，我們對這世界提出的假設，總是比直接觀察到的事實還要多。

請注意你對這個故事所懷抱的假設，你的商店基模會引導你的假設：店家從事某類物品的販售（也許是商品，但也有可能是服務）；可能是陽光或某種燈照亮了這家店；這家店可能有牆壁、天花板、一扇或好幾扇門，也許有窗戶，一定有地板；這家店可能坐落的位置（街道或小路），可能位於市中心的商業區。

此外，你的社交行為基模會引導你的假設：納斯魯汀可能從門進入，而非從窗戶走進；他是向店家提出問題，而不是問別人；店家與納斯魯汀之前從未見過面；他們是用相同的語言交談等。一般現實導向的基模所產生的假設是，物理原理照舊運作：有地心引力的存在；門可能嘎吱作響；納斯魯汀並非店家（因此，他不是自言自語）；納斯魯汀並不是條會說話的狗。最後，我想你現在可以看出，推論受到創意與耐心的限制，我們可以推論納斯魯汀在開玩笑時也很嚴肅。

基模在關鍵時刻的啟動

在做前面的練習時，你可能已經發現基模與刻板印象很相似，比如說，你可能無意識地假設店家是男性。你也可能注意到，基模通常不受意識監督，我們通常不會注意自己運用到的基模，像是我們在特定社交情況下所遵循的規則。我們只感覺到身處何種情況（正式、友善、親密等），並做出相對應的行為。

你現在可能已相信，萬物皆有基模。魯梅哈特寫道：「正如理論可大可小，基模也可代表各種層次的知識，從意識形態、文化習俗到我們語言裡構句的知識，特定詞彙的意義、『聲音』模式與字母系統的相關知識等。」[5]

基模會彼此連結。特定的基模如：「歌劇院的觀眾」，自動會帶動其他基模。比如說，你會將身穿華美服飾、站在舞台上的女士，看成一名歌手，而不是皇室成員。

佛洛伊德認為，心靈可分為三個部分：意識（conscious）、前意識（preconscious）與無意識（unconscious）。若套用這些術語，則基模在重要關鍵的啟動會產生意識經驗。無法啟動其他基模的基模，就會維持在無意識狀態；足以啟動其他基模，但不足以啟動自己進入意識的基模，則屬於前意識狀態。舉例來說，想一個詞彙來代表某個基模，這個基模目前尚未在你的心靈啟動：**大海**。在你讀到這個詞彙之前，你的大海基模可能正和其他與大海相關的基模，沉睡在你無意識的心靈裡。但是現在，你啟動大海到意識狀態，你的大海基模會啟動其他基模一起進入意識狀態，例如：**魚**、**海鷗**與**海邊**。你甚至可能會聯想到下面這個諺語：「不會因船難而失去的，才真正屬於你。」

除了帶動其他基模到意識狀態之外，**大海**這個詞彙也啟動某些基模到前意識層次。雖然說這些基模，並不會立刻被聯想到的事物，但它們也是你會與大海聯想在一起的事物。比如說，你的船隻基模就可能至少被稍微啟動了。

就算你之前沒有意識到船隻，但是給你看過圖5-1後，你的潛意識就啟動了船隻基模，就像史坦佛的受試者聽到航海故事時一樣，你會迅速看出這是一艘船。換言之，基模不一定要在意識狀態下才能影響人的行為。

我們可能夢見什麼？

首先，讓我們想想，睡眠會如何改變知覺的過程。正如第二章所述，在睡眠的快速動眼期，外在的感官輸入與身體移動都受到抑制，整個大腦卻呈現高度活躍的狀態。大腦將某些基模提升到知覺的門檻，讓這些基模進入意識中，使得造夢者看到、感覺到、聽到，並**經歷**到沒有出現於外在環境的事物。

我們夢境裡的經驗，是由啟動意識門檻的基模所決定的，但是究竟由什麼來決定要啟動哪些基模呢？這個過程與影響清醒知覺的機制相同：預期與動機。

預期在夢境中以許多方式呈現，在建構夢境世界時，我們會預期它和過去所經歷過的世界類似。因此，夢境世界裡總是有重力、空間、時間與空氣。同樣地，最近的經驗影響夢境的方式，也和它影響清醒知覺的方式一樣；佛洛伊德稱此為「日間遺思」（day residue）。

個人關注的事物、興趣與顧慮，不但影響著夢境，也影響著清醒時的知覺過程。從墨漬中聯想起尼布甲尼撒熊熊火爐的神職人員，可能會夢見巴比倫帝國的瘋狂君王。同樣地，還記得那份，警察比一般民眾容易預期犯罪事件發生的研究嗎？你認為哪一組人比較容易夢見犯罪呢？

動機與情緒，強烈影響著我們清醒時的知覺，做夢時也是一樣。尤其，你很可能會夢見你想要的事物——願望成真的夢境。舉例來說，如果你沒吃晚餐就上床睡覺，正如肚子餓的學童有可能將模糊不清的圖案看成食物，你也有可能會夢見食物。佛洛伊德對於願望成真的夢境，有著深刻的印象，因此，他將這點作為他整個夢境理論的基礎。根據佛洛伊德的看法，**每個夢境都是願望成真**。然而，這似乎有點誇張，因為惡夢就是明顯的反例。

恐懼的確會讓人更「神經質」，正如清醒時會將模糊不清的影像看作是危險的，做夢時

也是一樣。這可能是人們夢見不愉快，甚至是恐怖情況的原因。依據佛洛伊德的看法，這並非人們愛自討苦吃，而是因為他們害怕某些事，從某個角度來說，反而預期了這些事可能發生。這道理就像是，如果你不信有鬼，你就不會怕鬼。

你可能會預期，夢境是非連續性的影像、看法、感覺與知覺，而非我們常見複雜、精細、戲劇化，有如故事般的連續鏡頭。然而，基模啟動也說明了夢境的複雜性。若要了解箇中道理，請回顧練習23，從你在那個練習中獲得的推論比事實多出多少，你便能夠理解基模如何產生大量有意義的細節——給基模一個點，基模就可以延伸出一條線；同理，給睡覺的大腦一、兩個啟動的基模，就可以形成一個夢境。

有些夢境的情節，跟神話與經典戲劇一樣有條理、有趣，而且還很深奧。從這一類的夢境醒來會讓人覺得，夢境初期出現的一些人物或情節，到了結局時，其重要性才會變得明顯；這種情形，會讓人有夢境情節事先已經完整規畫好的印象。

這類夢境可能會給人一種感覺，就是無意識的心靈拼湊出一部含有訊息的電影，再讓意識心靈去觀賞並詮釋。然而，我認為比較簡單的解釋是，**故事基模**在夢境期間被啟動了。

故事基模的概念可能讓你大吃一驚，但是請記住，萬物都有基模。故事（或稱敘事基模），就是文化中基本而眾所皆知的部分，最常以連續片段的形式發生，通常可以分為三個部分：說明、糾葛與解決。說明介紹了場景與人物，這些人物通常都有某些糾葛或問題，而這些糾葛或問題最後會在故事結束時，獲得解決。

的確，榮格（Carl Jung）描述夢境為三幕戲劇，故事基模可以明確說明事件的順序、人物介紹的時機、戲劇張力與釋放的模式，以及「驚喜」結局等，不一定要將無意識心靈具體化為「夢境導演」。

為何夢境有意義？

把夢境視為世界模型的觀點，和傳統將夢境視為訊息的觀點極為不同，不論這個訊息是來自神祇，或是無意識的心靈。我曾在別的地方反駁夢境是給自己訊息的觀點[6]，但不論如何，詮釋夢境可以透露個性的許多層面，這還是非常有價值而珍貴的習慣。

其中的道理很簡單，想想墨漬圖案測試，人們對眼前墨漬圖的詮釋，透露出個人的興趣、顧慮、經驗、關注事物與個性。夢境比起墨漬圖，則含有更多個人資訊的成分，因為夢境的影像，源自於我們內心所想而創造出來。夢境或許不是訊息本身，卻是我們自己最私密的個人創造。因此，夢境絕對會受到我們當前身分、個性，以及過去經驗的影響。

下面有兩個假想夢境的例子，它們說明了夢境建構的若干特徵：一、夢境是意識、前意識與無意識，這三部分互動的產物；二、基模、動機與預期，會隨著夢境的發展而交相影響；三、夢境裡沒有注定會發生的事，它只不過是對內在動機的回應，對災難或**美好事物**預期的回應。

一、夢境版本一

我的睡眠剛進入快速動眼期，而我的大腦逐漸啟動。還不到一分鐘，有些基模就已達知覺門檻。我們姑且假設現在所啟動的是，白天時我所經驗到的城市街道基模，我一看到街道，就強烈地預期自己走在街道上，而我真的就到了那兒。

我留意到，現在是夜晚，街道燈光昏暗。而這個場景，啟動了和走夜路的危險感相關的一組基模（之前是無意識或前意識的），包括預期某個搶匪可能會傷害我的感覺。就在這個恐懼的預期感浮現之際，某個人影就在街道對面出現了。

那是誰？我看不清楚那個人，不知道他長得什麼樣子，但是我心中閃過一個念頭，他可能是我聽過的那名搶匪。因此，他立刻就變成那個搶匪了。他面露不悅地朝我看了過來，於是我轉身，開始往反方向走。我感到害怕，我預期他會跟著我走，而他的確跟著我走。我開始跑，他在後面追我。我試著擺脫他，在街頭巷尾跑上跑下，但不知為何他總是找得到我。

最後，我躲在某個樓梯下面，稍微感到安全。接著，我心想：他說不定會發現我藏在這裡！他果然找到我了！我一身冷汗地驚醒過來。

二、夢境版本二

我的睡眠剛進入快速動眼期，而我的大腦逐漸啟動。還不到一分鐘，有些基模就已達知覺門檻。現在啟動的是，白天時我所經驗到的城市街道基模，我一看到街道，就強烈地預期自己走在街道上，而我真的就到了那兒。

我留意到，現在是夜晚，街道燈光昏暗。夜晚走在街道上的基模，啟動了其他和這經驗相關的基模，根據過去的經驗，我想自己一定是在去看電影的路上。我看見街道那端出現某個人影，我看不清楚是男人還是女人，但是電影基模讓我相信，這是要和我一起去看電影的朋友。當我走近時，我看到那的確就是我朋友。

我們走在街道上，朝戲院走去。這顯然是我所熟知的街道，但我似乎忘了要去看哪部電影，我看了看入口處的螢幕。我心裡某部分可能還記得我在做夢，於是，夢境基模啟動了，因為我看到螢幕上出現《終浪》（*The Last Wave*，這是和做夢有關的電影）。這部電影我看過十多遍了，我心想，為什麼我要再看一遍呢？當我再看回螢幕，螢幕上換成了《夢境或清醒》（*Dream or Awake*）。我不可能錯過這麼明顯的線索，現在我明白我正在做夢。就在我思索著夢境螢幕時，我的朋友消失了。我飛入天際翱翔（我明白重力基模並不適用於此）。

做夢時的心理限制

正如我們所見，基模是一套假設，把我們對世界的假設具體化。如果你的假設錯誤，那麼，你的基模就無法正確模擬這個世界，最後就會出現基模修改的過程，也就是知名心理學家皮亞傑（Jean Piaget）所謂的「調適」（accomodation）。調適過的基模會較符合現實，你也會比之前增長一點點知識。

如果我們總是調適我們的基模，使之接收新資訊，我們的世界就會不斷地擴張，我們的基模就會越來越無所不包，變得越聰明。可惜，人們在面對新資訊時，並非總能調適他們的基模。

正因為新資訊往往不符合我們的舊基模，因此，我們甚至可能看不見新資訊。我們以扭曲來遮蓋差異，或者套用皮亞傑的話來說，將我們對於真實事件或物體的知覺「同化」（assimilate），以便符合基模。或者，如果我們的確看見某些事物不太對勁，我們可能會將這個差異特徵，看成無所謂或是有缺陷的。

試想納斯魯汀的故事，伊斯蘭蘇非教派用這位老兄描述一般人類的錯誤，「他發現國王的老鷹坐在他的窗邊，他從未見過這麼奇怪的『鴿子』。在修直了老鷹的鳥喙，修掉牠的鷹爪後，他放走老鷹，說：『現在你看起來比較像隻鳥了……』」[7]

就像鳥嘴與鷹爪不符合納斯魯汀的鳥類基模，於是他修剪掉老鷹的特徵一樣，我們也有同樣自以為是的短視行為，嘗試把新概念硬塞入既有的基模中。我們清醒時所使用的基本基模，也同樣主宰了我們的夢境。

當奇怪的夢境事件發生時，不知怎地，我們會將它同化為我們認為可能的事。如果我們剛好注意到，或認為那是不可能的事，通常還是能合理化這些夢境。但是，如果你想要成為清明夢的造夢者，你就必須做好準備，接受「奇怪的鴿子」可能是另一種你前所未見的鳥類，因為異常現象本來就說明了你正在做夢。

建構夢境時預期的重要性

不論是意識或前意識，你對夢境內容的預期，很大程度地決定了夢境呈現的形式。以四分鐘跑完一英里的預期為例，過去很多年來，大家都認為不可能有人可以快到四分鐘跑完一英里，直到有人創下這個紀錄，把不可能的事變成可能，而且幾乎是馬上，就有許多人也辦到同樣的事。

「假設」在夢境裡所扮演的角色，比清醒時更重要，畢竟在自然界，我們的身體活動確實受到許多物理法則的限制。儘管四分鐘跑一英里並非無法突破，但人類的速度還是有其限制。但是，在夢境世界裡，物理法則就算真的有，也只遵照常規而已。

造夢者的行為或許受限於大腦的功能，而有其限制，比如說，造夢者似乎難以在夢中連貫地閱讀文章。正如德國物理學家哈拉德．馮．莫爾梅斯默（Harald von Moers-Messmer）於一九三八年所言，清明夢的字母無法保持靜止狀態。當他試著專注於文字時，字母就變得難以辨認。（請注意，我並不是說我們永遠無法在夢中閱讀文章。我自己就曾在夢中閱讀過，但是，這裡所說的文章，並不是清明夢用來呼應自發性意念所產生的文章，所以它們往往無法保持靜止、難以閱讀。）

然而，影響夢境行為的限制因素，在數量上，遠低於現實生活中物理法則帶來的限制，這留給夢境更多空間，讓像是「假設」這一類的心理制約，來限制我們的行動。

如果你認為辦不到，那就辦不到

鄔斯賓斯基曾說：「人無法在睡眠中思考，除非思考本身就是個夢境。」根據這點，他認為「人在睡眠中無法念出自己的名字」。按照我們目前所知，預期對夢境內容的影響，鄔斯賓斯基若是說：「正如預期，如果我在睡眠中念出我的名字，我就會馬上醒來。」你應該就不會感到驚訝了。[8]

根據英國心理學家賽麗亞．格陵（**Celia Green**）的研究，有一位造夢者聽到鄔斯賓斯基的理論後，做了這個實驗。她提到，「我想著鄔斯賓斯基重複個人名字的準則，我做到了兩個字的某種意識間隔（**gap-in-consciousness**）：但是這似乎產生了某種影響，讓我『暈眩』；不論如何，我就停止了。」[9]

在另一個案例裡，嘉菲德提到她自己的清明夢：「……在『雕刻我的名字』裡，我在門上繼續刻我的名字。接著，我讀了門上的名字，然後整個空氣為之振動，雷聲大作，於是我就醒來了。」嘉菲德也熟悉格陵受試者的經驗，她的結論是：「並非不可能在清明夢裡念出自己的名字，但它**是**破碎的。」[10]

我也讀過鄔斯賓斯基的敘述，但是無法接受他的結論，也無法接受他原本的假設。我深信，在清明夢裡念出自己的名字，是再容易不過的事，很快地，我就進行了測試。在我一開始的某個清明夢裡，我大聲地說出這個魔幻般的字眼：「史蒂芬，我是史蒂芬。」

除了聽見我自己的聲音，聽到了我自己的名字之外，並沒有發生其他不尋常的事。顯然，鄔斯賓斯基、格陵的受試者，以及嘉菲德都強烈地受到之前預期的影響。當然，我們每個人都是如此，與日常生活相比，夢境更是如此；如果你認為你辦不到，那就辦不到。正如亨利．福特（Henry Ford）所言：「無論你覺得你行或不行，你都是對的。」

第六章

第一次設計夢境就上手：做清明夢的原則與練習

造夢新手往往在轉為清明之際就醒過來，他們可辨認出那是夢的線索，據此明白他們正在做夢，但卻在達到清明後不久就醒了過來，或是又進入非清明的睡眠。事後，他們往往為此而沮喪不已。然而，這個障礙只是短暫的，隨著經驗累積，你就可以培養能力，在夢境裡待久一點。如同你接下來將會學到，有某些特定技巧可以協助你預防提早清醒。請繼續在練習中培養專注力，提升你做清明夢的成功度。

要做夢還是不要做夢？

根據造夢者在家裡睡覺時所做的非正式實驗，當他們發現快要提早醒來時，可以透過不同的方式繼續維持住睡夢狀態。關鍵就在於，當發覺部分夢境影像開始消失時，開始執行某些動作。

琳達·瑪嘉倫（Linda Magallon）是《夢境網路布告欄》（Dream Network Bulletin）的發行人，同時也是不屈不撓的清明夢探索者。她曾提到，自己避免醒來的方式，就是專注於視覺之外的感官上，例如：聽覺與觸覺。她總結到以下動作，能夠避免從夢境中提早醒來：聆聽聲音、音樂或自己的呼吸；開始或繼續對話；搓揉或睜開夢中的眼睛；觸摸夢中的手和臉；觸摸物體，例如：一副眼鏡、梳子，或是鏡子的邊緣；被觸摸；飛翔。❶

這些動作，和練習24所描述的「旋轉技巧」異曲同工，都是藉由填滿知覺系統，讓知覺系統無法改變焦點，無法從夢境世界轉換到清醒世界。只要你主動讓知覺與夢境世界互動，就比較不會過渡到清醒狀態。

瑪嘉倫的快速動眼期可能特別活躍，只要進入快速動眼期，她就比較容易停留在睡眠狀態。但是，對於許多淺眠者來說，很難長時間停留在清明夢裡，他們需要更強而有力的技巧，以停留在清明夢裡。哈拉德．馮．莫爾梅斯默是少數在二十世紀上半葉親身研究清明夢的學者，也是提出俯視地面技巧來穩定夢境的第一人。❷

其他幾位造夢者也分別提出，藉由專注於夢境中的某樣東西，可以避免醒來。其中一位，就是史貝羅（G. Scott Sparrow），他是一個臨床心理學家，同時也是《清明夢：亮光之曦》（*Lucid Dreaming: The Dawning of the Clear Light*）的作者❸，這是一本敘述個人經歷的經典書籍，他在書中討論了卡司塔尼達的著名技巧，也就是在做夢時看著自己的雙手，以穩定住清明夢。❹史貝羅認為，造夢者的身體是夢境最不會變動的元素之一，在變動快速的夢境裡，造夢者的身體有助於穩定個人以外、不可靠的識別物。但是，正如他所指出，身體並非夢境裡唯一相對穩定的參考點，另一個參考點就是造夢者腳下的地面。以下，就是史貝羅將這個想法，運用在他個人清明夢裡的例子：

> 我走在街頭，現在是晚上，我看著天空，驚訝地發現星星非常清澈，似乎非常靠近。此

時，我轉為清明，夢境一度「振動」起來，我立刻看著地面，集中精神將影像具體化，停留在夢境的風景中。接著，我發現如果我將注意力轉到我頭上的北極星，夢境影像就會進一步穩定住。我這麼做，直到星星漸漸恢復清澈。[5]

幾年前，我幸運地發現極為有用的技巧，它不但能避免從夢中醒來，還能產生新的夢境景象。我多次重複這個實驗，效果都相同地好。只要夢見醒來，我就能停留在夢境狀態。在接下來的清明夢裡，我測試了許多不同的動作，我發現在夢裡往後跌倒與旋轉特別有效，可以延長清明夢。

練習 24 操控夢境一：延長夢境的旋轉技巧

一、留意夢境是否開始消失

夢境將盡時，視覺會最先消失，其他的感官知覺則會延續久一點，而觸覺是最後消失的知覺。清明夢快要結束的第一個徵兆，通常是夢境開始失去視覺細節，外觀顏色開始褪色，光線變得非常微弱，或是你的視力變得越來越差。

二、夢境開始消失時，要立刻旋轉

當視覺影像開始消失時，快速伸展手臂，讓自己像陀螺般旋轉（當然，這裡是指你在夢境中的身體）。不論你是像跳芭蕾舞般踮腳尖旋轉，或是像陀螺、蘇非旋轉舞者，或像瓶子那樣旋轉，只要你確實感覺你的夢境身體有在活動即可。這和想像你在旋轉不同，若要讓此技巧發揮作用，你必須確切感受到旋轉的感覺。

三、旋轉時，請提醒自己，你仍在夢境中

繼續旋轉，並不斷提醒自己，接下來看到、摸到或聽到的事物，仍然是在夢境之中。

四、當你似乎抵達某處時，請測試你的狀態

繼續旋轉，直到發現自己已處於一個穩定的夢境世界。你不是仍在做夢，就是已經醒來。因此，請小心仔細地測試你所處的狀態（參見第三章）。

祕訣小分享

如果我覺得自己已經醒來，我會查看床邊數字時鐘的時間，這通常可以作為避免被騙的簡單現實測試。

旋轉常會造出新的夢境場景，可能是你睡覺的臥室，或是某個比較特別的地方。有時候，快消失的夢境景象會再度恢復逼真的樣貌。

在旋轉的過渡期間，藉由重複提醒自己正在做夢，可以讓你在新的夢境場景中維持清明狀態；如果不特別注意，就算有許多荒謬的夢境內容存在，你還是有可能誤將新夢境當成確實清醒。

旋轉時，如果你感覺手碰到床，於是心想：「我一定是醒了，因為我的手剛才碰到床，旋轉技巧這回大概不管用。」這時就會發生常見的假醒，你應當想著：「既然旋轉中碰到床的手是**夢裡的手**，那一定是碰到**夢裡的床**，所以我還在做夢。」使用旋轉技巧後，請務必抱持懷疑的態度檢查你的狀態。

夢中旋轉，降低醒來的可能性

對於包括我在內的許多造夢者而言，旋轉這個方法非常有用。在我為博士論文記錄最後六個月的一百個夢境裡，其中有四十個夢境都運用了這個技巧，而得以延長。在這些夢裡，有百分之八十五出現了新的夢境場景。在這些新夢境裡，有百分之九十七維持了清明意識。在因旋轉而產生的新夢境中，場景總是與我的臥室非常相似。其他採用這個方法的造夢者，也有和我極為相似的經歷，但是他們的經驗顯示，旋轉後夢的場景不盡然皆是臥房。

這些結果顯示，旋轉會形成一種場景切換，使造夢者前往任何預期的夢境場景（參見練習27）。以我個人的例子來說，我試著使用這方法產生場景切換，前往其他夢境場景，但是幾乎都失敗了，最後總是切換到臥房場景。雖然我確實有**意念**想去臥室以外的地方，但是我無法證明自己全心全意地**預期**完成這個意念。我相信，總有一天我會解除這個意外的聯結（這個狀況如果可以這麼解釋的話）。同時，我也非常訝異，預期的力量居然大到能決定一個人夢的內容。

由於夢境旋轉時的動作，和實際身體轉動一樣逼真，因此大腦可以被啟動到相似的程度。有趣的是，大腦平時負責整合中耳所偵測到的前庭活動，而在夢境旋轉的刺激下，促進了快速動眼期睡眠系統的活躍。腦神經科學家已經取得了間接證據，證實前庭系統與產生快速動眼期的快速眼球運動有關。[6]

旋轉之所以有助延緩清醒，還有另一個可能原因，即是當人想像用一個感官接收某件事物時，這個感官對於外界刺激的敏感度就會降低。因此，如果大腦只想著要製造逼真的旋轉經驗，那麼同一時間，大腦就比較難接收外界的感官輸入。

要是盡了一切努力想留在夢裡，卻還是醒了過來，這並不意味著你前功盡棄。**乾脆裝死吧！**如果你從清明夢（或是非清明夢）醒來，記得要保持靜止不動，盡量放鬆身體，快速動眼期很有可能會再度展開，這樣的話，你就有機會如第四章所述，有意識地進入清明夢。有些人很容易就能回到快速動眼期，每次他們從夢裡醒來，只要靜止不動，幾乎都可以再度進入清明夢狀態。

沃斯雷是全世界最有經驗的造夢者之一，他從五歲開始就自己做清明夢實驗。一九七〇年代，在沃斯雷和賀恩（Keith Hearne）合作的先驅性實驗中，他是從清明夢裡發出訊息的第一人。[7] 沃斯雷提供那些剛夢醒，但又想回到夢中的造夢者以下建議：「靜靜躺著，千萬別觸動任何肌肉！放鬆等待，夢就會自動回來。我用這個方法連續做了十幾個清明夢。」[8]

使用內在言語引導你的思維

打從我們學會說話，就開始使用語言控制我們的思想和行為。父母會告訴我們要做哪些事，該怎麼做，我們則接受他們的口頭指導。當我們首次在自主管理下做這些事時，會大聲重複父母的指示，提醒自己該做什麼以及該怎麼做。現在，我們已經充分將父母的指導角色內化，當我們要執行複雜的新程序時，就會默默地重複這些指示。

同樣地，我們也可以使用有意識的口語指示，來規範在清明夢裡的行為（比如說，維持這是夢境的體認）。在我們尚未養成保持清明狀態的習慣之前，只要稍微注意力移轉，很可能就會失去清明。當我們對夢境的某個層面過於感興趣時，清明就會消失。如果你是造夢新手，在此可以提供你一個暫時的解決方法：在你的清明夢裡**自言自語**。重複對自己說：「這是夢！這是夢！這是夢……」或說：「我在做夢！我在做夢！我在做夢……」這些話，可以提醒自己正在做夢。如果有必要，也可以在夢裡「大聲」說出這類自我提醒；否則，最好是安靜地說，以免這個行為重蹈覆轍，變成夢境裡令人過於關注的特徵。

史貝羅也推薦這個做法，建議清明程度還不穩定的造夢者「專注於某種確認的動作，以持續提醒自己這個經驗的夢幻本質」。[9]他認為，花力氣在確認（比如說，「這全都是夢境」）上，並在清醒狀態時就培養是必要的，唯有如此，才能在夢境狀態中發揮作用。

多累積了一些經驗後，你就會辨認出哪些狀況比較容易失去清明，然後領悟到，你不需要透過有意識的努力就可以維持清明。我第一年研究清明夢期間，我的六十二個清明夢裡，只有一次失去了清明；第二年，在一百一十一個清明夢裡，我只有在一個夢裡失去清明；第三年，在兩百一十五個清明夢裡，我只有在一個夢裡失去清明。[10]在接下來的十年，我失去清明的比例維持在一個百分比以下。

如何隨心所欲地醒來？

我的第一個清明夢是在我五歲時發現的，那時如果做惡夢，我可以大喊：「媽！」讓自己醒來。[11]我發現一個聽來矛盾，卻又簡單至極的技巧，可以讓人隨心所欲地醒來，那就是「入睡醒來」。只要我想從清明夢醒來，我就躺在最靠近的夢境床鋪、沙發或雲朵上，閉上我夢中的眼睛「入睡」。我常常會立刻醒來，但是有時候我只是夢見醒來。當我發現我還在做夢，我就會再試著「真正」醒來，有時一試即成，有時則在一連串的假醒後才真正醒來。（加州帕羅奧多的P.K.）

當我還是六歲的小女孩時，想到一個方法可以讓自己從惡夢裡醒來。我不記得是怎麼想出這點子的，我會用力眨三次眼睛。有好一陣子，這個方法很管用，讓我可以擺脫恐怖、超自然的場景，但是後來狀況有所改變，這個方法開始產生假醒。有一回，我用這個方法結束一個不舒服的夢，卻發現自己在臥室裡醒來，而且暴風雨即將襲來。這感覺非常逼真，等到我真正醒來，就決定不再用這方法了。

（加州紅木城的L.L.）

另一個抽離夢境的方式，就是停止快速動眼期的關鍵特徵——快速眼球運動。保羅．索雷做了個實驗，他將眼睛固定在靜止點，從而發現固定視覺會造成固定點變得模糊，整個夢境就會隨之消失，四到十二秒內就會醒來。他提到有經驗的受試者，可以運用這個場景消失的中間階段，「依個人意願塑造夢境環境」。[12] 藝術家與夢境研究者法麗芭．波茲扎蘭（Fariba Bogzaran），曾提出過非常相近的技巧——「刻意專注」（intentional focusing）。也就是說，她專注於清明夢裡某個物體，直到重新取得清明為止。[13]

然而，這裡的例子顯示，運用方法從夢裡醒來或許會導致假醒，有時候，假醒比原本想擺脫的夢境，更讓人心神不寧。一般而言，最好不要透過逃至清醒狀態來避免恐怖的夢境影像。第十章會解釋為何要面對夢魘，以及如何藉此獲得好處。在心裡仍清楚記得夢境的事件與真相時，就叫醒自己，這就是一個善用技巧，隨心所欲從清明夢裡醒來的例子。

兩種夢境控制方法

接下來，我們將討論利用你的夢境影像，來訓練意志的方法。不過，在此之前，我們先想想，這麼做可以帶來什麼好處吧！

在面臨具挑戰性的夢境時，你有兩種方法可以操控它。其中一個，是以神奇的力量操縱夢境；另一個則是自我控制。當情況發生時，第一個方法並不完全有用，不過，塞翁失馬，焉知非福。如果我們學會在夢中解決問題，以神奇的力量改變自己不喜歡的事，這可能會使我們錯誤地期待在現實生活中，也能以同樣的方式解決問題。

一般而言，比較管用的方式是控制自己，自我控制意味著控制習慣性的反應。比如說，雖然你知道你必須面對恐懼，但還是害怕地逃走，那你就不算控制了自己的行為。儘管那些夢中發生的事是虛幻的，我們對夢境事件反應出的感覺卻很真實。因此，當你在夢中感到害怕，發現那是個夢，你的恐懼可能並不會因此自動消失，你仍然得要處理這個恐懼，這也就是為什麼清明夢是我們現實生活的絕佳練習。我們可以自由控制對夢境的反應，不論從中學到什麼，都可以馬上應用在現實生活中。如果你想加強自己的自信，我的建議是，你得明智地控制自己，而不是夢境。

> 我讀了您的作品，以及您建議讀者的清明夢造夢技巧，我練習留意自己是否在做夢。第一晚，在做了好幾個非清明夢後，我突然記起要問自己是否在做夢，就在我回答「是」時，發生了一件您書上沒提到過的事。夢中的一切變得非常鮮明，視覺上就像是有人開啟對比與色彩般，所有東西都一清二楚。我的所有夢境感官都強化了，我突然強烈感覺到溫度、空氣流動、味道與聲音，我強烈覺得一切都在我的控制之中。雖然我不打算要飛行，但是夢中某個東西卻讓我想飛，因此我就跳進空中（如同超人般），飛了起來。那是我所體驗過最快樂、最逼真的夢境感覺。我往下飛到高樓大廈間的街道，再逐漸飛高。建築物之後就是公園，我在那兒做了幾次空中翻滾。那是我當晚的最後一個夢，雀躍之情卻延續了一整天。我和所有願意聽我說這個經驗的人分享了我的成功。
>
> （麻州韋威斯伯羅的G.R.）

有一晚我夢見自己站在平緩的山丘，看著楓樹、赤楊樹以及其他樹的樹梢。楓樹的樹葉鮮紅，在風中沙沙作響，我腳下的草地青蔥翠綠。周圍所有色彩有著我從未見過的飽和濃烈。或許「比平常明亮」的色彩使我大吃一驚，於是我發現我在夢中，而我周圍的事物都不是「真的」。我記得我對我自己說：「如果這是夢，我就能在空中飛行。」我測試我的直覺，非常開心我毫不費力地就飛起來了，而且想飛到哪就飛到哪。我飛過樹梢，飛到新的區域，飛了好幾公里。我向上飛翔，在高空中像老鷹般盤旋於氣流中。

醒來時，飛行讓我有種精神奕奕的感覺。我覺得全身舒暢，這似乎和我在夢中清明，以及操控飛行的經驗有直接關聯。

（華盛頓州艾佛瑞特的J.B.）

飛行夢與清明夢有著高度的相關性。首先，只要你不靠飛機或其他合理設備輔助就可以飛行，你就是正在經歷一個完美的夢境徵兆；其次，如果你懷疑自己正在做夢，嘗試飛行會是測試個人狀態的好方法。如果你想造訪地球的另一端，或是夢裡遙遠的星河，飛行會是絕佳的交通工具。

如果你認為你在做夢，離開地面，看看你是否可以在空中漂浮。如果你在室內，當你繞著房間飛過一圈後，請尋找窗戶，飛出窗外，飛得越高越好。說來古怪，許多造夢者（多半是都市人）都提到，他們有時會遇見電線之類的阻礙，使他們難以通過。其中，有些造夢者提到，當他們飛越這些電線時，出現了某股能量，這能量往往伴隨著閃電出現。一旦越過那道障礙，造夢者就能飛遍整個地球，甚至飛到外太空，或是飛進神祕的國度，像是亞瑟王的宮廷或香格里拉。

飛行很有趣，就算你不打算去哪個特定地方，純就娛樂效果來說，飛行也很值得一試。

根據我們所收到的幾百封信件，造夢者似乎都能以各種想像到的方式飛行。許多人以「超人模式」飛行，雙手向前伸直飛，也常見到有人「游」過天際，這可能是因為我們最接近空中飛行的經驗，就是在水中漂浮了。其他人則是背部或腳踝長出翅膀，雙手上下擺動，或是兩腳踩進裝有噴射引擎的鞋子，乘坐飛毯，或是搭載超音速飛行器的舒服座椅。

你如果想挑戰自我，也可以從高樓一躍而下，或是跳下懸崖來展開飛行。無法控制的墜落是常見的夢魘主題，以下故事顯示，清明夢飛行有克服恐懼的潛在好處：

在我做過的清明夢裡，清明飛行是最有趣的冒險。我很怕高，所以在夢中墜落雖然算不上是夢魘，卻常常發生。我總是在落地之前就醒來了，但是在我嘗試了您文章裡所提的練習後，我飛過以前夢裡覺得恐懼的地方，像是遼闊的大海、白雪皚皚的高山。

有一晚，我在外太空翱翔後，回到了地球，我一點也不恐懼，但是最後來到一座山上的小山脊，我害怕降落，怕到差點醒來。在用了您的技巧（尤其是旋轉）之後，我逼迫自己不慌不忙地降落在最邊緣處。我可以看見腳下群山，感覺到寒意，甚至聞到新鮮的空氣。知道自己不會受傷，那種感覺真好，因為如果我開始墜落，我再飛走就好。（加州佛瑞蒙的N.C.）

擴展你的夢境知覺

我在某個夢裡獲得意識控制，我騎腳踏車出去，想擴展我的感官經驗。在我踩著踏板往前騎時，我大聲呼叫我的感官感覺：「聽！」我就聽到自己沉重的呼吸聲；「聞！」我就聞到一陣菸味。我摸著一棵樹皮粗糙的大樹，聽見麻雀振翅拍動的聲音，看見一片綠意，感覺到腳踏車的把手。我的感官活躍，如同清醒時一樣，但是我知道我在做夢；這讓我非常興奮！我拚命踩著腳踏板返回、醒來，醒來時感覺煥然一新。（加州舊金山的L.G.）

大多數人發現自己在做夢時都會很驚訝，之所以驚訝，是因為他們領悟到，原來過去都以絕妙的手段在欺騙自己。當大家發現平常信賴的感官，天衣無縫地描述著除了夢境以外，完全不存在的世界時，絕對都驚訝不已，尤其是第一次。的確，當你在第一次的清明夢中，認真審視夢境中的景物，看見自己的心靈創造出如此奇妙、精緻的細節時，往往會產生一種超現實感，這種超現實感是第一次做清明夢最常見的特徵之一。

首次進入清明夢的造夢者，往往會注意到自己的感官變得格外敏銳、愉悅，尤其是視覺。聽覺、嗅覺、觸覺與味覺有可能立即被強化，那種感覺就像你找到了感官的音量控制鈕，調高了音量般。

感官是將身體內外事件的資訊，提供給我們的最佳接收器，而大腦則將這些訊息架構到我們的世界模型裡。我們很早就學會了，如何以特定的方式思考、接收、相信並詮釋這個世界，大部分這類知識，在我們嬰兒時期就習得了。因此，當我們在清明夢裡發現，我們感覺**真實**的劇情，可能只是種舞台場景，而舞台上的所有人物都是心靈捏造的時，當然會震驚不已。然而，一旦我們習慣它，就自然而然能有意識地控制夢境狀態下的感官了。

一九八〇年代早期，亞蘭．沃斯雷作為一名清明夢研究者，發展出一系列有趣的「電視實驗」。⓮他在清明夢裡，開電視、看電視，並試著改變音量與色彩飽和度等。有時候，電視會回應他的聲音控制，然後他會問電視問題，並要求電視顯示不同的影像。

沃斯雷指出，「我用操縱影像來做實驗，假裝用試驗來學習操作內在的電腦錄影系統（包括『捲動』、『搖鏡頭』、『立即更換場景』、『放大縮小』）。此外，我試驗過獨立部分影像，或是『停格』影像，在影像旁邊放置畫框或舞台拱門之類的框架，並讓框架退離影像（『視窗變化』）。」[15]

練習 25 操控夢境二：夢境電視

就寢前，心裡準備好要記得這個實驗。當你達成清明時，尋找或創造一個大型、超高畫質、全環繞音響的電視機（讓自己舒服點）。打開電視，找到音量、明暗度與色彩飽和度的操縱器，慢慢地用這些做實驗。調高或調低音量，改變畫面顏色，當你找到適當的畫面時，請想像你最愛的食物味道從映像管溢散出來；如果你肚子餓，可以想像具體的食物並吃它。鍛鍊你所有的感官，當你調整夢中電視螢幕的顏色或明暗度時，請觀察心中所發生的一切。

操控清明夢

我夢到從某棟建築物的一端墜落，當我掉下去時，我知道我還沒準備好面對這個墜落，因此，我將建築物改成懸崖。我抓住沿著山坡生長的葉子、矮樹叢，自信滿滿地開始往下爬。事實上，有個人從我上方往下墜落，我抓住那個人，告訴他得想好腳要在哪裡踏穩，要抓住什麼植物來支撐自己，因為「這只是夢，在夢裡想做什麼都可以。」我興奮異常，頑固地刻意面對危險與風險。這是我人生非常滿足與驕傲的一刻。

（加州佛瑞斯諾的T.Z.）

在這個夢裡，我在我媽的房子裡聽見另一個房間傳出聲音，我馬上就明白我在做夢。我首先要求房裡的人聊些比較刺激的話題，畢竟這是我的夢。就在那時，他們把話題換成我最愛的嗜好。我開始要求要發生某些事，它們也真的發生了。發生的事越多，我就提出越多的要求。這是非常有趣的經驗，或許因為我比較能控制狀況，也對我的行為比較確定，因此，我覺得這是我所做過最有趣的清明夢。

（伊利諾州芝加哥的R.B.）

兩週前，我夢見被猛烈的暴風追逐。那時我站在一大片海灘上方的懸崖，正在教別人飛行，我告訴他們這是夢，如果想在夢裡飛行，只需要相信自己可以飛行即可。暴風從海面襲來時，我們正玩得開心，暴風是我夢裡常見的主題，可以說是我心裡豢養的野獸。

這個颶風出現時，伴隨著強風、閃電與巨浪。有個小男孩、小狗和我跑了許久，一起找地方躲避風雨。但是，接著我們就停了下來，在最後一個大懸崖邊緣猶豫不前，前方是遼闊的大海。恐懼幾乎讓我失去清明，但是，我想到：「等等！這是個夢！只要我願意，我可以繼續奔跑，不然也可以摧毀颶風或是加以轉變。暴風雨無法傷害那個男孩和小狗，颶風的目的是我。不論如何，不要再跑了，從內在省思這一切吧！」

當我想到這裡，彷彿有某種特別的力量舉起我們三個，把我們捲進暴風裡，暴風幾乎模糊了我們的身形。那個男孩和小狗在中途就消失不見了，暴風裡有一股美麗半透明的白，和一種極度和平的感覺。同時它是一股活生生的能量，似乎在等待塑形，能夠一而再、再而三地永久被塑形、再塑形、成形、再變形，那是某種活生生、充滿活力的東西。

（維吉尼亞州紐波特紐斯的M.T.）

在夢中採取行動，你可以如同前面引用的例子般指揮人物、操縱景色，或是決定探索部

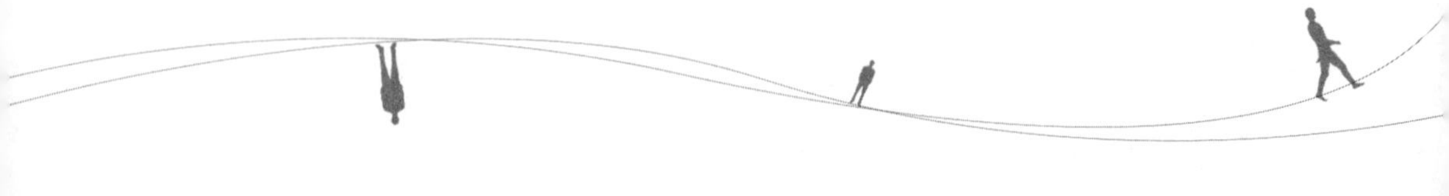

分夢境環境、演出特別的事件、顛覆夢境場面，或是改變情節。如上述，雖然清明夢最大的好處，或許不是來自於你控制了夢境，而是來自於你控制了你對夢境情況的個人反應，利用不同的夢境控制做實驗，可以擴展你對清明的能力與認識。保羅·索雷提到好幾種操控夢境的方法，像是透過意念與自我暗示，透過期望，透過內在狀態，透過注視的方式，透過口頭表達，運用某些行為，以及透過夢境人物的協助等，都可以在入睡前完成操控。[16]

我們在第三章裡，闡明了意念與自我暗示對清明夢的影響。關於期望操控法，我們可以從造夢者的經驗獲得充分證明，他們就是藉由期望某事的發生，而達到在夢中轉換位置、改變夢境的目的；至於內心狀態操控法，則格外有趣，索雷提到他的研究發現，「夢境狀況會受到造夢者內心狀態的強烈影響，如果造夢者勇敢面對帶有威脅感的人物，那個人物的威脅性就會漸漸消失，人物本身也會變得退縮；相反地，如果造夢者心生恐懼，夢境人物的威脅性就會增加，人物本身也會變得強大。」[17]

索雷認為在操控夢境上，「注視操控法」扮演了很重要的角色。索雷引用他自己的研究來佐證，透過直接注視夢境人物的眼睛，可以去除夢境人物的威脅性。口語表達操控法，則可以解釋為：「用適當的方式與夢境人物交談，可以大大地影響其外表與行為。『你是誰？』這樣一個簡單的問題，就可以造成與你交談的夢境人物，產生顯著改變。透過這個方式，陌生人就會轉變成你熟悉的人物。顯然，內心若是準備好了解自己的狀況，透過與夢境人物的交談，可以使人達到夢境最高層次的清明度——關於夢境代表什麼的清明度。」[18]

旋轉、飛行與注視地面，都是透過特定行為進行操控的例子，這些都是穩定、加強或延長清明的行動。其他夢境人物或許能協助你操控夢境，為問題找到解答，解決困難，或是純粹讓你感到快樂。與具有威脅性的人物妥協，可以幫助你達到較佳的平衡與自我整合，這個清明夢的運用方式是第十一章的關鍵主題。

若要從做清明夢獲得益處，你必須學習如何在夢境世界裡遊走，以便到達想去的地方，或是遇到想見的人或情況。方法很簡單，就是下定決心夢見自己所選擇的主題，這通常稱之為「孵夢」。歷史上，將夢境視為智慧泉源的文明，都採用這個程序，像古希臘人會造訪夢境神殿，在夢境神殿睡覺以便找到答案，或想出對策。

當然，不一定要在夢境神殿裡才能孵夢，不過夢境神殿的確有助於睡眠者將心靈專注於這個目的。關鍵在於，睡前你要專注地想著自己的問題或願望。首先，想出一個簡單的單句，描述你想做的「夢境主題」，這將會有很大的幫助。畢竟，這就是本書的目的。你若想做清明夢，就必須專注於在夢中清明的意念。接著，你就可以把所有的心力，放在想著自己身處在和這個主題有關的清明夢裡。這個意念，必須是你睡前所想的最後一件事。以下練習，將會引導你完成這個過程。

練習 26 操控夢境三：設定魔術單句

一、想出你的意念

就寢前，濃縮出一個單句或問題，與你希望夢見的主題有關，例如：「我想去舊金山。」寫下單句，或是畫出描述它的圖案。記住這個單句或圖案。假如你希望在這夢境裡，執行某個特定行動（像是：我想告訴我的朋友我愛她」），現在就一定要先想著那個行動。在你的目標單句之下，請寫下另一句話：「當我夢見這個單句時，我會記得我是在做夢。」

二、就寢

直接上床睡覺，關燈，不要做其他的事。

三、專注在你的單句，以及轉為清明的意念上

記住你的單句或你畫的圖案，觀想自己夢見這個主題，並且在夢中轉為清明。如果你有想在夢中做的事，在轉為清明的同時，要想著自己正在做這件事。默念這個單句，並專注於你想在夢裡轉為清明的意念，直到入睡為止。在你想著這個主題而入睡之前，別讓其他思維介入。如果你分心了，只要回來繼續想著你的單句，與要轉為清明的意願即可。

四、執行你想做的行動

和你主題相符的清明夢出現時，請執行你預設好的行動。詢問你想問的問題，試試你想做的事，或是達成內心之所願。請務必留意你的感覺，觀察夢裡所有的細節。

五、醒來後，要記得回憶夢境

在夢中獲得令你滿意的答案後，請運用本章之前建議的方法，讓自己醒來。立刻記錄下夢境內容，至少要寫下含有解決方法的那一段夢境。就算你不覺得清明夢回答了你的問題，也要寫下夢境內容，因為你或許會在事後反思時，發現隱藏在夢裡的答案，只是當時看不出端倪。

建立新的夢境場景

在清明夢中，我可以隨心所欲地改變物體的形狀，或改變所處的位置。看著夢境影像，在陽光下如跑馬燈般轉變色彩，到最後身邊所有的東西，都成了活躍變幻的色彩／能量／光線，這種感覺很棒。我不知道該怎麼形容，接著，從這個夢境內容，亦即這塊心靈的原生黏土，形塑出新的場景。

（維吉尼亞州紐波特紐斯的M.H.）

還有另一個方法可以夢見特定的事物，就是在清明夢中找尋到或變出這些事物。在關於夢境的文獻裡，你可能會讀到，有人主張不應該刻意影響夢境內容。有些人認為，夢境狀態是某種心理的「荒原」，不應該加以開發。但是，正如第五章所討論的，不論你是否有意識到，夢境都確實是源自於你自己的知識、偏見和預期。有意識地改變夢裡的元素，並不算人為加工，夢可以是靈感與自我知識的泉源，你可以運用它來尋找問題的答案，滿足你的欲望。

隨意改變夢境景象，可以幫助你熟悉操控幻象的能力，看見周圍世界可以在你的指令下，從曼哈頓雞尾酒派對轉換為火星運河，絕對會比本書所傳授，「夢境世界是你自己創造出來的心理模型」等字句，更具臨場感。

你不但可以自如穿梭於任何想去的地方，還可以改變襪子的顏色、要求再來一次日落、跳到另一個星球或是伊甸園去，只要心中想要這麼做，就能達到。你可以用以下所列的練習做實驗，試著引導你的夢境。我們並不知道，哪個方法最容易在夢中改變場景，因此，請將下面這些練習當作建議，設計出你自己的方法吧！

我最近正在讀一本小說，我想到那本書裡的場景去，想解開書裡的謎團。到了目的地，我從故事開始的地方開始，依出場順序遇見書中的角色，隨著故事的進展，後來我和書中的巫師角色走在一起。他先跑走，翻過城牆，變成一隻老鷹，逃離他的敵人；我也翻過城牆，變成老鷹。我的打扮和說話方式，都和書中的角色一模一樣，並主動參與解開書中的謎團。

（猶他州鹽湖城的S.B.）

在清明夢中採取夢境旋轉，效果不僅僅是避免提早醒來而已，它還可以幫助你切換到任何你想遊玩的地方去。你不妨試試看以下這個練習。

練習 27 操控夢境四：旋轉出新的夢境場景

一、挑選目標

就寢前，先決定你想在夢裡「造訪」的人、時間與地點。目標對象與地點，可以是真實或憑空想像的，包括過去、現在或未來的人或地點。比如說，「西元八五〇年，西藏蓮花生大士」，或是「現在，加州史丹佛，史蒂芬．賴博格」，或是「西元二〇五〇年，我家，我的孫女」。

二、下定決心造訪你的目標

寫下並記住你的目標單句，接著，想像你造訪你的目標對象，並下定決心今晚就要在夢裡這麼做。

三、旋轉到你的目標出現

光靠意念，你就有可能在非清明夢裡，看見自己的目標對象。但是，有個比較可靠、可以接近目標的方法，就是先轉為清明，接著再去尋找你的目標。當你在清明夢裡，你的夢境環境變得模糊、開始消失，覺得自己快要醒來時，就趕快像陀螺般旋轉，並重複默念你的目標單句，直到你又出現在逼真的夢境場景裡為止，最好那就是你的目標人物、時間與地點。

練習28 操控夢境五：按遙控器切換場景

運用這個方法，你毋須旋轉夢境自我以切換到新的地點，只要用想像力改變夢中的環境即可。先從小細節開始，再進展到較大的改變；先慢慢一點一點地改變，再進展到突然的大改變。將你所見到的一切，都想成是「心靈黏土」所形塑出來的。有些夢境探索者，把亞蘭．沃斯雷的「夢境電視」技巧加以運用，當他們想要改變場景時，就想像夢是在一面龐大、三度空間的電視螢幕上發生，而他們手上則握有遙控器，可以切換頻道。

辦到不可能的事

我夢見我最近參加派對，在派對上很無聊，當我離開夢境時，我發現這只是個夢。接著，我將自己想像成盡情享受派對的人，我玩得很開心。起初，我只是試著變成女人，但後來想到反正這是夢，何不變成男人，看看那是什麼感覺。於是，我就真的這麼做了。

（新墨西哥州阿布奎基的B.S.）

在現實生活中，我們習慣生活在規範裡，所做的每一件事，幾乎都有其規範——該怎麼做，不該怎麼做，做哪些事才是合理的。清明夢吸引人之處，就是它給人無與倫比的自由。當人們明白自己在做清明夢，會突然感到**完全不受限**的暢快，這往往是他們有生以來經驗到最大的自由感，在夢中可以嘗試或體驗**任何事**。

在夢裡，你可以體驗現實生活不可能享有的感官經驗。你可以與夢中人變得親密熟悉，甚至你也能變成某個人；你可以造訪繁花盛開的花園，你也可以變成一朵花。亞蘭．沃斯雷曾以荒謬的狀況做實驗，像是將自己分割成一半，以及用手穿過頭。[19] 許多夢境探索者已試過穿牆而過，在水中呼吸，或是在外太空飛行。拋掉你習以為常的尺度標準，做些只能在夢裡做的事，或想變成的人事物吧！

第七章 夢境用途之一：哪裡都能去的夢境旅行

幾年前，我試著減重。那時我會夢見雜貨店、麵包店或是餐廳，到處都是食物。我意識到自己在做夢，可以盡情吃我想吃的，我開始狼吞虎嚥眼前的大餐，甚至可以吃出那些食物的味道。這些夢滿足了我大吃特吃的渴望，醒來時，我感到很滿足，不是飽足，但是已經有所滿足了。如果白天我有衝動想吃不該吃的東西，我心裡就會想著：「今晚我會在夢裡吃這個！」而我真的吃到了！

（加州柯塔蒂的C.C.）

我一直希望當專業舞者，尤其是芭蕾舞者。但是，我媽總是潑我冷水，因為練芭蕾舞需要辛勤練習，過著清苦的生活。最後，我只好放棄這個夢，不再把當專業舞者的夢當成一回事。然而，這個欲望卻從未遠離，我在夢裡會有精彩的體驗，嘗試我看到或學到的新舞步或動作，但是很顯然，這些體驗我只能在夢裡才辦得到。

（猶他州鹽湖城的B.Z.）

美夢成真常常出現在我們的對話中，我們會說「夢想中的男人」或是「夢想中的房子」，我們會說「祝你美夢成真」。這些言詞暗示著，我們知道夢境與清醒世界是不同的——在夢裡，你可以過著最狂放的生活，看見願望成真，體驗現實生活可能無法感覺到的完美與歡樂。

在夢裡，灰姑娘可以和她的王子在一起，瘸腿的人可以行走，老人可以如其所願般年輕，不論他們的願望在現實生活看起來有多不可能，大家都能夢想成真。夢裡願望成真的經驗，和在現實生活的人生並不一樣，雖然知道那「只是夢」，但卻能得到愉快的感受。正如心理學家哈維洛克·艾利斯（Havelock Ellis）所說：「只要夢境持續下去，那就是真實的。人生如此，夫復何求？」[1]

當你開始塑造夢境時，自然而然會追求願望成真，像是愉快地飛過美麗的鄉間、與心上人瘋狂做愛、奢華饗宴、驚心動魄的下坡滑雪、功成名就、有權有勢，以及其他所有你在清明夢狀態想像得到的愉快經驗。心理學家肯·凱爾澤（Ken Kelzer），就描述了做清明夢時的愉悅：

> 我做了好長一段時間的夢，現在我看見自己躺在老舊旅館房間的黃銅床上……我伸展四肢，開始飛行。我的腳從黃銅床床腳的柱子伸出，不費吹灰之力，就把床搬離地面。很快地，床和我一起在房間內飛行，我想找到出口探索旅館內的每個房間。突然之間，我發現我在做夢，我感到無比的快樂……我開始唱歌：「美麗的造夢者，醒來吧，星光與露珠等著你。」我非常喜歡這首歌，全心全意地唱著。就在我唱歌時，我聽見音樂盒輕柔的叮鈴聲。音樂盒播放著〈美麗的造夢者〉，在我一遍又一遍地唱著歌詞時，音樂盒的樂聲天衣無縫地伴奏著我的聲音。我非常開心能轉為清明，我覺得〈美麗的造夢者〉是非常適合我的主題曲……
>
> 我看見許多瑰麗的色彩與燈光在我身邊閃耀，我看見成千上百的彩虹水滴，小小的光譜，漂浮、旋繞著白光。我喜歡這令人讚嘆不已的音樂、光線與色彩，感覺精神為之一振。這是感官的美妙饗宴、迷幻的迷你燈光秀，但又比我見過的更為精緻、更具美感、更令人振奮。[2]

如果你願意，就盡情享受這些樂趣吧！這對你是有益的，享受這樣的樂趣有好幾種益處，心理學家與醫師都發現，歡樂與喜悅有益健康；教育工作者也發現，當任務帶有趣味性時，就比較容易學習。

羅伯特．歐恩斯坦與大衛．索博（David Sobel）出版了一本書名為《越快樂，越健康》（*Healthy pleasures*）的書，討論以愉悅帶來健康的各種方法。[3]他們宣稱，我們內在有股欲望想要獲得愉悅，並堅持從事感覺良好的活動，這有助於我們活得更久、更健康。最健康的人似乎是那些享受愉悅、尋找愉悅，並為自己帶來愉悅的人。沉溺於心情舒暢與肉體歡愉的經驗，可以為我們帶來一些好處，例如：降低血壓，減少心臟疾病與癌症的風險，改善免疫功能以及降低對於疼痛的敏感度。

如果你花點時間在你的清明夢中玩樂、享受，你就會更精通於做清明夢。一旦你學會做清明夢，就等於是擁有了改善生活的工具。接下來的章節，我們將討論如何運用清明夢，來協助你克服恐懼，並找到最終極的滿足感。但是，在將清明夢運用於「嚴肅」的任務之前，最好先學會如何運用清明夢享樂，清明夢變得輕鬆有趣後，你的夢境就會成為排練現實生活的理想環境。

願望成真可能是許多人運用清明夢的終極目標，他們的生活也會因此變得更豐富，但是這不盡然是這場旅程的終點。許多人會想要更深入探索、了解夢境狀態，並運用清明的能力來解決問題，並達成其他實際目的。

夢中性愛

壓力與緊張深深影響了我達到高潮的能力。最近，我好幾個月都處於持續緊張的狀態，以至於似乎失去達到高潮的能力。我知道這和我對伴侶的感覺，或和他所做的事（或是沒做的事）無關。而這種無法達到性解放的沮喪感，又更增添了我的整體壓力。後來，某個晚上，我做了以下的夢：

我夢見我被捲入某部恐怖電影的情節，情節裡有棟鬼屋或是廢棄的修道院。有股不祥的預感，彷彿山雨欲來。當我走過這棟我覺得鬧鬼的房子，突然間，房子變成一間大型、燈火通明的百貨公司。我覺得這是高招的騙人把戲，把那些易受驚嚇的人騙進去。我進入百貨公司，並且四處蹓躂，一切看起來都很正常，但是我還是害怕地到處尋找危險的源頭。

後來，我突然想到這是個夢魘，因此，我應該面對任何恐懼的事物。這個想法徹底改變我的觀點，於是我抱持著開放、好奇的態度轉向場景，尋找挑戰與有趣的事物。我注意到有人在房間的一側操作錄影機，而錄影機的螢幕則在房間的另一側，我忽然有了讓自己的影像出現在螢幕上的想法，於是我讓自己對準錄影機，同時看著螢幕。我想要變得性感，希望自己出現在螢幕上。一開始有點困難，螢幕上只出現我腰部以上穿著衣服的背面。但是，終於，我找到對的區塊，開始脫去我的牛仔褲。我開始體驗性興奮，這股性興奮快速增強，不到五秒鐘，我就有了美妙的高潮，這是我兩個月來頭一次感受到高潮。之後，我立刻醒來，欣喜不已。

做了這個夢之後的晚上，我經歷了兩個月以來，第一次的性高潮。之後幾個星期裡，雖然其餘的緊張狀況仍然持續著，但是只要我想要，我就能達到高潮。（加州聖塔克拉拉的A.L.）

我是被關在聯邦監獄的受刑人。當我讀到某篇關於做清明夢的文章時，我對該篇文章的內容產生濃厚的興趣，因為我也能做到同樣的事。我之前做夢時，就有過這類經驗，而且我很愛這些經驗，這些夢讓我得以逃脫被囚禁的感覺。

我開始發現，如果我想要，我就可以控制夢裡的環境，因為這是我的潛意識所創造的，所以可以受到我的知覺意志影響。我想了想要做些什麼，心裡閃過的第一個念頭就是：我好多年沒和女人在一起了，這是我最想做的事。儘管這只是個夢，但夢裡的一切都和這裡一樣，沒有差別。

在夢裡我告訴獄卒，我已經蹲在牢裡好一陣子了，我想和女人做愛。他們什麼話都沒說，只是以詭異的方式看著我。接著，我重複說了一遍我的欲望，開始想著這件事。坐在桌子邊的那個人告訴我，我應該要去另一間房間。所以我起身走到門邊。在進到房間之前，我把精神集中在欲望上。

接著，我就進了那間房間。床上躺著一個之前出現在我夢裡的女人，我脫去我的衣服，和她一起躺在床上。在整個性愛過程裡，我都集中精神在維持有意識的狀態，因為之前在這類夢裡，我太驚慌失措而離開了夢境。

我每分每刻、從頭到尾都留意著我們的性行為。結束後，我翻了個身回到我的位置。當我的頭一碰到枕頭，我感覺到那股漂浮感席捲而來，我明白我就要進入每次離開這類夢境快醒來時，會進入的那股黑暗中。

（印地安那州特雷霍特的D.M.）

在這個清明夢裡，我騎著一匹駿馬，和我一直以來很想見面，卻從未有機會見面的人（也是多年來始終渴望的人）——演員麥可・約克（Michael York），一起奔馳於法國鄉間。將近傍晚時分，我們勒馬停下，一起走路穿過田野，這是片非常美麗、香味襲人的花田，我們兩人都可以清楚地聞到花香。之後，我們打起「花戰」，一起倒在最柔軟的花床上，在那裡做愛，微風吹拂著我們。我們共乘一匹馬回到莊園，另一匹馬則聽我的指令跟著回來。

回到莊園時，麥可帶馬兒到馬廄，我則上樓到一間很大的大理石浴室，那裡有一個嵌入地面的浴缸，浴缸周圍以白金裝飾，浴室裡還有彩色玻璃天窗。當我踏入堆滿泡泡的熱水時，我想著麥可全身赤裸地走進浴室加入我，而他就這麼出現了。

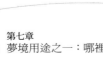

我們泡了好久的澡，中間還一度在彼此的懷裡睡著，而水就在我們周圍流動。我們換到臥室，當我想到一九七三年分的瑪歌紅酒、餅乾與果醬時，這些東西就出現了。我們用柔軟、白色的厚絲被包裹著身子，在我們帶著紅酒到床邊時，我醒了過來。（紐約州長島市的J.B.）

你可預料到，在完全自由的領域裡，性是許多人常見的清明夢主題。心理學家派翠西亞．嘉菲德是經驗豐富的造夢者，也是夢境相關書籍的知名作家。根據她的看法，「性高潮是清明夢自然的一部分；我個人的經驗告訴我，有意識地做夢就**是**性高潮。」她提到，她三分之二的清明夢都有性方面的內容，其中有一半以上的性高潮，和現實生活裡的一樣美好，甚至更美好。嘉菲德在《通往狂喜之路》（*Pathway to Ecstasy*）中，描述她的清明夢性高潮的強度為「深度」，她發現自己出現「靈魂與肉體的合一……感覺到現實生活偶爾才感覺得到的完整自我。」[4]

清明夢中常見性愛，自有其心理與生理因素。就生理而言，我們在史丹佛的研究證實，清明夢在快速動眼期的階段發生，而這個階段的陰道血流量和陰莖勃起都有增加。這些生理因素，加上造夢者在夢中擺脫了現實規範的限制，使得性愛成為清明夢常見的體驗。

這些發現顯示，清明夢可以成為性治療的新工具，為飽受心因性性功能障礙者帶來希望，例如：陽痿、早洩、難以達到高潮等。另外，正如上面所舉的第二個例子，清明夢顯然可以作為許多受刑人、被隔離者，或是因身體殘障而活動受限者的性慾出口。

夢境性愛的重要性變化極大。對於某些人而言，這純粹就是美好的時光，但是對其他人而言，卻是反面個性的集合。它甚至可以作為思考的起點，正如山繆．佩皮斯（Samuel Pepys）於一六六五年八月十五日，在日記裡所記錄的夢境：

我懷裡擁著卡斯特勒梅夫人（Lady Castlemayne），並得以用盡我渴望的一切方法與她調情。接著，我夢見無法醒來，但是，既然這是夢，而我真的非常享受這場夢，要是我們進了墳墓後……我們還是可以做夢，僅僅夢見這類的夢，那該會有多麼快樂啊！如此一來，就算處於瘟疫蔓延的時代，應該也不需要畏懼死亡了。

探索並密切觀察夢境現實

我在花園上空飛行，花了許多時間，表演所有的空中特技，體驗到的自由感難以形容。接著，我降落地面欣賞這座花園，發現這裡只有我一個人。我領悟到，我其實正在做夢，於是「我捏了捏自己，想看看自己是否是真實的存在」，這個舉動讓我大感訝異，因為我的感覺的確和在清醒時，一樣逼真！我檢查我周遭的環境，注意到花園是舞台場景，所有的花朵都是用會發光的顏料畫出來的，每一棟獨立公寓都畫得很仔細。身為藝術家，看到這場景繪畫所蘊藏的技巧，我感到震懾不已。接著，我穿過糊上紅壁紙的通道，在「後台」閒晃。我知道自己在夢裡，對於在這裡可以觀察到的細節數量之多，甚至可以觸摸壁紙感覺其觸感，我感到訝異。通道盡頭是個書櫃，我對自己能閱讀書名、感受真皮封面的觸感，並且看到書

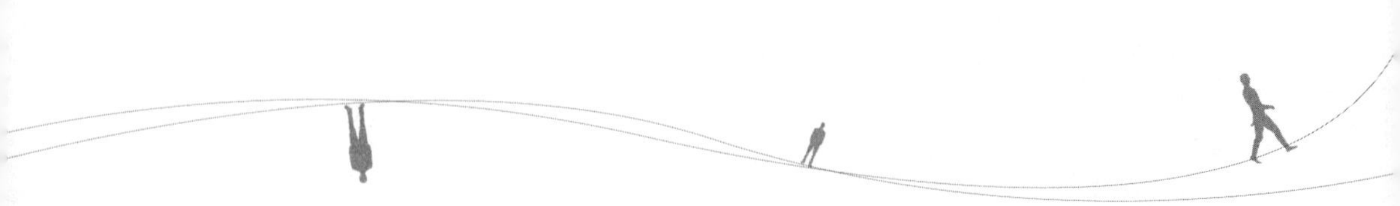

中插畫的細節，感到奇妙極了。

（加州伍德蘭山的D.G.）

我在平坦的兩線道公路上開車，突然之間，原本的大白天變得一片漆黑，我差點撞上前面慢速行駛的農推車車尾。我知道我在做夢，耳邊可以聽到我老公在旁睡覺的呼吸聲，也知道自己的身體在床上。

我可以看到周遭三百六十度的景物，在我的右前方，我看見地球沉浸在光裡；我的左上方更高處，則是另一顆旋轉的球體。球體的中央周圍，像是解開的緞帶般，呈現彩色玻璃的絢麗色澤，接著，從那緞帶飄出音符，我看得到音符，但是聽不到樂聲；然後出現字母，字母並沒有特定順序；緊接著又出現數字，數字也沒有依順序出現；最後則出現了符號，圓形、三角形……等，還有許多我沒見過的符號。「這是宇宙的全部智慧。」我從心電感應接收到這個訊息。就在我開始繞著球體背面的弧線行走時，我以為我要死了，心臟病發還是中風之類的（雖然我沒感覺到疼痛），之後我就回到我的身體了。

我在夢裡，沒有身為妻子、母親、祖母、退休法務祕書的身分（雖然我的確具有這些身分）。在那裡，我是獨自一人，但是並不孤獨，感覺像是整體的一部分。那裡溫暖、靜止、明亮，感覺有某個聲音在對我低語。我一向是很活躍的女性，但是，我在那裡比在這裡感覺更有活力。

（紐約州梅爾羅斯的A.F.）

探索清明夢帶來許多喜悅與回饋，清明夢的世界極為奇妙，不斷地改變，有許多令人屏息、超現實的美景，常常發生預料不到的事。清明夢非常值得探索，至少它和清醒世界旅行者可能想一遊的地方，一樣有趣、一樣值得造訪。事實上，清明夢的世界還有好多優點——

不需花錢，只要付出一點努力就可抵達，不像是巴黎、中國或是大溪地，你永遠看不完夢裡的景致。此外，你不會發生暈船、困在機場或是背包被偷的事。

清明夢的旅程保證絕對安全，對大多數人而言，幾乎都是非常愉快的旅程。雖然造夢者偶爾會遇到吃力、緊張的情況，但是在遭遇到非常真實的痛苦經驗時（如：被惡魔、拿斧頭的殺人魔，或是其他來自內心的怪獸追趕），他們其實是安全地躺在床上睡覺。不論他們在清明夢裡做什麼，後來都會安全地回到現實世界來。

「旅行能拓展心靈」，因為旅行帶領人們離開備受局限的習慣世界，進入全新的挑戰。清明夢提供你拓展心靈的機會，抱持開放的心態無所畏懼地探索夢境，一定能提升你對於自我以及他人的認識。正如歌德所言：「若想認識自己，就要觀察他人的行為。若要了解他人，就要凝視自己的內心。」[5]透過清明夢可以學到許多事，如果你的觀察夠敏銳仔細，你會在探索夢境世界時，發現偉大的寶藏，甚至更認識自己。

觀察、探索並審視夢境，還有另一個好處，就是可以藉此更熟悉自己的夢。如此一來，你會更容易辨認出「夢境徵兆」，這將會幫助你更常在夢中轉為清明。經驗會教導你，如何避免誤解清醒與做夢的差異。造夢新手往往無法辨認出自己是在做夢，因為他們常誤信夢境場景的「真實性」。若只是隨意觀察，夢境場景看起來和現實狀況還真是相近，從以下所舉的夢境，我們可以看出，夢境的這種特性如何讓我們無法在夢裡轉為清明：

> 我和爸爸開著車一起去紐約甘迺迪機場，途中我開始納悶，我們停好車、飛往舊金山後，這輛車怎麼辦？接著，我想起自己根本不記得是怎麼把車運到紐約的。更怪的是，我看著我爸，他一臉疑惑地對著我笑。對，他似乎也在告訴我，有件事怪怪的，但我還是弄不清楚是

怎麼回事。所以我看著高速公路旁邊的車子，一切都很真實，車上都坐著陌生人，開往未知的方向，而我的車似乎也沒什麼異狀。

我醒來時，想到爸爸已經過世十年了，我覺得自己真蠢，只因為這個夢很逼真，我看到這麼明顯的夢境徵兆，竟然沒有轉為清明。我下定決心以後要避免再犯這個錯誤！第二天晚上，一位過世的朋友出現在我夢裡，不管遇見他的地點有多真實，我知道自己一定是在做夢。

（加州米爾谷的H.R.）

在清明時觀察夢境世界有多麼逼真，你就比較不會犯「眼見為憑」的錯誤，也不會誤以為生動逼真的經驗就是真實的。相反地，透過熟習這兩個世界的特徵，你將學會分辨二者。

建構自己的夢境之旅

我能夠清楚記得的第一個可控制的夢，是在我五、六歲時發生的。以前，我常常夢見自己搭著火箭繞地球飛行，這個火箭是我用垃圾桶做的，底部是玻璃。在我隨意飛行時，我可以清楚地鳥瞰世界，等到要降落時（我的火箭並沒有降落設備），我會在下降時告訴自己：「該醒來了。」然後，我就會從夢裡醒來。雖然有時差點危險著陸，我卻從未懼怕過那不可避免的墜落，因為我知道我在做夢，我隨時都可以叫醒自己。我開心地做這個夢，大約持續了六個月之久。

（愛達荷州拉斯德拉姆的K.M.）

我做過許多飛行的夢，在夢裡從事奇妙的探索之旅。我甚至和熊、狗、浣熊和貓頭鷹說話，和海豚與鯨魚一起游泳，彷彿有鰓一般能在水底下呼吸。（加州奇科的L.G.）

我是一個天文學家，對自己仔細的觀察能力十分自豪。我曾做過一個比較有趣的清明夢，在夢境的時間框架裡持續了五年之久，那時我生活在遙遠的未來，附身在與我現在非常不一樣的身體裡。在這個「巢居」的生命裡我的確會入睡。有趣的是，我在這個另類的生命裡並沒有做清明夢，但是每回我從「巢居」的睡眠醒來，我都會立刻覺察到自己正在做清明夢，每一次我都會選擇繼續留在夢裡。這是遙遠未來的某個時候，月亮破裂形成可愛的多彩圓環。在涼爽的夜晚，我會和我太太和小女兒一起觀賞這些圓環。（德州艾爾帕索的S.C.）

從童話故事到小說，從幻想到白日夢（以及夜間夢），人類的想像力無窮無盡。好的說書人很少，但我們都能創造個人的故事，以滿足自己對刺激的需求。詹姆士．索博（James Thurber）的經典故事《白日夢冒險王》（*The Secret Life of Walter Mitty*）提供了幻想冒險家的原型。

華特．米提（Walter Mitty）在現實生活中，是個懦弱的無名小卒，但是在他的幻想世界裡，卻是個英雄。就算在現實生活裡是個弱雞，你也可以在夢裡變成英雄。許多人寫信告訴我們，他們從孩提時代就開始意識到自己的夢境，並運用這個機會去過冒險犯難的生活，例如：馬背上的騎士、公主或是太空人。就此而言，清明夢可供那些喜歡冒險或想嘗試冒險的人，作為實現願望的工具。

有些人在信中提到，他們固定在晚上探險已經幾十年了，一直以來都很愉快，他們能夠與虛構人物產生互動，並享受其中的樂趣，這種能力提供我們新的題材，讓我們得以建構我們自己的冒險。你可以先從在小說中讀到，或在電影中看到的場景開始建構，但是，和書籍或電影不同的是，你的清明夢冒險可以無窮無盡地進行下去，每晚演出一集，或是每個快速動眼期就能演出一集。

練習 29 操控夢境六：夢境旅行

我始終將我的夢看作一個持續進行的故事，並把我自己當作故事的主角。日常生活、電視或電影發生的事，都會被編進我的「故事」場景裡。有時候，可能是我遇到過的人。大多數時候，我的夢都是由我想在現實生活中發生的狀況所構成。（紐約布魯克林的D.W.）

夢境探索者提到，他們會有意識地編寫、導演並演出自己的清明夢，這是經常發生的事。曾經有個女人在信中提到，她甚至在清明夢結束時放上感謝名單，最後在自己開的這個玩笑中笑著醒來。撰寫自己的探險劇本時，你可以從簡單的情節著手，你可自由借用莎士比亞的劇作、童話故事，或是漫畫書（超人是清明夢常出現的人物），任由你自由改編。如果發生原始劇本沒有的新事件時，請順著劇情的發展，看看會發展到什麼情況。當你對已知的場景感到疲乏，就在清醒時寫出你自己的簡單情節。就寢前，集中精神於這個情節，在你轉為清明時，看看你是否可以將夢「製作」成電影。在你展開冒險初體驗時，不妨先試試下面幾個角色。請挑選一個你覺得有趣的角色：

- 邊疆拓荒者

- 聖杯的追尋者
- 夢想的英雄人物
- 太空人
- 超時空旅人

做一場英雄之夢

冒險可以在心靈的許多層次運作，就最低的層次而言，它可以滿足我們對感官刺激與願望成真的需求；此外，冒險也可以幫助我們專注於目標，為自己與世界創造未來；就最高的層次而言，它可以成為追尋真理與人生意義的過程。如果你對冒險故事的心理層面有興趣，我們建議你閱讀神話學者喬瑟夫．坎伯（Joseph Campell）的著作《千面英雄》（*The Hero With a Thousand Faces*）。[6]

坎伯在該書的開場白裡提到，不論神話源自何處，所有神話中的英雄探險，似乎都遵循著一個標準模式。他指出，神話所反映出的符號與特定文化無關，而是一種深植於人類心靈的符號。造夢者藉由演出這些神話，得以在自己內在的小宇宙裡，探索神話所代表的啟蒙與人類發展的軌跡，坎伯提出的神話模式，可以幫助你編寫你的夢境探險：

英雄的冒險有個標準的軌跡，那就是放大通過儀式所呈現的公式：**離開——啟蒙——歸來**，「英雄從普通的世界冒險進入充滿超自然力量的神奇領域；遇見驚人的力量並取得決定性的勝利；英雄神祕探險歸來，為同胞帶來諸多利益。」[7]

坎伯指出，儘管人物與場景名稱可能會有變更，但是不管到哪，都可以看到類似的故事。喬治．盧卡斯（George Lucas）便坦承，《星際大戰》三部曲受到坎伯著作的強烈影響。我們且看天行者路克的冒險，是否遵循了上述公式，分析之後，你就會比較清楚如何編造屬於你個人的版本了。

三部曲一開始時，路克只是個平凡的男孩，他並不知道歐比王的出現（智慧老人的角色）代表著他人生的轉捩點，這也就是坎伯所謂召喚探險的「離開」階段。路克因為叔叔與嬸嬸慘遭殺害，離開了他熟悉的世界，踏上旅程。一路上，他戰勝了自己與內在「原力」的交戰，得以拯救世界免於陷入黑武士達斯．維德的邪惡計畫。黑武士出自於榮格的書裡，披著黑袍、戴著面具的「陰影人物」。

你可以選擇從熟悉的領域，展開你自己的夢境英雄之旅，或許你將會拒絕再沉溺於典型娛樂式清明夢的誘惑，開始尋找新的經驗。你的任務或許與保衛自由、尋找極樂世界香巴拉、綠野仙蹤的奧茲國等傳奇之地有關，或是與恢復能量的指環等神奇物件有關。

在坎伯的基模裡，離開階段會歷經「拒絕召喚」（恐懼離開已知領域）、「超自然的協助」（你充滿智慧的父親或是神仙教母）、「跨過第一道門檻」（離開熟悉之地）與「鯨魚之肚」（不再回頭），到了這個時候，日常生活已經被遠遠拋諸腦後。啟蒙階段從「考驗之路」展開，遭遇惡龍與壞蛋、災難與邪惡的勢力、恐懼與令人毛骨悚然的危險，但是都將一一克服。啟蒙的最後一個階段是「最終利益」，也就是達到了目標，少女獲救，指環再次尋回，沒有心的錫人找到了心。與清明夢一樣，在神話裡，完成目標並非故事的結局。最具英雄色彩的階段，在於英雄最後返回日常生活，而他帶回的東西豐富了自己的生活，也幫助了整個社群。他可能娶了公主，成為該國度的善良統治者。

練習 30 操控夢境七：你是夢中的超級英雄

想個你感興趣的英雄故事，你可以運用經典神話或故事的架構，或者，你可以按照上述模式創造自己的英雄故事。在展開自己的旅程之前，如果你想做些替代練習，你可以浸淫在《星際大戰》、《天方夜譚》，或是華格納《尼布龍根的指環》這幾個故事裡。夢境進行到神話的不同階段時，請審視那些人物與行動。你不需要創造出精緻的情節，或是設計對話，只要寫下符合這個英雄之旅模型的場景即可。用簡單的句子寫下這些場景，就寢前，閱讀這個劇本。當你進入清明夢時，記得你的劇本，不要理會熟悉的事物，坦然接受引導並展開你的追尋。

祕訣小分享

就最深的層次而言，坎伯建議那些想尋求人生終極意義的人，一定要展開心理層次的靈魂旅程，同時，他也提到，這個旅程的架構往往會自動在夢裡呈現出來，因此，你可能會發現你的夢境故事對你產生重要的意義。到了第十二章，我們會再次提及運用清明夢追尋真我的觀念。

第八章 夢境用途之二：比賽或演出前的排練

在我第一個十公里路跑賽的前一晚，我原本很擔心。因為第一次參加這種競賽，加上路線又經過許多山丘，我向來都是在室內田徑場接受訓練，從未在山丘上跑過。那晚，我運用在書中讀過的技巧，夢見自己在山丘上跑步。做夢時，我知道自己在做夢，還告訴自己說，這讓我有機會可以學習如何在山路上跑。結果實際賽跑時，我在夢中練習的技巧發揮了良好的作用。

（維吉尼亞州亞歷山卓市的B.E.）

十二歲時，媽媽送我和妹妹去上暑期網球課。四個星期的課程結束時，有一場錦標賽，冠軍可以得到獎品。那晚，我在夢中發現我在做夢，我決定要贏得網球賽，於是我演練了從電視上網球賽裡看過的技巧，試著記住他們擊球、發球的方式。夢快結束時，我的揮拍非常順暢，發球技巧也非常凌厲。後來在錦標賽時，我打敗了所有人，奪得冠軍。教練無法相信我能打得這麼好，連我自己都難以置信。

（猶他州鹽湖城的B.Z.）

查爾斯．嘉菲德（Charles Garfield）與哈爾．貝奈特（Hal Bennett）讓「巔峰表現」（peak

performance）這個詞紅遍大街小巷，巔峰表現指的是身體與心理合作無間下的最佳表現。有關如何達到巔峰表現的研究顯示，清明夢或許是理想的訓練場所。

清明夢與巔峰表現

嘉菲德是巔峰表現中心（Peak Performance Center）的創辦人，他訪問了上千位成功的運動員，研究他們表現優異的原因。他發現，心理狀況是大多數運動員達到巔峰的要素；同時，他也發現巔峰表現者都很放鬆、自信、樂觀、專注於當下、精力充沛、關切周遭環境，對於自己的能力完全收放自如。❶

對巔峰表現感興趣的領域，目前已經從運動心理學擴展至商業界了，商業界發現，心理練習（mental practice）對職場表現的提升，與在運動場上一樣有效，人們可以運用心理想像或心理排練（mental rehearsal），使得工作表現大幅進步。❷

夢是一種非常有力的心理想像，比如說，在夢中想像你面前有顆蘋果，你就可以「看見」那顆蘋果，知道它的形狀與顏色。你可以想像得到，如果你拿起那顆蘋果聞一聞，那顆蘋果會有什麼香味？如果你咬一口，嘗起來會是什麼滋味？然而，你不可能把這當作真的蘋果。

> 夢裡，我和一些人在溜冰場打曲棍球，而我還是用老方法溜冰，溜得還算不錯，但還是有點恐懼。當我發現我在做夢時，我告訴自己要讓較高層的認知帶領我的意識。我臣服於完美的溜冰技巧，任其帶領我，恐懼馬上就消失了，我也不再退縮，像是職業選手般溜著，就像小鳥般自由自在。

後來我去溜冰時，我決定做個實驗，試試這種臣服的態度，我將那次的夢境經驗帶到我清醒時的生活中。我記得我在夢中的感覺，因此，我以扮演那個角色的方式，再次「變身」為完美的溜冰者。我踩在冰上……雙腳跟著我的心移動，在冰上自由自在。這件事發生在兩年半前，自此之後，我都帶著這種自由感溜冰，在我學輪式溜冰和滑雪時，也是如此。

（維吉尼亞州阿靈頓的 T.R.）

用心靈排練來提升動作技巧的想法，曾經是個偏激的假設，但是根據研究顯示，單憑想像來練習動作，就能熟練到某種程度。❸結合心理與身體練習，學習效果會更大大提升。到底單憑想像去做某件事，如何能幫助你達到進步呢？史丹佛大學的實驗顯示，當人們夢見執行某個動作，例如：唱歌或從事性活動時，身體與大腦會像真有做那些事般產生反應，只不過肌肉因處於快速動眼期而暫時癱瘓罷了。

同樣地，研究心理想像的學者也發現，「當我們生動地想像某些事時，肌肉裡產生的神經傳導，和我們實際執行該事件時所產生的神經傳導相似。」❹舉例來說，理查．史英（Richard Suinn）監測某位滑雪選手，於內心想像比賽時，雙腿的電子活動狀況。❺結果發現，該選手的肌肉所呈現的活動順序分布圖，和實際比賽時相同，當他想像轉彎、經過高難度區域時，就會出現較高的活動量。心理想像不但可以強化某些神經路徑，還能建構技巧所需的動作模式，進而提升技能。

不過，夢中的行為與想像的行為之間，有著重要的差異。當我們清醒時，想像某個動作所產生的肌肉神經衝動會被抑制，讓我們不至於做出想像中的事。如果肌肉神經衝動沒有被抑制的話，那麼，每次幻想做某件事時，會有什麼後果呢？比如說，在某個炎熱的日子裡，你坐在辦公桌前，心裡想著跳進湖裡會有多麼愜意，如果幻想行為的神經訊息，和真的跳入湖裡時所引起的神經訊息一樣多，那你就很有可能在嘗試從桌子跳下去時，把脖子給摔斷。

做夢時，我們的肌肉會受到快速動眼期的約束而無法動彈，行動指令的傳達是經過與清醒時不同的神經路徑。睡夢中，大腦傳達到肌肉的神經訊息，和我們在清醒時一樣強烈，這可以從針對貓咪的研究獲得證明。法國研究人員米契爾·朱維（Michel Jouvet），阻斷了貓咪在快速動眼期肌肉癱瘓的指令，結果他發現，貓咪在快速動眼期到處跑，彷彿演出夢中的情景般。[6]

因此，對於改善動作技巧而言，清明夢可能比清醒時的心理想像更有用，這是因為快速動眼期的生理本質，不需實際移動就能產生神經模式。透過做清明夢，運動員甚至可以練習身體尚未準備好的動作，設定神經與心理的動作模型，如此一來，當肌肉做好準備時，動作模型就能直接派上用場。

心理練習的實用性，還有另一個根據，就是「認知編碼」（cognitive coding）的概念。較複雜的是，除了要建立促進動作的神經路徑外，還需要建構意識地圖，也就是**符號學習**（symbolic learning）。[7]符號學習理論指出，想像排練可以幫助你把和技巧有關的動作順序編碼。比如說，游泳者練習蛙泳時，為了達到最佳效果，可能會將正確的順序編碼，心裡想著：「推開、呼吸、踢腳，推開、呼吸、踢腳……。」運用想像時，你可以在操作實際動作前，先在心裡設定符號。然而，執行該動作時，你可能需要非常多的能量，而無力同時分析該動作的結構。清明夢則可以輕易用在這個目的上，這也是因為夢境經驗極其逼真之故。

改善清明夢裡的身體技能

十歲時，我養了一匹冰島雪特蘭（Shetland）矮種馬，養了一年之久。那時，我所負責的任務卻難倒我了——繫上馬鞍肚帶（這就和學習繫領帶一樣）。某個晚上，我發現自己在做夢，我利用夢來學習這項技巧，並研究與此相關的結構，同時也「看見」了該怎麼做。第二天，我走到馬房，直接走到馬鞍處繫肚帶，完全依照我前晚學會的方法操作，完美無瑕。

（奧勒岡州波特蘭的K.A.）

如前所述，身為運動心理學家的保羅．索雷，做了許多先驅性研究，他研究了如何運用清明夢做運動技巧訓練。[8] 對於使用清明夢鍛鍊動作技巧，索雷提供了幾個建議。他認為，「已經能夠粗略掌握的感官動作，可以透過清明夢達到最佳效果。」舉例來說，如果你大概知道如何揮拍、跳過跨欄或是同時抛接三顆球，那麼，夢中練習就能幫你做得更好。此外，索雷也認為，新的感官動作技巧可以透過清明夢來學會，他引用滑雪者的經驗為例：

學噴射滑雪真困難，尤其是遇到突然轉向時，我總是跌得滿身瘀青。在學會清明夢之後的那年夏天，我常利用夢中小丘展開練習，將我的重心後傾、脫離滑雪板，再用腳踝改變方向。這很好玩，幾週後，我在做清明夢時了解到，我的動作和噴射滑雪一樣。接下來那個冬天，我又去滑雪渡假，同時也參加了課程，我在一週內就學會了噴射滑雪。我非常確信，這和我夏日夜晚的夢中練習有關。[9]

在另一個例子裡，索雷引用了一位習武者的經驗，這個人練習空手道好多年了，他發現自己很難適應去學合氣道：

今天傍晚，我無法順利削弱對手的攻擊，將他摔倒在地墊上。當晚我灰心地上床，就在快睡著時，那個狀況一次又一次在我腦海裡重演。我總是重複地像個問號般站在那裡，未做任何防護……對於繫黑帶的人來說，這是荒謬的情況。那天晚上的其中一個夢裡，我重重地摔在地上，我下定決心在出現這個情況時，問自己那關鍵問題：「我是醒的，還是在做夢？」我立刻就轉為清明了……我去了我的道場，在那兒開始和夢中的對手，展開防禦技巧的訓練切磋。我以輕鬆隨意的方式，一次又一次地做這些練習，每次都越來越好。

整整一週，我每晚都這麼做，直到正式訓練再次展開為止。我幾近完美的防禦讓我的教練大吃一驚，即使我們加快節奏，我也沒犯任何嚴重的錯誤。從那時起，我進展迅速，並在一年後取得我的訓練執照。[10]

索雷特別建議運動員，尤其是從事有風險運動的運動員，不只要在清明夢裡練習最理想的動作，面臨不尋常或是有壓力的狀況時，還要培養出心理彈性（mental flexibility）。我們將會在第十一章，更仔細討論心理彈性的好處。

索雷進一步提出假設，認為清明夢可以改善運動員的心理狀態，進而影響表現的成果，「藉由改變性格結構，清明夢可以改善運動的表現成果，帶來更高層次的創意。」[11]索雷認為，改變的關鍵在於從「以自我意識為中心」的觀點，轉變為「以狀況導向為中心」，他認為前者將導致感官知覺扭曲，後者則較富有彈性。滿腦子想著擊敗對手的滑雪者，如果意外撞上隆起的凸塊時，和那些放鬆、專注於地勢、同時能順暢回應意外事物的滑雪者相比，就比較可能失去平衡。索雷認為，從自我意識為中心到狀況導向為中心的觀點轉變，也可以運用在運動之外的生活領域中。

練習 31 比賽或會議前的彩排練習

一、就寢前，先設定意念

在就寢前，想著你希望在清明夢裡練習的技能，或在這件事上你需要改善的問題，思考正確的動作流程。如果可以，請研究觀察該領域專家，或你崇拜的人物的表現。然後，提醒自己，你今晚想在夢裡練習這個技能。

二、做清明夢

請使用你最喜歡的清明夢推引技巧（參照第三、四章），進入清明夢中。你也可以使用練習26的方法，以便推引出練習的清明夢。

三、準備好練習環境

在清明夢裡，首先要確定你已經準備好要練習。如果你必須改變環境，就隨心所欲地改變，換到健身房或運動場都好，為你自己創造一個合適的練習環境。但是，請記住，雖然你在清醒時固定去那些特定地方練習，並不代表你非要去那裡練習不可，你也可以在屋頂上練跳舞。

四、練習，力求達到最佳狀態

練習！每次執行該技巧時，請集中精神，力臻完美。回想你崇拜的大師在執行這個技能時的樣子，試著模擬自己這麼做時，會出現的感覺。清明夢練習，非常適合用於了解從事該技能時的感覺，以及如何順暢地執行。

五、推動潛能的疆界

在清明夢裡，你可以超越自己能做的事，甚至可以試試以前從未嘗試過的事。記住，你並不會因為過度使用肌肉，或是因錯誤判斷而受傷，也根本沒有過度勞累的問題，因為你的肌肉事實上並未作用。你可以在夢中，了解到擁有此技能的感覺，這會讓你在清醒時做好準備，更快速地學習。

模擬與排練生活

我在會議室召開會議，出席者都是些大人物和我的同事。我主講這次會議，同時也是全知的觀察者，我的全知使得場景不受干擾。身為觀察者，我可以觀察每個人的表情，偵測人與人之間的細微差別，並讀取每個人的想法。我想辦法不干預他們的自由意志，我想了解他們對於主講者（就是我）說的內容，有什麼反應。身為觀察者，我可以凍結流程，將鏡頭放大至某個人身上，讀取他的想法。身為觀察者，我可以抹去大家對於主講者所說，或所表現的記憶，重新輸入新的看法。

這樣的過程可以不斷進行，可以幫我預演隔天或近期要舉辦的會議，也讓我可以預測別人可能會提出的問題（如此我就可以事先準備），或是知道要加強哪些邏輯鬆散的部分。

（紐約州西夏茲的M.C.）

青少年時期，我會在夢中演練第二天在學校，或社交活動中的舉止。我在網球錦標賽前一晚，夢見自己奪得冠軍；我也在實際參加大學面試前，夢見自己參加好幾個大學的面試。從護理學院畢業後，我夢見自己處理心跳停止與極具壓力的緊急醫療，只要是有我必須「練習」的事，我就讓自己在實際操作前，做相關的夢。

（佛羅里達州傑克森維爾的C.A.）

在我睡覺前，我思考著，要用什麼方式告訴同學我的實習經驗。在夢中，我知道自己在做夢，我用推車將一堆東西推進教室，將東西安裝好，開始精彩的解說。我看見投影機放出我的演講、幻燈片、海報，投影出一切我要講的東西。醒過來後，我清清楚楚地知道該如何呈現材料，於是我依樣畫葫蘆，報告進行得非常順利。

（紐澤西州野木冠的M.K.）

這些例子顯示，清明夢可以用來排練生活中的一切，就像用在運動上一樣，我們可以事先預備好動作模式，當實際事件發生時，就可以順暢地執行。我們可以排練某些預定的事，例如：面試、舞蹈表演、與重要客戶的會議、外科手術過程，或是與深愛的人討論難以啟齒的問題。下個單元要談的是，另一個運用清明夢練習，來提升表現能力的例子。

減低演出的焦慮

清明夢幫我克服了莫名的恐懼感。夢一開始，我走在車道上，朝著一棟白色大房子前進。有十幾個人拿著蠟燭走了進去，我沒有蠟燭，所以擔心自己無法進去。當我走到門前時，發現得用擠的才進得去，大廳裡有幾百個人。站在隊伍裡時，我發現有把吉他。雖然我會彈吉他，但是我擔心沒人會喜歡我彈奏的音樂。不過，我明白自己在做夢，所以就盡情地做了我想做的事。

我一直很想在派對上演奏，所以我走向前，拿起吉他。我很詫異居然可以把想演奏的音樂，演奏得如此美，我非常滿意自己的即興演出。周圍有許多人跟我說，他們很喜歡我的音樂。我感覺如釋重負，我走向群眾，和他們成為朋友。

（加州沙加緬度的J.W.）

光是學習技巧並不足夠，有時候，你還必須學會在大庭廣眾前表現自己。站在一群人面前，大多數人都會感到緊張，不論是在工作場合做簡報，在晚宴上致辭，許多人幾乎都緊張到無法言語。我們收到許多封信，信中提到在夢中排練演出，可以克服這類溝通障礙。以下的練習，將幫助你做到這點。

練習 32 培養自信，對夢境觀眾演出

一、就寢前，設定你的意念

白天時，想想你今晚希望在夢裡做的事。如果可以，先練習你的演出、音樂會、舞蹈、搏擊等都可以。練習時，提醒自己今晚要在清明夢裡，在觀眾面前演出。如果無法練習，請想像你的演出，觀想自己今晚在夢裡表演的樣子。

二、做清明夢，前往你的表演場

使用你最喜歡的清明夢推引技巧（參見第三、四章），來產生清明夢。當你進入清明夢後，前往你畏懼演出的地方，例如：音樂廳、運動場或會議室。或是使用練習26的方法，創造和你表演有關的夢境。如果你在夢裡無法前往該處，試著就在你所在之地演出。

三、讓自己習慣面對觀眾

看看觀眾，如果他們看起來不友善，這是因為你的演出焦慮所引起的。請對觀眾微笑，歡迎他們的蒞臨，如果你真誠地說，他們一定會變得友善且感激。

不論如何，你不需要擔心他們的批評，或是他們隔天早上對你的看法，畢竟，到時他們就消失不見了。但是在你的清明夢裡，他們可以幫助你的表現達到最佳狀況。

四、演出

演出你的戲碼、發表你的演說、演奏你的曲目，或是做任何你想做的事。盡情享受吧！

祕訣小分享

如果你做了上述練習，仍然難以面對觀眾，不妨試試這個辦法：單獨站在演出場地，專注於放鬆、感受到無壓力的感覺。接著，請想想台下坐著不會讓你有威脅感的人，例如：信任的朋友，或是你自己，再放其他不具威脅感的人到後排。當整棟房子聚滿你自己所創造，面帶欣賞神情的觀眾時，請拿起你的大提琴或是你的網球拍，開始隨興演出吧！

提高現實生活的自信

我的精神科醫師正努力著，幫助我變得更勇於表達。在我的夢裡，我總是和一群人在房間裡，大家似乎都在做自己想做的事，說著心中真正的感覺，只有我通常都安靜地坐在後面，心裡有話卻不敢說。突然間，我記起我在做夢，我決定在夢裡改變我的行為，勇敢表達想法。

這麼做有點恐怖，因為我從未這麼做過，但我還是做了。這麼做讓我感覺很好，這讓我明白，積極表達自我是什麼樣的感覺。這些夢使我的療程出現進展。

（北卡羅萊納州夏洛特的K.G.）

靈魂出現的夢境，讓我正視了自己的不安全感與缺乏自信。某位朋友過世後，我中斷了博士課程，我認為自己成就不了什麼有用的事。在夢裡，我過世的那位友人和我，到了另一個世界學習飛行，那世界裡的一切都在飛，包括：動物、男人、女人，景色非常美麗、寧靜、和平。我的朋友要我也跟著飛，我說我辦不到，這是「他的世界」，我還沒死所以不能飛。於是他說：「沒問題，你只要創造出解決方法就行了。」接著他就飛走了，我則轉身找到一個小攤販，用二十五分錢租了翅膀。我戴上翅膀，跳下懸崖，快樂地飛行起來。後來，我突然想到，一對廉價租來的翅膀怎麼撐得住我？這未免太過荒謬，一想到這點，我就開始朝地面墜落，放聲尖叫。在那驚悚的片刻，我心裡想著，「但是我剛才還在用這對翅膀在飛行呢！」於是，我又輕鬆地飛在空中了。

這個信與不信、墜落與飛行的衝突又發生了兩次，直到後來，我明白這只是夢境，我只要相信自己能飛，我就真的能飛，不需依靠任何人工設備或其他外在支援的工具。就在那時，我明白到，現實生活也是一樣，夢境經驗立刻轉變成一個直覺：只要相信自己，我就能辦到一切。

接下來的那個星期，我參加工作面試。面試時，我看得出來，那個人覺得我不適合做這份工作，就在我打算放棄時，我想到自己在夢中學到的自信。我開始說了些正面的事，像是我的人面廣、刻苦耐勞等。後來，這家公司僱用了我，諷刺的是，這是我完全不懂的領域。我的雇主後來告訴我，她之所以僱用我，完全是因為我看起來很積極、自信，她知道我可以很快地學會應該具備的技術。

（加州舊金山的A.T.）

我們往往只想嘗試認為辦得到的事，但這通常比我們能做到的事還要少。清明夢讓我們增加對自我潛能的信心，我們可以在做夢時安全地測試新行為，夢裡累積的自信能讓我們在回到現實生活中時，輕鬆地執行同樣的行為。

班都拉（Albert Bandura）是史丹佛大學的知名心理學家，他提出**社會認知理論**（social cognitive theory），從我們行為、經驗與思考間的交互關係，來解釋人類的認知建構。[12] 班都拉的理論對造夢者來說非常有用，它清楚解釋了為何夢中行為，能對造夢者的個性產生永久的影響。根據班都拉的看法，人們從觀察自己行動的結果與觀察他人的回饋，來學會應對進退。觀察來的行為會投射到心裡成為模型，當這些模型有機會應用在新狀況時，就會被召喚出來。

正如我們所見，我們從現實生活觀察來的事物運作之理，都投射到了夢中。然而，在清明夢中，我們既然知道自己並非身處現實，就可以有意識地創造出新的模型，讓自己或其他夢境人物測試新行動的結果。如果覺得新行為運作良好，我們就可以將它挪用於現實生活中。比如說，如果你平常很溫和、害羞，那麼在清明夢裡，你就可以練習對夢境人物抱持開放、果斷的態度。如果你喜歡這個結果，那麼，在現實生活行使同樣的行為時，就會比較輕鬆。若是實驗後反應不佳，至少你也知道了現實生活遇到同樣情況時，該如何應付，結果在你人生的整體狀況裡，可能還是一種進步。

創造正面的未來

我們在此進一步說明，清明夢如何幫助我們改善現實生活，請想想班都拉的這番話：

「渴望未來會發生的事件，其影像往往會醞釀出，可以使這個事件實現的行為。」[13]當我們想像著希望發生的事，未來的生活狀況時，我們就準備好要獲得那樣的未來。創造讓自己快樂、成功的心理影像，能強化我們做出相對應的行為，幫助我們達成腦中浮現的畫面。

清明夢非常適合用來建立未來的成功影像，如果你想減重，你可以夢見自己如願穠纖合度，先感受那種感覺，提高你達到那個狀態的動機。也許你想戒菸，那麼在清明夢裡，你就可以夢見自己在八十高齡時，仍健康快樂地在山上健行，完全沒有氣喘吁吁。如果你喜歡夢中的健行，你就會獲得鼓勵，想戒掉菸癮。

你在清明夢裡召喚快樂的未來，也將你自身的成功與快樂擴散出去。如果世界上有越多人，願意為地球創造和平快樂的強烈影像，我們就越有可能度過當前地球的危機，繼續發揮人類高度潛能。

蘇非派導師伊德里斯．夏在《夢之篷車》（*Caravan of Dreams*）的前言中，提到非常相關的概念：在《天方夜譚》最精彩的一個故事裡，補鞋匠馬魯夫發現自己做了個白日夢，夢見自己有輛載滿寶藏的篷車。在陌生的國度裡，馬魯夫既貧困又孤獨。起初，他先在心裡想像，然後加以描述——有一車極其珍貴的貨物來到他面前。這個想法並未曝光或是讓他丟臉，反而成為他最後成功的支柱。想像中的篷車漸漸成形、成真，如願來到他面前。

希望你的夢之篷車，也能找到通往你的方向。[14]

第九章 夢境用途之三：獲得解決問題的靈感

我在一家購物中心的家飾用品店擔任經理，常得做許多樓面更動，移動固定配備、重新陳列大量的商品等。每當商場經理、陳列經理，對我提出樓面需要更新的想法時，我就會夢見自己一個人在店裡，試著做些更動，我會移動周圍的固定配備（在夢裡總是進展得很快，只要手指動一動就好了）。我知道自己在做夢，卻總是想要找到很難陳列的麻煩商品，想在夢裡幫它找到適合的位置。我始終記得這些夢。事實上，因為這種夢常發生，所以這是我工作時常開的玩笑。

（紐澤西州洛迪的J.Z.）

如果我修自己的車，想修好某個複雜部分，搞到半夜還是沒有任何進展，我就會放棄，乾脆去睡覺。我會刻意夢見這個問題，然後嘗試不同的方法來解決這個問題。我總是可以發現解決之道，第二天嘗試那個方法時，也總是有用！對我而言，專注於某個問題似乎會讓我陷入「目光狹隘」的狀態，但是夢境狀態卻能讓我看見其他可能。

（華盛頓州西雅圖的J.R.）

一九八六年的秋天，我修了門化學課，並開始在睡眠中解題。這些題目絕大多數都是分子方程式，牽涉到兩個複合物及四到六個元素。我會發現自己在做夢，並開始解題，將題目拆成離子方程式。如果你做過這類題目，就會知道這有多困難。每次我快解好題時，景象就會開始消失，然後，我就得延長夢境。我延長夢境的方法是甩頭或旋轉，在穩定夢境後，我就必須重做一遍這道題目，不過這次速度就比較快了。醒來後，我會立刻寫下解法，並檢查是否正確，我夢中的解法有百分之九十五都是正確的。用這個方法解題的好處在於，我醒來時，通常會更了解與這個題目相關的過程。我一星期會出現五次這類的夢境。

（佛羅里達州勞德希爾的K.D.）

創意十足的夢境

夢境可說是各領域的靈感泉源，例如：文學、科學、工程、繪畫、音樂與運動等。文學界有些知名作家，就是藉由夢境引發靈感的，像是《變身怪醫》（*The Strange Case of Dr. Jekyll and Mr. Hyde*）的作者史蒂文森（Robert Louis Stevenson），就將他的許多作品歸功於夢境，還有柯立芝（Samuel Taylor Coleridge）與他的鴉片夢境詩作〈忽必烈可汗〉（*Kubla Khan*）。

科學界則有凱庫勒（Friedrich Kekulé）在夢中發現苯分子結構，以及奧圖．羅威（Otto Loewi）受到夢境啟發的實驗，揭開神經衝動乃是藉由化學物質來傳導；在工程界，則有從夢中獲得的發明靈感，例如艾利司．哈維（Elias Howe）發明縫紉機；另外，威廉．布萊克（William Blake）與保羅．克利（Paul Klee）等畫家，也將他們的某些作品歸功於夢境；莫札特、貝多芬、華格納、塔替尼與聖桑等作曲家，也將夢境歸功為靈感的泉源；運動界最為人熟知的例子，就是高爾夫球大師傑克．尼克勞斯（Jack Nicklaus），他宣稱在夢裡靠著晚上的十次揮桿，發現改善技巧的方法。上述這些例子，和本章開場白所引用的夢境，應該已經清楚呈現了夢境所具備的神奇創意潛能。[1]

既然夢境是靈感的豐富泉源，為何西方世界都沒有夢境學派呢？這個答案或許可以歸因於夢境的不可預測性。儘管夢中可能會產生偉大的突破，但是藝術家或思想家很少會下決心——「今晚我會找出問題的解決之道」。孵夢技巧是邁向接觸夢境創意的重要一步，自古埃及文明以來，人們便利用孵夢來推引出可以解決問題的夢境。然而，更有效率的方法可能是，在**清明**夢裡找尋問題的答案。我們可以嘗試孵出針對該問題的清明夢，或是在清明夢裡刻意將意志導向心中的問題。與其等待繆思的造訪，藝術家不妨主動召喚繆思。

> 念高中時，我發現自己可以造夢，可以在睡前學習複雜的數學與幾何題目，醒來時就能夠解題。這個現象跟著我一路到讀大學醫學院。念醫學院時，我開始將我的睡眠解題能力，應用在醫學的問題上。每晚睡前，我會快速瀏覽當天的問題，過程中通常會發現有用的解決方案，或衍生出其他好問題（就連現在我都會偶爾在凌晨三點醒來，打電話到醫院，要求對問題病患做特別的實驗測試，也就是我在清明夢中夢見的解決方案）。
>
> 目前我主要是將這個技能，應用在外科手術的練習上。每晚在休息前，我都會複習一遍我的外科手術單，並在睡覺時實際演練這些病例。大家都認為我是動作快速、技巧高超的外科醫生，幾乎不曾引發重大併發症，這個外科手術「練習」讓我得以複習解剖結構，同時去除不必要的動作，提升並熟練自己的技術。目前我在執行重要的複雜步驟時，只需要花同僚百分之三十五到四十的時間。
>
> （南卡羅萊納州艾肯的R.V.）

我和先生就要結束大學學業了，我們考慮成家，也開始考慮寶寶的名字了。在最近所做的清明夢裡，我和先生討論過我喜歡的名字。（當然，他也贊同我最喜歡的名字，因為我希望夢境如此發展。）我甚至夢見我借了個寶寶，藉以嘗試不同的名字。我帶著寶寶到雙方父母那裡，並反覆嘗試相同的場景：「媽咪、爹地，這是克里斯。」「媽咪、爹地，這是賈斯汀。」這個場景我試了又試，用以觀察雙方父母對名字的反應。最後，我決定了一個男孩的名字和一個女孩的名字。然而，當晚我又做了另一個夢，醒來時，我已經記不得在夢裡我感覺非常好的名字了。我整天想著這件事，但就是想不起來。到了晚上，我開始做另一個清明夢，並在中途停止。我想起在那個「命名夢」裡，我曾經告訴某個女性友人那兩個名字，於是我在夢中打電話問她，她回答我了。於是，我立刻弄醒自己，不斷反覆大聲地念著名字。現在，我記得名字了。

（堪薩斯州海斯的L.H.）

創意在不同人眼裡有著不同意義，有些人可能會覺得創意這個字帶有威脅感，因為我們常聽人說，創意是罕見的天分，只有藝術家才明白如何發揮創意。然而，創意指的就是運用想像力來產生某個新事物，可以是藝術品，也可以是家庭作業，創意是關不住的。創意的本質，在於結合舊的點子或概念以形成新樣貌，我們所說的每個句子，只要不是直接引用，都是充滿創意的句子。一件事，或一個動作的創意程度，取決於使用元素的獨特性。

創意之所以難以理解，是因為我們通常不明白如何激發它，好讓我們可以輕易運用各種點子，並找到新穎、獨特，以及有用的關聯。夢境可以是創意的美妙泉源，以下介紹是關於目前已知的創意過程，相信將會有助於你了解其中道理。

每個人都會有創意十足的時刻，但是有些人時常充滿創意。誠如心理治療師羅傑斯（Carl

Rogers）所言：「孩童與玩伴創造出新的遊戲，愛因斯坦想出相對論，家庭主婦構思出新的醬汁搭配肉類料理，年輕作家寫出第一本小說，就我們的定義而言，這些全部都是創意的發揮。」[2]

研究創意的人贊同創意表達是個過程，靈感往往是不知從何處突然迸出的靈光一閃。然而，證據顯示，「突然」的領悟只是浮出意識門檻的一部分過程。十九世紀偉大的德國科學家赫姆霍茲（Hermann Helmholtz），在分析他個人的發現時，首次描述創意過程為——沉浸、醞釀與啟發。

在沉浸階段，問題解決者蒐集資訊，並嘗試不同的方式，但並未獲得解決之道。這些準備可能包括：閱讀、和專家討論、觀察、記錄、拍照或測量。問題解決者接著思考問題，專注、冥思、在心中塑造概念，並回顧相關研究。在這個階段，機械技工會盯著引擎看，畫家會望著空白的帆布，而作家則是看著空白的稿紙（或電腦螢幕）。在此階段的末尾，問題解決者會喃喃自語：「好吧，我已經研究、思考、分析了問題。現在，答案是什麼呢？」

下個階段是「什麼都不做」。當問題解決者主動放棄嘗試解決問題，將問題移交至無意識的領域時，醞釀階段就展開了。歷史文獻裡，有許多創意家都在此時決定小憩片刻，等候之後在開車或在漫步時，醞釀出解決之道。如果他們鑽研得夠多、正確地分析問題，又以正確的心態去激發了創意的解決之道，那麼，醞釀階段就會產生啟發，解決之道就會突然出現——「啊，我發現了！」這就是眾所周知，燈泡發亮的那個瞬間。

另一個夢中獲得啟發的絕佳例子，是諾貝爾獎得主奧圖．羅威的親身經驗，他在醒來後針對夢境做了確認。根據這位生理學家的說法，早在他工作之初，他就對神經衝動的本質有個直覺，但是之後整整十七年，他都想不起來那個點子，因為他想不出該用什麼實驗來測試這個假設。將近二十年後，他在夢中看見成功測試該理論的方法。以下是羅威的敘述：

我醒來，開了燈，在一張小紙頭上潦草寫下幾行字，之後又睡著了。早上六點時，我想到昨晚曾寫下重要的內容，但是我無法解讀那潦草的字跡。第二晚，三點左右，那個點子又再度出現。這是個實驗設計，可以判定我在十七年前所提出的化學傳導假設是否正確。我立刻起床到實驗室，根據夜間的設計，用青蛙的心臟做了簡單的實驗。[3]

羅威證明化學分子可以透過神經元協助資訊的傳導，最後贏得了諾貝爾獎。

心理狀態與創意靈感

當思考者為創意培養了正確的心理條件，啟發階段就會出現，但是經過上述關於創意過程的討論，大家不禁會思考，究竟哪些才是正確的條件。有些研究人員針對這個問題展開研究，探索不同種類的知識，是否真的可以從不同的意識狀態取得。

梅寧格基金會（Menninger Foundation）的研究員葛林夫婦（Elmer and Alyce Green），對創意與意識狀態之間的生理關聯性進行了研究，透過測量處於不同創意問題解決階段的生理狀態，他們得到結論認為，啟發階段與人的意識狀態有著強烈的相關性。他們寫道：

所有這些內在過程的入口，或是關鍵，就「在於」一個特別的意識狀態。在此狀態下，意識與無意識過程的鴻溝自動縮小，並在派得上用場時暫時消除。當這個自我調整的幻想

（reverie）建立時，身體顯然就可以隨心所欲地安排計畫，既定的指令也就得以被執行，而情緒狀態也會不動聲色地受到檢驗、接納、拒絕，或完全被其他更有效的情緒所取代，一般意識狀態下無法解決的問題，就可以獲得完善的解決。[4]

葛林夫婦所提到的意識狀態並非清明夢，而是催眠或幻想狀態。話雖如此，他們的結論似乎更適用於清明夢狀態，因為清明夢是意識與無意識心靈相遇的狀態。

羅傑斯也探索了創意與心理狀態間的關係，在《成為一個人》（*On Becoming a Person*）這本書中，他提出有三個心理特徵格外有助於引導創意。[5]第一個特徵是對經驗抱持開放態度，這意味著能夠容忍模稜兩可，具備處理衝突資訊的能力，而不至於勉強相信或否定衝突的資訊。如你所見，在夢中轉為清明所需的能力，就是要能彈性地處理衝突、模稜兩可與有違常理的資訊，並做出不尋常的結論——你在夢中的經驗是虛幻的。

第二個特徵在於掌握內在的評價來源，這意味著創意者作品的價值，並非透過他人的讚美或批評而建立，而是透過個體來建立。這點非常適合套用在清明夢，由造夢者負責創造並評價整個經驗。

羅傑斯認為，引導創意不可或缺的最後一個特徵，就是具備了「玩」元素與概念的能力，要能自然地玩想法、顏色、文字，將元素玩出不可能的並列，提出瘋狂的理論，探索不符邏輯的內容。由於造夢者在夢裡具有做任何事的潛能，清明夢可以成為理想的模擬場。此外，如同我們在接下來的章節會討論的，此模擬場內可用的道具，或許會比我們在現實世界裡所熟悉的，具有更多功能。

內隱知識

我們深信，清明夢可以促進創意過程的啟發階段，在這個信念背後，最重要的就是「內隱知識」（tacit knowledge）的概念。那些你已經知道的事，以及可以明確說明的事，例如：街道名稱或繫鞋帶的方法，這些都叫作「外顯知識」（explicit knowledge）。內隱知識則包括：你知道卻無法加以解釋的事（如何走路或說話），以及你已知道卻不認為自己知道的事（比如說，你一年級老師的眼睛顏色）。後者的認知是透過辨識測試所證明的，測試者原本以為自己是猜測的，但事實上卻做得比僥倖猜測更好。

若是少了清明，我們就無法確定創意夢境何時會發生，甚至是否會發生。然而，我們可以透過清明夢，讓夢境狀態的特殊創意受到意識控制。試想以下例子，有個夢境探索者設法找到了書本中的內隱知識，在這個例子裡，造夢者並未在夢裡的書中發現問題的解決之道，但是醒來時，他卻在真正的書裡找到了解決之道。透過這個例子，我們可以了解這本書隱含著問題的線索，這正是你可以知道，卻不明白你已經知道的絕佳例子：

我最近在數學比賽得第二名。當我拿到題目時（全部共五題），我花了大半天時間考慮不同的解法。那晚我去睡覺時，我做了個清明夢，夢見我在翻閱我的某本數學參考書。我不覺得自己在夢中讀了那本書的特定內容，只是出現翻閱的動作而已，我個人覺得那個夢只有幾秒鐘。醒來以後，一直到傍晚才有機會翻閱那本書。當我翻閱那本書時，我找到了可以解開其中一個題目的辦法。

（田納西州克拉克斯維爾的T.D.）

以下所引用的信，是另一種建立心理模型的例子。在這個例子裡，造夢者得以塑造出極度抽象的概念（注意，這個造夢者已歷經了準備與孵夢階段）：

一年多前，我選了一門線性代數課，學到向量空間的概念。那時，除了極為粗淺的概念外，我對這個主題一無所知。認真研究了一星期後，我做了一個向量空間的清明夢，我立刻知道這是四度空間，雖然夢裡並沒有視覺的成分，但這類抽象夢境對我而言並不陌生。關於這個夢境，我頂多只能說，我感覺到四個彼此垂直的座標軸。那晚之後，我覺得數學與做夢越來越有趣，我幾乎可以完全理解向量空間微積分了。

（田納西州克拉克斯維爾的T.D.）

某個電腦程式設計師在夢中，運用她心裡的邏輯過程，塑造出她的程式功能：

我得為某堂課寫程式，把程式寫進電腦之前，我在某個清明夢裡測試解決那個程式的方法。我發現自己許多點子不是不管用，就是必須添加一些額外的東西。這使我省下許多在課堂外寫程式的時間，事實上，在我還沒實際用電腦之前，我就已經在心裡「跑」過一遍我的程式了。

（肯薩斯州海斯的L.H.）

以下練習的基礎，是運用清明夢建立問題狀況的心理模型，心理模型的方法對藝術家也很有用。藝術家兼夢境研究人員法麗芭．波茲扎蘭，運用清明夢來發掘她近期作品的主題，她只要進入夢中的藝廊就能馬上轉為清明，在她夢中的藝廊裡，她發現一幅她想帶回清醒世界的藝術品。她仔細地觀察那幅作品的材料、紋理與色彩。為了確保自己能記得清明夢，可以在稍後複製那件藝術品，她在清醒前一直將目光固定在那幅藝術品上（如第五章所述）。一九八七年，她做了一個清明夢，這個清明夢啟發她學習大理石色紋紙染的靈感：

我在畫室教課，有個學生叫我過去看他的作品。我走過去時，發現自己是在夢中。我站在那不動，看著房間四周，我似乎沒看過那些藝術材料。我看到兩個調色水碟上有不同的顏色漂在水面上，我看到水碟旁邊有許多小小的罐子，罐子裡有許多不同的顏色。我向前仔細觀看這藝術品，近到幾乎碰到紙張了。這時，我明白了，這一定是大理石色紋紙染……

我立刻記下夢境，把夢裡那個學生創作的大理石色紋紙染素描下來。我對那材料非常好奇，於是開始找尋能教我這美麗藝術技巧的老師。自此之後，大理石色紋紙染成了我自我表達的媒介。[6]

我們在日常生活中，最常遇到的問題就是做決策。清明夢可幫助我們在全盤了解狀況下，再做出決策，正如以下例子所示：

我掙扎著不知是否該買全新、兩倍寬的可移動式住宅（mobile home），也不確定是否該保留房子，將舊屋租出去。之後，星期天晚上，我上床睡覺。我睡著了，但我是清醒的（在沒看過您的文章前，這聽起來有點精神錯亂），我坐在大桌前，有點像是張書桌，我的面前有紙張。雖然我沒看見別人，卻有人從我肩後回答我的問題……

在我的夢裡，我的問題都清清楚楚地寫了出來，列出我所有決定的優、缺點。我提出問題，得到答案，上床睡了一小時的覺後醒來，就明白該怎麼解決這整個問題了。我不只是確定該怎麼處理（買新家，賣舊家），同時我也很滿意這個決定！這就好像是我和某權威人士談過話，而這個人了解我的需求、不安全感以及能力。

（阿肯色州倫敦的K.A.）

製造有創意的清明夢

這裡的討論，提到兩個運用夢境創意的方法：一個是在進入清明夢時，立刻尋找問題的答案；另一個則是醞釀關於該問題的夢境，並在醞釀期提醒自己要在夢中轉為清明。

創意夢境雖然並不一定要清明，但清明往往可提供重要好處。只要學會頻繁地做清明夢，你就可以隨興之所至，做出具有創意的夢境，然後在下一個清明夢裡，根據個人欲望來尋求答案或是創造。

如果你想做特定主題的清明夢，那麼清明就會賦予你能力，你知道自己在做夢，所以能夠自由自在、有意識地行動。你可以孵化出請教專家關於個人困境的夢，或是孵化出考慮搬家地點的夢。如果是另一種問題，你可以孵化出嘗試用新方法，和生活中某人應對的夢。在夢中維持清明，可以讓你思考出現在該處的原因，像是：詢問愛因斯坦有關物理的問題；探訪舊金山，看自己是否想住在那裡；去圖書館找寫故事的資料；或是，試著給你的孩子溫暖與關懷，不過度批評。如果在夢中不清明，你就可能會忘了你的目的。

清明夢還可以為創意夢境帶來另一個益處，就是確保你知道自己在做夢，而你必須在醒來後，小心盡力地回想起夢境。法麗芭·波茲扎蘭能夠運用她的意念專注技巧，讓自己清楚記得她的藝術畫面，這都要歸功於她知道自己在做夢。下面的練習，將教你如何在答案或靈感仍然鮮明活躍時，記得從創意十足的清明夢裡醒來。

練習33 難解的生活習題，到夢中找答案

一、將你的問題轉換成單句

就寢前，先想好一個你想解決的問題，或是你想得到的創意。將你的問題設計為單句形式的問題，比如說：「我該做哪項投資？」「我的短篇故事要用什麼當主題？」或是「如何認識有趣的人？」選定問題後，寫下問題並記住這個問題。

二、孵化關於你問題的夢境

使用孵化清明夢的技巧（練習26），試著導引和你問題有關的夢境。

三、產生解決之道

進入清明夢後，提出那個問題並尋找問題的解答。你可以尋找或創造出你需要的人物、地點，或就在所在之處尋找解答。詢問其他夢境人物或許會有幫助，尤其當那些人就是你認為可能知道答案的人時，更要向他們詢問解答。比如說，如果你想解某個物理問題，愛因斯坦或許會是你夢裡詢問的好對象。如果想拜訪專家顧問，試著使用練習27的方法。或者，只要在探索你的夢境世界時，心裡想著那個問題，同時抱持開放心胸，接受任何可能提供答案的線索。請記住，你無意識中知道的事，比你所想像的還要多，問題的解答或許就在其中。

四、出現答案時，記得要醒來並回想夢境

當你在夢中獲得滿意的答案時，請使用第五章所建議的任何方法（或是你自己的方法），叫醒你自己，並立刻寫下關於解答那部分的夢境內容。就算你覺得這個清明夢

並未回答你的問題，只要這個清明夢開始消失，請叫醒你自己，並寫下夢境內容。日後反思時，你可能會發現答案就藏在夢裡，只是那時你沒發現罷了。

建構你的清明夢工廠

我常常必須設計一些電腦程式。一到晚上，我會夢見自己坐在起居室（福爾摩斯可能會用的老派客廳），和滿頭白髮的愛因斯坦一起坐著，他是活生生的人，我和他是好朋友。我們聊到程式，開始在黑板上畫些流程圖。只要覺得想出好點子了，我們就會開心地笑。愛因斯坦說：「嗯，剩下的就是歷史了。」愛因斯坦先行離開就寢，而我坐在他的躺椅上，在筆記本上胡亂寫下某個程式。接著，程式就寫好了。我看著程式，對自己說：「我希望起床時能記住這個流程圖。」我非常專注在黑板與筆記本上，之後，我就醒來了。通常這是清晨三點半左右，我會拿起手電筒（放在我的枕頭下），拿起我的筆和筆記本（就放在我床邊），盡快寫下記得的東西。第二天帶這個程式去上班，通常百分之九十九都是正確的。

（紐約州西夏茲的M.C.）

還記得那個趁著補鞋匠睡著，小精靈幫他實現願望的童話故事嗎？至少有個知名的文學家史蒂文森，創造了屬於他自己的夢境工作坊，並在裡頭裝滿一群助手，也就是他所謂的「棕精靈」（brownies），這些棕精靈幫史蒂文森創作了許多極有名氣的作品，史蒂文森對他的夢境助手有著以下的評語：

我越是思考這件事，就越想問世界這個問題：誰是小人？毫無疑問地，他們和造夢者有著密切的關係，他們分擔造夢者的財務憂慮，關注銀行帳目，並且和他一樣學會建立重要故事的基模。只是，我覺得他們比較聰明。還有一件事是毋庸置疑的，那就是他們可以一點一點地告訴他故事，就像連續劇一樣，讓他完全忽略他們的動機何在。他們究竟是誰？誰才是造夢者？[7]

史蒂文森並未明白說出他的棕精靈，是否就是清明夢裡的角色，從他的敘述裡，他們是在清明入睡幻想（lucid hypnagogic reverie）時，所出現的心理影像。這位作家所使用的技巧，就是躺在床上，讓前臂和床呈垂直，他發現每當這麼做時，就能輕鬆漂進他熟悉的幻想工作坊。如果他陷入更深層的睡眠，他的前臂就會倒到床上，把自己吵醒。史蒂文森將他知名故事《變身怪醫》的情節，歸功於他的棕精靈。

練習 34 工作缺乏靈感，交給清明夢工廠

一、建立孕育靈感的環境

如果你覺得需要莊嚴的環境，你可以創造出這樣的環境；如果你想要營造的氣氛，是住在小閣樓快餓死的藝術家，那就這麼做吧；如果你是電腦程式設計師，你可以坐在你最棒的「夢境電腦」旁；你可以在沒人住的星球創造「孤獨之堡」，或是安排一群伙伴在你身邊；在你的房間安裝通向其他次元的門、窗，以獲得援助。

先在清明夢裡創造工作環境，每次造訪這個環境時，你可以增添最後的修飾，例如：加入寶藏箱、參考書閱覽室或是工作台到架構中，只要能啟發你的創意工作，或是賦予你能力，你可以放任何你想放的東西。

二、召喚你的夢境幫手

當你對這環境感到滿意後，就可以徵募助手：專家、老師、助理、巫師、顧問、繆思、銀河會議。如果你想學繪畫，可以召喚林布蘭；如果你想寫小說，可以和海明威或赫曼．赫塞一起去釣魚，談談你一直以來想寫的小說。請你的幫手，答覆你的問題或提供創見。你也可以創造出工具來輔助自己，例如：意見機器，或是魔術畫筆。在你的清明夢工廠中，你將得到充滿靈感的環境、天賦異稟的幫手，和強而有力的工具。如果這個練習對你有用，別忘了每隔一陣子就回到你的夢工廠，來為你的創意充電。你在夢工廠解決的問題越多，你就會在那兒發現越多靈感，那麼它所賦予你的能力就會更多。

第十章 夢境用途之四：克服夢魘，釋放內在恐懼

我開始試著將夢境當作心靈的產物，某晚，在我做了個夢魘之後，突然有了這番領悟——如果我讓恐懼隨處蔓延，我將會無法盡情地過我的生活。於是，我進入夢境狀態，下定決心不屈服。我在某處讀過一段文字，那段文字說只有友善與信任才得以消除恐懼，憤怒、威脅、挑釁都要拋開，這些反應其實都是恐懼的反應。因此，我下定決心要保持友善的態度。隨著夢境的進展，我幾乎沒時間提醒自己要微笑。這回是個很幼稚的夢魘，我的恐懼變身成一頭巨大、模糊但是非常嚇人的怪獸。我一時膽怯，差點嚇到逃走，但是憑著我僅有的一丁點意志（我真的很害怕），我留在原地，讓那頭怪獸走近。我對自己說：「這是我的夢，如果我忘記這點，我就得從頭再來一次。」同時，我盡己所能真心地微笑。此外，我盡可能冷靜地說話，這是一大進展，因為不論是清醒或睡眠時的恐懼，總是讓我嚇到說不出話。我說了類似「我不害怕，我想交朋友，歡迎你到我夢裡來」的話，我才剛說完，那個怪獸就變得極為友善、欣喜。我開心不已。當然，我很快就醒來，還嚷嚷著：「我辦到了！」（加州佛雷斯諾的T.Z.）

我知道我可以改變清明夢裡的恐怖情況，所以我不讓自己害怕或驚恐。我不再逃避夢裡出現的人或事，奇怪的是，在現實生活中，我也不再逃避了。我面對眼前的事，不再拖延。

清明夢改變了我看待生活的方式，大家以為我這幾年有了變化，但是事實上，這是真正的我蛻變而出。

（北卡羅萊納州格陵斯博羅的V.F.）

何謂夢魘？

夢魘是極為恐怖的夢境，將我們最害怕的恐懼，以令人信服的細節活生生呈現出來。不論年齡、文化，所有人都曾經歷過這種夜間恐懼，人們對於夢魘起源的理解非常不同，在某些文化裡，夢魘是靈魂在身體睡覺時，漫步於另外一個世界的真實經驗；對於其他文化而言，夢魘是惡魔出現的結果。的確，「夢魘」nightmare這個字源自盎格魯薩克遜語言裡的mare，意指「醜陋的小妖精」或「男夢魘」（incubus，男夢魘是在夜晚降臨，偷偷與女人交合的惡魔；以女子形象呈現的，則稱為「女夢魘」succubus）。

是什麼讓夢魘如此恐怖？在夢中，一切都有可能，這種無限性可以是極為美好的，因為這讓我們得以經歷現實生活中，無法體驗的幻想愉悅，以及達不到的樂趣。然而，反過來說，任何你**不**想經歷的事，不論那在現實生活有多麼不可能，也都會發生。

在夢魘裡，我們總是獨自一人。我們可能會夢見有朋友陪伴，但如果我們懷疑這些人，他們很容易就會變成惡魔。如果我們想逃離揮舞著斧頭的瘋子，不論躲在哪裡，那個瘋子都會找到我們的藏身之處。如果我們拿刀刺惡魔，惡魔甚至有可能沒感覺，或是那把刀變成塑膠刀。我們的思維會背叛我們，如果我們希望他沒有槍，碰！他就有了槍！難怪我們會心懷感激能離開夢魘，回到相對理性、和平的清醒世界。

因此，我們也就不難明白，為何人們在夢魘中得知自己一定是在做夢時，常常會選擇醒來。然而，如果你在夢魘中變得完全清明，你就會明白這個夢魘無法傷害你，而且你也不需要藉由清醒來「逃避」夢魘，因為你會想到，你已經安全地躺在床上了。正如以下所要討論的，當你還在夢中時，最好面對、克服那份恐懼。

夢魘的成因與治療

根據研究顯示，三分之一至二分之一的成人都有過夢魘。某份大學生的調查顯示，在一群三百個人的團體中，幾乎有四分之三的人，至少每個月做過一次夢魘。在另一份研究裡，百分之五的大學新鮮人提到，他們至少每週做過一次夢魘。[1]如果這個比例可以適用於普羅大眾身上，那麼，或許有超過一千萬的美國人，每週都受到這種逼真、恐怖的經驗所折磨！

影響夢魘發生頻率的因素，有部分來自疾病（尤其是發燒）、壓力（青春期困境、搬家、學校或工作不順利）、感情關係出問題，以及心理創傷事件，例如：遭受搶劫，或遇到嚴重大地震等，心理創傷事件可能導致一系列長期重複的夢魘。

有些藥物與醫療會導致夢魘增加，原因是許多藥物會壓迫快速動眼期，因而產生反彈效應。如果你醉醺醺地睡著，你可能會有五到六個小時都睡得很熟，只做一點點夢。之後，酒精的效應漸漸消退，你的大腦則準備好要補足因酒醉失去的快速動眼期睡眠，因此，在剩下幾個小時的睡眠時間裡，你可能會比平常更密集地做夢。這個密集度會反映在夢境的情緒上，而且往往都是不愉快的情緒。

有些藥物因為會提高快速動眼期系統的某部分活動，因此似乎會促進夢魘發生。其中一種藥物是用來治療巴金森氏症的左多巴（L-dopa），以及用來治療某些心臟疾病的β阻滯劑

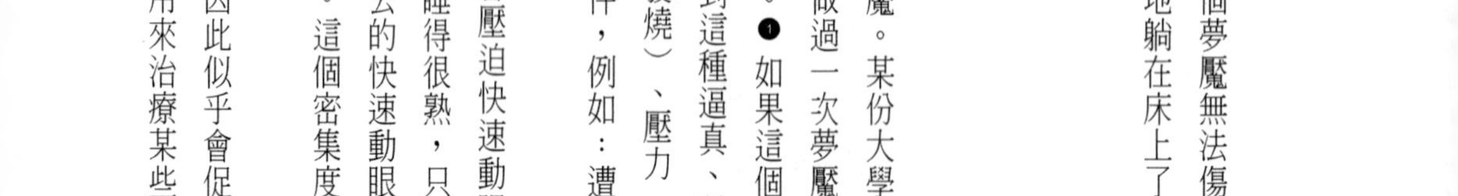

（beta blockers）。研究指出，清明夢較容易發生在密集快速動眼期，因此，我認為導致夢魘發生的藥物，可能也會促成清明夢產生[2]，這是我接下來幾年想做的研究主題。我的看法是，不論密集的快速動眼期會引發愉快、興奮或是恐怖的夢境，都有賴於造夢者的態度。

因此，我覺得我們該從造夢者的態度，尋求處理夢魘的方法。比如說，很少有人會在睡眠實驗室發生夢魘，那是因為他們感覺有人在觀察、照顧自己。同理，小孩子在夢魘後鑽進爸媽的床鋪，就會有安全、遠離危險的感覺，因此，也比較不會有更多的夢魘產生。

我相信，處理不愉快夢境的最佳地點，就是自己夢中的情境。我們用自身的恐懼為原料創造出夢魘，問題是我們為何要害怕、自己認為絕對不會發生的事？預期的事物會影響我們的現實生活，除此之外，還會決定我們的夢境生活。在你的現實生活裡，當你走在幽暗的街道上，你可能會害怕有人會傷害你。然而，如果真有個黑衣人拿著刀子跳到你身邊，首先，得真的有個持刀壞蛋躲在附近巷弄找受害者才有可能。相反地，如果你**夢見**自己走在幽暗的街道上，害怕被攻擊，你幾乎就一定會遭受攻擊，因為，你可以立刻想像出有個壞蛋在等著你；但是，如果你沒有想到那個狀況是危險的，壞蛋就不會出現，攻擊事件也不會發生。你在夢中唯一的真正敵人，就是你自己的恐懼。

大多數人心中都藏有無用的恐懼，害怕在大眾面前說話，就是常見的例子。在大多數的情況下，發表談話並不會造成傷害，但對於公開談話的恐懼感，不會因為知道這個事實而排除。同樣地，當我們可以理解夢魘，就會知道夢中的恐懼是沒有必要的。儘管恐懼無用，但還是會令人相當不悅，使人力量減弱。有個方法顯然可以改善我們的生活，那就是擺脫不必要的恐懼，但是要怎麼辦到呢？

以行為修正治療恐懼的研究顯示，單單讓人們明白他們所恐懼的物體無害，是不夠的。

怕蛇的人可能清楚「知道」襪帶蛇是無害的，但是看到牠還是會感到害怕。學會克服恐懼的方法就是面對恐懼，一步步接近恐懼的物體或情況。每次遇見你所恐懼但無害的事物時，你就會從經驗得知，那傷害不了你。這是我們建議用來克服夢魘的方法，許多案例顯示這個方法很有效，甚至連小孩子都可以使用這個方法。

運用焦慮感

根據佛洛伊德的看法，夢魘是受虐狂願望成真的結果。這個古怪概念的基礎在於，佛洛伊德深信，每個夢代表一個願望的實現。「我不明白為何夢境不能和清醒時的想法一樣多變，」佛洛伊德開玩笑地繼續寫道：「我不排斥這點……關於夢境這個較方便的概念，只有一點無關緊要的障礙，那就是夢境並不是恰巧反映出現實。」[3]對於佛洛伊德而言，如果每個夢只是願望成真，同樣的道理也適用於夢魘——夢魘的受害者一定也暗自希望遭到凌辱、折磨或被迫害。

我不認為每個夢都代表一個願望，我也不把夢魘看作受虐狂的願望成真，而比較是將夢魘當成適應不良的結果。當我們遇見引發恐懼的狀況，慣性行為卻毫無用處時，焦慮感就會油然而生。夢境焦慮的人需要用新方法，來克服他們夢中所呈現的情況。如果夢境源自造夢者在現實生活中不願面對的未解決衝突，或許就很難找到應對之道。就嚴重的情況而言，如果不先處理產生夢魘的個性，或許就很難處理夢魘，我相信這個限制，主要適用於長期適應不良的個性特質。[4]對於一般正常人而言，只要他們的夢魘不是源自嚴重的個性問題，清明夢就會非常有幫助。然而，如果你希望受惠於我們克服夢魘的方法，你就一定要樂於對自己的經驗採取負責任的態度，尤其是對你的夢境負責。

如何透過清明來應付導致焦慮的狀況呢？試著這麼想，一般做夢的人就像是怕黑的小孩子，這個孩子真的相信暗處躲著怪物；而造夢者就像年齡較大的孩子，仍然怕黑，但是不再相信暗處真的有怪物。這個孩子可能會害怕，但是他明白，沒有什麼好害怕的，因此可以控制這份恐懼。

焦慮感源自於兩種情況同時發生：一、對於感受到威脅的情況，我們覺得恐懼（或許不是很好的定義）；二、我們不確定如何避免糟糕的結果時。換句話說，當我們害怕某事，而我們又無法從行為資料庫，找到克服或避開這件事的方法時，我們就會出現焦慮感。焦慮感具有一種生物功能：可以提醒我們要更小心審視情況，重新評估可能的行為路線，尋找被忽略的解決之道。簡言之，就是要變得更有意識。[5]

當我們在夢中感到焦慮時，最適當的反應就是轉為清明，以及用有創意的態度來面對當時的情況。事實上，焦慮感似乎常常自動產生清明（比如說，在我第一年所記錄的六十二個清明夢裡，有四分之一都是如此）[6]，夢中的焦慮感，甚至總能導致知道有此可能性的人產生清明。藉由練習，夢境焦慮感可以變成可靠的夢境徵兆，這不會比恐怖的稻草人更危險，還會指點你該在哪裡做些修補工作。因為在夢裡沒有什麼好恐懼的！

面對夢魘

做清明夢時，我看見一連串灰黑色的管子，其中最大的管子冒出一隻黑寡婦（蜘蛛），大約和貓一樣大。我看著這隻黑寡婦，牠變得越來越大，然而，黑寡婦變大時，我完全不害怕，我心裡想著「我不怕」，黑寡婦就消失了。我非常以此為傲，因為我以前一直很怕黑寡婦。印象所及，我最早做的夢魘，就是我逃不出某隻大黑寡婦的掌心。對我而言，黑寡婦是非常強烈的恐懼象徵。

（加州沙加緬度的J.W.）

約莫二十六年前，我明白我夢魘裡的怪物無法真的傷害我。我告訴怪物，我不再怕它，於是怪物就變成無牙啜泣的巫婆逃走了。昨天我看《大觀》（*Parade*）雜誌時，讀到一篇文章提到關於您的研究，而昨晚那個怪物又出現了，這回，我知道我在做夢，我很喜歡這個夢境內容的錯綜複雜，從討厭的險惡人物變成另一個，不斷地改變外形。我想到您提過某個夢裡的黑貓，於是我對著這個怪物微笑。看著怪物時，我感到非常驚訝，怪物原本瞪大的眼睛變小了，嘶吼的嘴也試著放鬆微笑，它不知如何是好，尖銳的牙齒變成滿面笑容。那是我見過最蠢的景象，我狂笑著醒來，覺得自己就像是找到新玩具的六十七歲小孩一樣。

（佛羅里達州傑克森維爾海灘的L.R.）

七世紀之前，蘇非派導師魯米（Jalaludin Rumi）寫道：「不需恐懼。這是想像，它像是木栓擋住門一樣封鎖你，燒掉那個木栓……」[7]未知的恐懼比已知的恐懼還要糟糕，這個說法在夢裡似乎顯得更有道理。因此，對於令人不悅的夢境，最適當的反應就是面對。以下，是十九世紀清明夢先驅艾維聖德尼侯爵（H.Saint-Denys），對他那一連串夢魘經驗的敘述：

我沒發現我在做夢，我以為自己正被恐怖的怪物追趕。我穿過一連串無窮無盡交互相連的房間，但這些房間的門總是難以打開、關上。我一再聽到門被追我的怪物打開，怪物一邊追著我，一邊發出恐怖的吼叫。覺得它們快要抓到我時，我驚醒過來，滿身大汗。

醒來後，我感覺自己備受影響，因為當我做這個特別的夢時，不知道為什麼，我總是缺乏平常做夢時所擁有的意識狀態。某天晚上，當這個夢第四次出現時，我的心裡突然明白這種情況的真相。我不再逃跑，我靠著牆，決心要仔細瞧瞧這個到目前為止，我只瞄過一眼，卻沒真正看清楚的怪物。我雙眼盯著主要的攻擊者，這個攻擊者似乎很像教堂門廊下，那些齜牙咧嘴、毛髮豎立的惡魔雕像。當觀察的欲望戰勝我的情緒時，我看見以下情景：那個驚人的怪物逼近我，距離我不到一公尺。現在我不怕這怪物了，這怪物看起來就像是丑角般吹著口哨跳躍著。我注意到怪物有七隻腳爪，某隻腳的爪子形狀非常清晰。睫毛的毛、肩膀上的傷口，以及許多其他細節，都清清楚楚地出現，那是我看過最清晰的畫面了。那會不會是記憶中的哥德式淺浮雕呢？不論如何，我的想像力增添了動作與色彩。我將注意力專注於這個怪物身上，而怪物的同伴就彷彿魔術般消失了。這個怪物動作似乎減緩了，失去清晰度，變得朦朧，最後變成像是漂浮的一大綑碎布，就像是嘉年華會時，賣道具服裝的商店用來指示方向的褪色服裝。之後我就醒來了。[8]

保羅．索雷也提到，當你勇敢直視帶有敵意的夢境人物時，該人物的外形往往就會變得比較不恐怖。[9]相反地，若是試著逼迫夢境人物消失，夢境人物可能就會變得更險惡，正如下面所述史貝羅的例子：

我站在房間外的走廊上，現在是晚上，所以我站的地方很暗。爹地從前門進來，我告訴他我在哪，免得嚇到了他，或是引發牠的攻擊。我的擔心並沒什麼明顯的理由。

我探出門往外看，看見一個黑影，似乎是某種很大的動物。我害怕地指著那個黑影。那是隻大黑豹，牠從門口進來。我雙手向牠伸去，極度害怕。我把手放在黑豹頭上說：「你只是夢。」但是我的話帶著半請求的口吻，我無法驅散我的恐懼。

我禱告神現身保護我，但是醒來時，我還是懷著恐懼感。[10]

在這個例子裡，造夢者運用他的清明試圖讓恐懼的影像消失，這和逃離夢境怪物有著細微的差異。如果史貝羅明白夢中的黑豹無法傷害他，光憑這個想法就能排除他的焦慮感。恐懼才是你夢中最可怕的敵人，如果你讓恐懼延續下去，恐懼就會越來越強烈，你的自信就會消失。

然而，許多清明夢造夢新手起初可能會傾向於使用他們的新能力，以找到更聰明的方式逃離他們的恐懼，這是因為我們很自然就會傾向於停留在當前的心靈框架內。在逃離危險的夢境裡，如果你發現你在做夢，就算現在你知道根本沒什麼好逃的，你還是會繼續逃亡。在我自己做清明夢記錄的前六個月裡，我偶爾還是會受困於這類心理慣性。不過，以下夢境啟發了我，完全改變了我的清明夢行為：

我像隻蜥蜴往下爬，試圖從摩天大樓的一側逃命，這時我突然想到，飛走會更好，我一這麼做，就發現自己在做夢。等我抵達地面，夢境與我的清明都消失了。接著，我發現自己坐在演講廳的觀眾席，聆聽伊德里斯·夏（知名的蘇非派導師）評論我的夢境。「史蒂芬發現他在做夢，可以飛行，這樣很好。」夏用困惑的口吻評論道：「可惜的是，他並未明白，既然這是個夢，那就沒有逃離的必要了。」

在這個夢境演說之後，我決心再也不用我的清明逃避不悅的狀況，但我也不會滿意於被動地避免衝突，什麼都不做。我對清明夢行為下了堅定的決心：只要我發現我在做夢，我就要問自己下面的兩個問題：一、我是否正在逃離夢中的某個事物？或是已經逃了一陣子？二、夢裡是否正在起衝突？或是有過衝突？只要有一個問題的答案是肯定的，那麼，我就得盡一切所能面對我在躲避的事物，並解決衝突。之後，幾乎在每個清明夢裡，我都很容易想到這個原則，並且在有需要時，試著解決衝突，面對我的恐懼。

藉由清醒來「逃離」夢魘，只會讓你脫離引發焦慮的影像，避免直接體驗。你可能會有某種放鬆感，但是這就像是受刑人挖洞穿過牢房的牆，最後發現自己進到隔壁的牢房一樣，並沒有真正脫離。不論你是否注意到你留下了沒有解決的衝突，這個衝突絕對會在某個晚上又來侵擾你，或使你出現不舒服、不健康的情緒，並且帶著這種情緒展開你的一天。

相反地，如果你決定留在夢魘裡，而不是從夢魘醒來，你就能解決衝突，進而提高你的自信，並改善你的心理健康。之後，當你醒來時，你會覺得你釋放出一些額外的能量，讓你能用新的自信展開一天。

清明夢賦予我們力量趕走夢魘恐懼，同時強化我們的勇氣，只要我們能夠將最困擾我們的影像，視為自己的創作並加以面對。

睡眠癱瘓

我第一次經歷清醒卻無法控制自己身體的恐懼時還很小，那時我生病發燒，躺在媽媽的臥室。我看見一個黑影穿過窗戶、進入房間，想把我身上的被子掀開。我的內心尖叫、狂亂，但是我知道外面並沒有什麼事發生。我非常害怕有人會從那扇窗戶進來，而這剛好讓我明白這只是黑影，並不是人。我和這團黑影對抗，接著就醒來了。過去一年，我不斷做這個夢，甚至還出現有人就在我肩膀上的感覺，我害怕極了。最近，我也在另一個類似的夢裡夢見有個恐怖的東西想殺我。我想到我先生告訴過我，他在做夢時遇見相同情況時所做的事。因此，我轉過身，面對那個「東西」，告訴它可以上前來殺我，並揚言我不害怕。我非常清楚如果我使出渾身解數，它是傷不了我的。同時，我也開始召喚善良、純真的影像（神）並做禱告。結果，那個「東西」被擊敗了，我醒來時覺得非常舒坦。

（渥太華伊陶碧谷的K.S.）

正如上面的例子，睡眠癱瘓的經驗或許非常驚悚。一般人的狀況是，人已經清醒，卻發現身體動彈不得，可能還有千斤壓頂、難以呼吸的感覺，或是出現幻覺，幻覺內容往往是大聲嗡嗡作響的聲音、身體顫動，或是有人或恐怖的東西靠近。做夢的人可能會感覺有東西觸摸自己的身體，身體扭曲，或是有「電流」在體內竄動。當這種經歷繼續發展，周遭環境可能會開始產生變化，或是那個人可能會覺得自己離開身體，有可能是浮起，或是從床上往下沉。做夢的人往往知道這個經驗是夢，但是卻難以醒來。

睡眠癱瘓的可能原因是心靈已醒來，但是身體卻仍維持在快速動眼期的癱瘓狀態。起初，做夢的人的確感受到周圍環境，但是當快速動眼期的過程再次取得掌控，這時就會發生怪事。焦慮感似乎會自然而然地伴隨這個生理情況而來，如果做夢的人感覺清醒，認為真的發生這些古怪的事情，加上無法動彈，此時情況會更糟糕。如果做夢的人更深入快速動眼期睡眠，就會失去對身體的覺察，因此出現癱瘓感。此時，當心理的身體影像不再受到實質身體的知覺輸入所局限，可能就會經歷「靈魂出竅」的感覺。[11]

睡眠癱瘓的經驗，可能導致某些極為古怪的夜間現象，例如：惡魔降臨、男夢魔、女夢魔，以及靈魂出竅的經驗。如果發生這些現象時，你明白這些現象都是夢，而這些古怪的事件並不危險，那麼，這些現象就不至於令你感到恐怖了。處在這些狀態的人一般會試著大叫，要別人叫醒他們，或是強迫自己移動，好讓自己醒來。然而，這通常只會讓事態惡化，因為這反而會增加他們的焦慮感。焦慮則可能會延續這種情況，比較好的方式是：一、記得這是個夢，不會造成傷害；二、放輕鬆，隨著經驗進展，採取勇敢無畏的態度。從癱瘓經驗發展出的夢境，往往相當美好。

克服夢魘的實驗課程

我站在山頂懸崖邊，似乎被兩個帶著狗和獅子的傢伙所囚禁。我覺得他們就要將我扔下懸崖，所以我衝向他們，將那兩個傢伙連獅子一起推下懸崖，但是我也跟著掉進水裡了。我平安無事，而且自由了，我游到水邊，開始爬上山，但是獅子在我面前，滿臉怒氣，因為之前我把牠給推進水裡了。獅子不讓我爬上去，所以我試著朝牠潑水、丟石頭，想把牠嚇跑。獅子變得更憤怒，開始靠近我，而我則後退到水裡。牠開始吼叫，跳過來抓我，但是我跳到岩石上。現在我背靠著岩石，知道自己走投無路，所以我面對著獅子。當獅子發動攻擊時，我對牠說：「過來！」突然間我發現我在做夢。攻擊到一半，獅子突然從盛怒轉為友善、調皮的表情。當獅子撲在我身上，我擁抱了牠，我們玩起摔角、翻滾。我親了親獅子，牠則舔了舔我。能抱持清明和獅子嬉戲，這種感覺真的很棒。接著，牠翻了翻身，變成了一位裸體黑女人，她很美麗，胸部有著很大的乳頭。我開始和她調情，變得很興奮，但是，我隱約覺得回到懸崖頂端比較重要，所以我對她說：「我們回去吧！」當我們起身，我就醒來了。

（紐澤西州林登沃的D.T.）

我怕死，但是透過清明夢，我治療了自己對死亡的恐懼。我穿過地獄般的環境，發現這不可能是地獄，因為我還在床上睡覺。那一瞬間，我發覺背後被刺，我「感覺」到疼痛，於是決定看看「死亡」是什麼樣子。我感覺自己處於緊張性精神分裂的狀態，我希望自己的夢境「靈魂」與夢境「身體」分離。看到自己的夢境「身體」在自己的下方，感覺非常奇怪，還有種全身上下瀰漫著平和、冷靜的感覺。我對自己說，如果這就是死亡的感覺，那似乎沒有那麼壞。從那天開始，我就不再畏懼死亡了，甚至在生死攸關的狀況下，我都能保持冷靜。

（佛羅里達州勞德希爾的K.D.）

任何經歷過惡夢折磨的人，都可以利用清明能力回應夢中嚴重的焦慮感，並因此獲得改善。常常做惡夢的讀者，可以立刻使用我們這裡所提供的建議，至於其他人則可以先研究這些材料，在心裡做好準備，下次做惡夢時，就有備無患了。

夢境文獻裡有好幾種處理惡夢的方法，都可以用清明來加以輔助。因為當我們處於清明狀態時，我們對自己的處境（做夢）很確定，並且知道清醒世界的規則在此不適用。基爾頓．史都華（Kilton Stewart）在其文章〈馬來半島的夢境理論〉（Dream Theory in Malaya）中，提到馬來西亞的賽諾伊（Senoi）人，所提出克服夢魘系統，是目前最早的一套[12]；派翠西亞．嘉菲德在極具啟發性的著作《創意做夢》中[13]，將史都華的概念介紹給大眾。

賽諾伊系統的基本原則，就是正視並克服危險。這意味著，如果你遭遇某人的襲擊，或是某個不合作的夢境人物，你應當主動攻擊並將其制伏。如果有必要，你可以毀滅那個人物，藉此釋放正面的力量。在你制伏了那個夢境人物後，你必須強迫那個夢境人物給你珍貴的禮物，而且必須是你在現實生活可以使用的東西。我們也建議你，可以邀請友善與樂意合作的夢境角色，幫你克服這個迫害你的角色。

大家提到用「正視與克服」的方式，產生正面、增強力量的成果。然而，正如保羅．索雷所發現的，攻擊不友善的角色，或許不是與之應對最有成效的方法，其原因我們將在第十一章仔細討論。簡而言之，這是因為具有敵意的夢境人物，可能代表我們想否認的自我面向。如果我們想摧毀夢中這些個性的象徵性外表，我們可能就會象徵性地否認，並毀壞我們自己的某些部分。

還有一個與賽諾伊人有關的看法，這個看法非常值得我們記在心上。墜落是焦慮夢境常見的主題，賽諾伊人的系統認為，當你夢見墜落，你不應該弄醒自己，而是要去面對墜落，放輕鬆，再輕輕地降落到地面。想著你會降落在愉快有趣的地方，尤其是能提供你洞見或經驗之處。建議大家未來如果夢見墜落，應該試著飛行，穿梭到引人入勝之處。如此一來，你就可以將恐怖、負面的經驗，轉變為有趣又有用的經驗了。

索雷的結論是，安撫的手段最有可能讓做夢的人，產生積極正面的經驗。[14]他的安撫方式建立在與夢境角色進行對話（參見以下的練習），他發現，當做夢的人試圖安撫懷有敵意的人物時，那個人物往往會從「較低階」轉變為「較高階的生物」，也就是說，從怪獸或神話生物轉變為人類，而這些轉變「往往讓受試者立刻了解夢境的意義」。此外，對於脅迫人物的安撫動作，一般來說會使他們以更友善的方式觀看、行動。比如說，索雷自己就夢到：

我在被老虎追著逃時轉為清明，接著，我打起精神，堅定地問牠：「你是誰？」老虎有點驚訝不解，但卻變成了我父親，他回答：「我是你父親，現在我要告訴你去做什麼事！」和我之前的夢境相反，我並沒有想要擊倒他，我試著和他談話。我告訴他，他不能隨意使喚我，我拒絕他的威脅與侮辱。我必須承認，我父親的某些批評是有道理的，但是我決定改變自己的行為。從那一刻起，我父親變得很友善，我們握握手。我問他是否可以幫助我，他鼓勵我走自己的路。接著，我父親似乎溜進我自己的身體裡，在夢裡我仍是獨自一人。[15]

若要有良好的夢境對話，你應當平等地看待夢境人物，正如上述例子一樣。以下問題，或許可以與夢境人物展開一連串的對話：

「你是誰？」
「我是誰？」
「你為什麼在這裡？」
「你為什麼這麼做？」
「你要告訴我什麼？」
「為什麼這件事和那件事在這個夢裡發生？」
「你對這些事有什麼看法或感覺？」
「你想從我身上得到什麼？你希望我做什麼事？」
「你要問我什麼事？」
「我最需要明白什麼事？」
「你可以幫我嗎？」

練習 35 解開心結，與夢境人物交談

一、練習想像的對話

想想最近你和哪個夢境人物，有過不愉快的夢，想像這個角色在你面前，並想像你自己和那個夢境角色說話。用問問題的方式展開話題，你可以從上面的清單挑選一個問題，或是用與個人相關的問題取代。請寫下你的問題，以及你從那個角色獲得的反應。試著不要讓批判性的想法打斷思緒的流動，像是：「這太蠢了」、「我只是捏造的」，或是「這不是真的」。請聆聽並與之互動，你可以晚一點再做評量。如果你累了，或是你得到有用的解決之道，就終止這個對話。接著，請評量這個對話，並問你自己哪裡做對了，哪些地方下次可以採用不同的方式。如果你順利完成這點，請在另一個夢裡做同樣的練習。

二、設定你的意念

為你自己設定目標，如果下次夢境角色再令你感到困擾，你就要當下轉為清明，並與該角色交談。

三、與夢中的問題人物交談

當你遇到衝突時，先問自己是否在做夢。如果你發現自己**正在**做夢，請繼續以下步驟：留在夢裡，面對該角色，用上述清單中的問題作為開場白展開交談。請聆聽該角色的回應，試著說出該角色與你自己的問題，看看你們是否可達成協議或做朋友。繼續交

談，直到你獲得自在的解決之道。接著，當你還清楚記得對話內容時，請務必要醒來，並寫下對話內容。

四、評估對話

自問是否已經達成最佳成果。如果你覺得答案是否定的，請想想下次要如何改善。你可用步驟一再度展開對話，以獲得較令人滿意的成果。

（改編自卡普蘭威廉斯[16]與索雷[17]的著作）

索雷發現，與安撫交談的結果相反的是，當造夢者以言語或肢體攻擊夢中角色時，夢中人物的形式往往會恢復原形，比如說，從母親變成女巫，再變成野獸。我們可以假設夢境世界的其他角色若是友善的人類，對我們而言，肯定會比被制伏的動物更有幫助，因此，大多數時候侵略性的手段或許並非最佳選擇。

我之所以說大多數時候，是因為在某些狀況下，最好不要敞開胸懷面對夢中的攻擊者。比如說，某些再現真實生活事件的夢，造夢者在事件中曾遭受到某人的傷害，例如：強暴或兒童性侵犯。在這類例子中，較令人滿意的解決方案，或許是賽諾伊人的克服、摧毀，以及轉換夢中攻擊者的方法。但是，索雷的研究顯示，在很多例子裡，對於夢中人物的侵略施予反擊，有可能產生焦慮感，或是罪惡感，之後的夢還可能出現「復仇者」。因此，除非別無他法，我建議盡量避免反擊行為。

關於如何解除夢魘，我還有幾點建議。其中一點，是延伸「正視與克服」的方法。記住，在夢中沒有什麼傷得了你，你有什麼理由不去經歷企圖在夢中逃避的事物？有關如何面對夢中的危險，派翠西亞．嘉菲德提供了一個絕佳例子：

> 我在類似倫敦地鐵系統的地鐵裡，走到電扶梯上，電扶梯的前三、四階沒有動，我想我得走上去。才剛走幾步，就發現電扶梯又動了。我抬頭往上看，看見電扶梯上有個黃色機器，我明白如果繼續向上前進，我會被那個機器壓扁。我變得很害怕，開始醒來。接著，我對我自己說：「不，我必須繼續往前走，我必須面對危險，我不能醒來。」當機器越來越靠近時，我的心開始怦怦跳，手掌心拚命冒汗。我說：「這對我的心臟不好。」但是，後來我繼續前進，什麼事也沒發生。我不知道自己是如何穿過那個機器的，一切都沒問題。[18]

在另一個例子裡，有個女人夢見她過馬路時，很難避免被車撞到。她在清醒的生活裡極度害怕馬路交通，因此，當她轉為清明時，她決定直接面對恐懼，於是她跳到正開過來的小貨車前面。她發覺貨車壓過她，接著，她輕飄飄地向天堂升起，感覺很振奮、開心。

不過，這個「讓事件發生在你身上」的方法，或許並不是處理夢中人物的最佳方法。在索雷的研究裡，「無防禦性的行為幾乎總是導致不愉快的經驗，充滿恐懼或沮喪。」[19]相對於造夢者，具有敵意的夢境人物往往比較會擴大體型、增強力量。之所以會這樣，是因為夢中人物通常是我們某些性格面向的投射，屈服於它們的攻擊，我們可能會讓內心那些負面能量，拖累我們較好的面向。

第十一章中，我們將進一步討論這個概念，並提出另一個方法來安撫具有敵意的夢境人物，那就是——敞開心胸，接納具有敵意的夢境人物，將他視為你自己的一部分。這或許完全不需要說任何話，但卻有著驚人的正面效果。

夢魘的解決建議

以下列出一些常見的夢魘主題，以及如何將夢境轉為正面結果的方法。請為自己設定目標——只要發現自己處於夢魘中，你就會轉為清明，並克服你的恐懼。如果你的夢魘具有以下某個主題特徵，請嘗試我們建議的反應。

主題一：被追趕

反應：停止奔跑，轉身面對追趕者。這個行為本身或許會使得追趕者消失，或是變得無害；如果沒有，試著與那個人物或動物展開安撫性的對談。

主題二：被襲擊

反應：別逆來順受地屈服於攻擊或逃走，請展示你已經準備好的自我防衛。接著，試著和攻擊者做安撫性的對談，或試著在你身上找到接納與愛，並將其延伸到令你感到威脅的人物身上（參見第十一章）。

主題三：墜落

反應：放輕鬆，讓自己降落到地面。過去的經驗是錯的，如果你撞到地面，你並不會真的死掉，反而可以將墜落轉變成飛行。

主題四：全身不能動

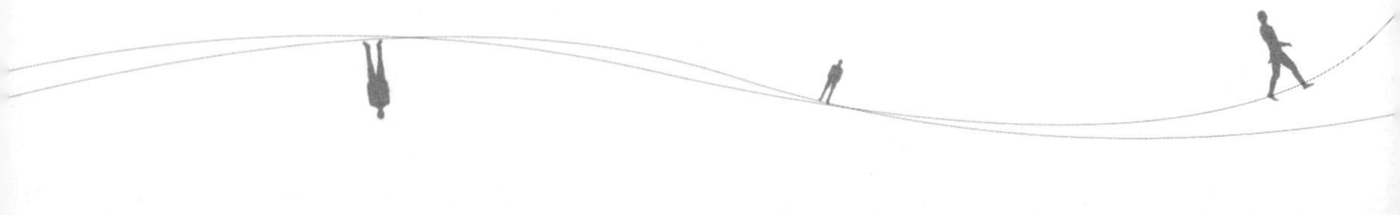

反應：當你覺得受困、卡住或身體麻痺，請放輕鬆，別讓焦慮征服你的理性。告訴自己你是在做夢，而這個夢很快就會消失。讓自己接受出現的影像，或是發生在你身上的事，這些都不會傷害到你。對於發生的事，請採取感興趣以及好奇的態度來面對。

主題五：沒做好準備的考試或演講

反應：首先，你完全不需要繼續這個主題，你可以離開考試或講堂。然而，如果你能有創意地回答考題，或是自然而然地談論適合你的主題，那麼在這種情況下，你或許可以提高自信。一定要過得開心，當你醒來時，你可能會想問自己，是否真的要為類似的情況做準備。

主題六：在大庭廣眾面前裸體

反應：夢裡有誰會在意這種事？用這個點子好好地玩，有些人覺得在清明夢裡裸體，會令人產生性興奮。如果你想，就讓夢裡的每個人都褪去衣裳吧。記住，端莊穩重是傳統禮教，而夢境則屬於私人經歷。

重複的夢魘

從夢魘醒來後，我會再繼續睡，同時想著夢裡開始轉壞的那一刻。我會回到那一刻，重新做那個夢，改變夢境，並重新創造那個夢，讓夢的結果轉好，最後變成好夢。

（華盛頓州科克蘭的J.G.）

我從某個朋友那得到的建議是，只要在夢中「站在那裡」就能改變夢的進展。那時我常做恐怖的夢，會在尖叫和求救聲中醒來，每每都是如此結束夢境。當然，無助的恐懼會延續一整天。因此，在我睡前，我開始對我自己說，不論夢中發生什麼事，我只要站在那裡面對危險，就看著夢會如何進行。

有個例子，可以說明我下了這個決定後的結果，那是一個乘電梯的夢，我卡在電梯裡不上不下，也出不來。最後，我決定往電梯頂部爬，當我爬到電梯頂部，電梯卻開始急速上升，眼看著我就要被急速上升的電梯壓扁，我卻沒有放聲求救。取而代之的是，我就像是個觀察者，眼睜睜地看著這一切發生。我知道這只是個夢，我對夢境說，我要坐在電梯上面，結果電梯在快抵達頂端時停了，沒有造成任何傷害。不只如此，這個夢不再無法控制了。在那之前，電梯夢總是不斷反覆出現，之後就再也沒出現過了。

（內布拉斯加州林肯的V.W.）

從三歲起，我每個月都會出現兩次被大浪席捲而去的惡夢。每個夢的細節不同，但總是同樣感到恐懼與無助。直到……在某個半夢半醒的狀態下，我決定要做潛入大海浪裡的清明夢。我辦到了！我的心臟狂跳，我衝向風暴中的大海，口中唸唸有詞：「這只是夢。」我一頭潛進水裡，在某個恐懼的瞬間，我覺得肺裡都浸滿了水，但是，之後我就開始享受在劇烈洋流與海浪裡上下起伏的感覺了……過了（非常愉快的）幾分鐘後，我被海浪沖到岸邊。

我還做過另一個關於面對海浪、享受水底世界的清明夢。自此之後，我再也沒做過與海浪相關的惡夢了。

（加州舊金山的L.G.）

當我們一想到惡夢，就痛苦不堪，甚至到了想要逃避的程度，那也就難怪惡夢會不斷反

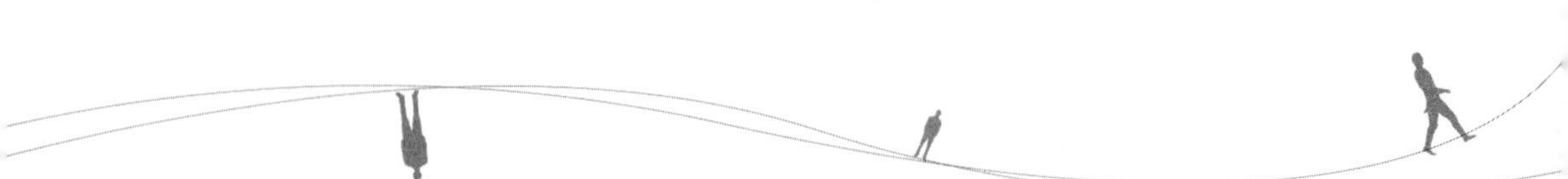

覆出現了。然而，就算是最嚇人的畫面，只要我們加以審視，也都會變得比較不恐怖。本章前面曾引述艾維聖德尼侯爵的夢境，以下是他針對自己那些逼真的怪物夢魘所做出的評論，我認為他這個觀點揭露了夢魘重複的機制：

我不知道這個夢境的來源，第一次可能是某個病態原因，將它引出來的；但是後來，當它在六個星期之內，反覆在好幾個情況下出現時，顯然就是因為它已經在我心裡留下印象，讓我本能上害怕再次夢見它。做夢時，如果我剛好發現自己處於密閉的房間，這個恐怖夢境的回憶就會立刻再現；我的目光會瞥向門，光是想到我害怕看見的事物，就足以使得同樣的恐懼和過去一樣，以相同的形式突然出現。[20]

我相信夢魘之所以重複，是經過下面的過程：首先，做夢的人在強烈焦慮與恐懼的狀態下，從夢魘中醒來，做夢的人會自然地希望夢魘不要再出現。不計代價想要避免夢魘的願望，反而使他們記住夢魘，之後，當這個人的現實生活出現和原本夢境有關的某件事，就會因此夢見和原本夢魘相似的夢。做夢的人或許會無意識地認出其中的相似性，並預期會發生同樣的事。於是，預期就會導致夢境跟著第一個情節進展，這個夢如果越常出現，就越有可能以同樣的形式出現。用這個觀點看待重複的夢魘，我們可以得到一個簡單的處理方法：做夢的人可以想像這個夢出現新的結果，以弱化那個預期，進而改變原本只有一個可能的結果。

經驗豐富的造夢者卡普蘭威廉斯（**Strephon Kaplan-Williams**），提出重新夢見夢魘結尾的技巧，他稱為「重新入夢」。這可以運用在任何你覺得結果不確定的夢裡，但是這似乎特別適用於重複的夢魘，因為在重複的夢魘裡，你總是不斷地卡在同樣擾人的事件裡。

重新入夢是在清醒狀態下執行，從挑選想要再次經歷的夢境開始，接著想出在夢裡要做的其他行動，以影響事件朝向想要的結果發展。想像重新做這個夢，結合新的行動，並繼續想像待在夢中，直到看見其他行為產生結果為止。卡普蘭威廉斯以個人經驗作為重新入夢的例子，他夢見：「我在這棟房子裡，我必須對抗某件恐怖的事情。我不想做這件事，我獨自一人。我很害怕。我醒來了。」他想辦法重新進入夢裡，面對那股恐懼。在這個例子裡，他在練習重新進入的過程中真的睡著了，這也因此增添了這個經驗的強度：

> 這回我讓自己進入浴室，這裡似乎是我的恐懼來源，我很害怕，害怕到畫面都停止流動了。但是光憑著意志，我讓自己進入浴室，準備好面對一切。我想要拿我的大砍刀，如果遭受攻擊，我就可以拿大砍刀回擊。但是我決定不要這麼做，因為我想要正視我的恐懼，不論發生何事，我都想讓我自己停留在這個狀況……我已準備好，要面對可能無法承受的情況，也準備好與這個情況共存，不想將它擊敗。
>
> 當我這麼做（進入浴室），那裡似乎有個散發冷光的巨物，它並沒有攻擊我，而是變成像侏儒般的東西，手長長的，頭圓圓的，就像是《星際大戰》裡的尤達。我們面對彼此，並沒有相互攻擊。當我知道從小到現在，這麼多年來一直藏在門後的東西後，我的恐懼感就消失了。藏在每道門後與每個恐怖地方的就是恐懼本身，以及我無法完全應對恐懼的擔心。[21]

幾年前，我採取一個類似的方法，協助某個飽受重複夢魘之苦的人。那時，有個人打電話向我求援，說他害怕去睡覺，因為他可能會再做「那個恐怖的夢」。他告訴我，在他的夢裡，他發現房間的牆向內迫近，威脅著要壓扁他。他拚著命想開門，但是門總是鎖著。

我請他想像自己回到那個夢裡，明白這是個夢。他還能做什麼呢？起初他無法想到任何可能發生的事，所以我示範我要他做的事。我想像我在同樣的夢裡，看見牆向內迫近。然而，在我發現門鎖住時，我突然想到要將手伸進口袋，找到鑰匙，於是我用鑰匙打開門，走了出去。我重述我所想像的解決方法，請他再試一次。他再次想像這個夢，這回他環顧房間，留意到房間沒有天花板，於是他爬了出去。

我建議他，如果這個夢再次出現，他得看出這是個夢，並且記住這是個夢。我告訴他，如果再做這個夢，就打電話給我，可惜他再也沒打過電話來了，所以我們無法確認發生了什麼事。但是我想，既然已經找到應付那個特定（夢境）情況的方法，他也不需要再做這個夢了，因為他已經不再害怕了。正如我在別處提出的假設，人會夢見自己預期發生的事，包括我們害怕與希望的事。

有些心理治療的文獻顯示，排練（重新做夢）有助於克服重複的夢魘。吉爾與希爾曼（Geer and Silverman）利用五次放鬆療程，加上七次心靈再現惡夢（排練）的療程[22]，成功地治療了某位十五年來飽受重複惡夢侵擾的病患。在第三次排練療程時，病患學會對自己說：「這只是夢。」自此，夢魘發生的頻率開始降低。幾個星期過去，在實施了第六次排練療程後，夢魘消失了。馬可士（Marks）提到一個病例，在這個病例中，十四年來不斷出現的惡夢消失了。這是因為該病患在清醒時重新體驗夢境三遍，接著又將這個惡夢寫了三遍，每一遍都有著勝利的結局。[23] 彼斯赫（Bishay）用簡單的惡夢排練，與改變結局的排練，治癒了七個與夢魘相關的病例。[24] 後者又針對五名病患做了一年的追蹤研究，其中四位因為想像了最佳的結局，而完全不受夢魘之擾，另一位病患則只能想像出無傷的結局，但還是有顯著的進步。

排練重新做夢是在清醒時實施，但是，類似的技巧可以**在**重複的夢魘裡練習，前提是做夢的人必須保持清明。因為做夢的人既然已經清明，就可以直接在夢魘裡嘗試其他行動。由於夢境經驗的真實感提升了，所以產生的解決方法，會賦予做夢的人更大的力量。在清醒與做夢時，練習改變重複的夢魘內容，或許會更有效。有的時候，清醒時的重新做夢練習就足以解決夢中的問題，夢魘也就不再出現了。如果夢魘再次出現，那麼做夢的人就應當要準備好轉為清明，並且要有意識地面對問題。以下練習，結合了重新進入的技巧。

練習 36 消除恐懼，面對重複的夢魘

一、回想並記錄重複的夢魘

如果你夢見某個特定的夢魘一次以上，請盡可能仔細回想，並寫下夢魘的內容，檢視你如何採取不同做法，來影響事件產生轉折。

二、選擇進入的時間點與新的行為

選擇夢境的特定部分做改變，以及你想要從那個時間點改變夢境的進展，以及想要採取的新行動。挑選一個在麻煩發生前最關鍵的時刻，以便重新進入夢境。（如果這個夢很長，你或許會想要從不悅事件發生前的那一刻開始。）

三、完全放鬆

找個時間與地點，讓你有十到二十分鐘的時間可以獨處、不受打擾。找個舒服的位置，閉上雙眼，做練習5的放鬆練習。

四、重新夢見夢魘，尋找解決之道

從你在步驟二選擇進入的時間點開始，想像你回到夢裡。像之前一樣觀想夢境，直到看見自己，出現在步驟二中要嘗試新行為的地方。看著自己做那個新的行為，接著，繼續觀想這個夢，直到你發現這個改變，對夢境結局產生什麼效果為止。

五、評估你的解決之道

觀想結束後，張開雙眼，就像平常記錄夢境內容般，寫下剛才發生的事，寫出你對新的夢境解決之道有什麼感覺。如果你不滿意，仍然覺得那個夢境不舒服，請用新行為再觀想一次。利用清醒時，練習觀想讓你滿意的解決之道，這或許已足以終止夢魘再度出現。

六、如果這夢魘再度出現，就執行你的行動計畫

如果這個夢再度出現，請執行你在清醒時刻重新進入時所想像的行動。記住，這個夢傷害不了你，請下定決心用你的新行為來面對恐懼。

孩童的夢魘

我在五、六歲時學會控制夢魘。比如說，有恐龍在追我，所以我將一罐菠菜加入情節內，靠著吃菠菜，我多了大力水手的力量，「擊敗」了我的敵人。（維吉尼亞州洛亞諾克的V.B.）

十歲時，我做了這個清明夢。我和妹妹黛安在高高的石塔上，有個巫婆綁住我們，準備將我們塞進粗麻布袋，從窗戶扔出去，淹死在下面的水裡。我妹妹歇斯底里地哭，突然之間，我的驚恐變得輕鬆、奇妙。我笑著說：「黛安！這只是夢！讓她把我們丟出窗戶吧，我可以讓我們做任何想做的事！」巫婆頓時成了背景材料，不再是氣勢嚇人的「控制者」。掉入空中時，我們笑得很開心，粗麻布袋跟著消失不見。溫暖、和善的水輕輕地托著我們到岸邊，我們在岸邊草地上奔跑、咯咯地笑著。做了這個夢之後，有好幾天我都覺得內在有股力量，那種感覺，就像我忙著擺脫恐懼時的那種感覺。

（加州賽巴斯塔波的B.H.）

我從小就參與並控制許多我自己的夢境，我自己的清明夢是在九或十歲時開始的。某天晚上，我夢見被邪惡的巨人追趕，在夢裡我突然想到，爸媽告訴過我沒有怪獸這類事。那時，我恍然大悟自己一定在做夢。夢裡，我停止奔跑，轉過身讓巨人抓起我。這個夢的結局非常好，我醒來時充滿愉快和自信。接下來的兩年裡，我發展了更多清明夢的技巧，多到讓我的睡覺時間變得很精彩，因為在這個新發現的世界裡，一切由我作主。

（加拿大多倫多的R.M.）

許多人提到，他們發現清明夢可以應付孩童時期的夢魘，正如上述例子，孩童比大人更容易做惡夢，但是幸運的是，孩童似乎很容易就能實踐運用清明夢來面對恐懼的概念。

瑪麗·亞諾佛斯特（Mary Arnold-Forster）在她一九二一年發行的書《夢的研究》（*Studies in Dreams*）裡提到，她用清明幫助孩童克服了夢魘。[25]我自己也有類似的經驗，有一次，我在長途電話中和姪女瑪德蓮娜閒聊，我問她做了什麼夢。她那時才七歲，突然說出一個很恐怖的惡夢，她夢見如往常般去水池游泳，但是遇見了鯊魚，她嚇壞了。我了解她的恐懼，同時就事論事地說：「但是，你知道科羅拉多沒有鯊魚啊！」她回答道：「當然知道。」所以我繼續說：「既然你知道你游泳的地方沒有鯊魚，如果你在那兒卻看見鯊魚，那你就是在做夢了。夢中的鯊魚傷害不了你，你不知道那是夢時，才會覺得恐怖。只要你知道自己在做夢，你想做什麼都可以。你甚至可以和夢中的鯊魚做朋友！你不妨試一試！」瑪德蓮娜似乎很困惑。一週後，她打電話給我，驕傲地宣布：「你知道我做了什麼事嗎？我騎在鯊魚的背上！」

這個處理孩童夢魘的方法，是否總是能產生如此驚人的效果，我們還不清楚，但是這的確值得一試。如果你的孩子飽受夢魘之苦，你應該要先確定孩子知道夢是什麼，接著，再告訴孩子清明夢的資訊。有關孩童夢魘的資訊與處理方法，請參考派翠西亞．嘉菲德的精彩傑作《孩子的夢》（*Your Child's Dreams*）。[26]

清明夢可以排除孩童時期的恐懼，因此，有相關知識的家長最好教導孩子這個方法。此外，用清明夢處理孩童的夢魘還有一個好處，那就是會產生在上述所有例子裡都可看到的熟練與自信。試想，當你發現恐懼的力量，不會多過於你賦予它的，而且一切由**你**當家作主時，這會帶給你多大的勇氣啊！

第十一章

夢境用途之五：療癒心靈創傷

健康可以定義為對生活挑戰的調適能力，這個定義可以同時應用在生理與心理上。想要擁有健康的調適能力，就必須整合自我來面對挑戰。服用幫助入睡卻使你第二天無法工作的藥物，並不合適；多做運動可以讓你晚上比較好睡，**並且**提升你的活力，這就是對困境的正確調適反應。最理想的反應來自有創意的調適，它可以讓人留有比面臨挑戰前更高水準的機能。就心理學而言，避免讓你緊張的狀態或許能讓你免於焦慮，但是也可能會限制你享受人生的樂趣。

就這個角度來說，健康牽涉到的不只是免於疾病。如果我們熟悉的行為不適合用來應付新狀況，就必須學習新的、更合適的行為。學習新的行為屬於心理成長的一部分，可以提升一個人的自我整合，這個概念與理想的健康狀態極為相近。這也就難怪**整體**（whole）、**健康**（healthy）與**至善**（holy）這些字在英文裡都源自同樣的字根。

自我整合，接納陰影

心理學家恩尼斯特・羅西（Ernest Rossi）曾提出，做夢的重要功能在於整合，將個別心理架構整合進入更為廣泛的人格之中。[1]人類是複雜、多層次的生物心理社會（biopsychosocial）系統。我們的內心具備許多不同的面向；這些不同的部分可能會、也可能不會協調。當人格的某個部分與另一個部分產生衝突，或是拒絕其他部分的存在時，就會發生不快樂或反社會的行為。若要達成整體性，人格的所有面向就必須協調一致。然而，整合並非只是修補人格不同部分間的關係，這也可能是自然的發展過程。

心理治療理論的概念原本是將治療的目標，放在協助人們克服發展性缺陷，或是精神官能症，但是這個概念後來經過延伸，甚至涵蓋了讓健康的人可以整合人格的不同部分，以豐富他們的生活經驗，進而獲得成長。根據羅西的說法，整合是促進人格成長的方式：

在夢中，我們目擊的不只是願望，夢裡我們所經歷的戲碼，反映了我們的心理狀態，以及發生於其中的變化過程。夢境是精神生活變化的實驗室……這個建設性或綜合性的做夢方式，可以清楚地描述為——做夢是心理成長、改變與轉換的內部過程。[2]

清明可以大大促進這個過程，造夢者可以清楚地認清、接受，進而象徵性地整合他們先前所排斥或否認的人格部分，曾經被自我排斥的部分，之後可以成為構成整體性的基礎。

同樣地，詩人里爾克（Rainer Maria Rilke）建議道：

要是我們根據建議，堅定面對困境來處理生活，那麼，現在看來極度陌生的事，就會變成我們最信賴、最忠實的事了。我們怎麼能忘記所有民族之初那些古老的神話，述說著惡龍在最後一刻變成公主的神話呢？或許我們生活中所有的惡龍，其實都是美麗、勇敢的公主，正等待著見到我們，或許一切恐怖的事，在其深處，都是期待我們協助的無助事物。[3]

榮格觀察到，被否認的人格特徵，常常會被投射到他人身上，同時在夢裡以怪獸、惡龍和惡魔等形式現身，榮格稱這些象徵性的角色為「陰影」。夢中出現陰影角色，意味著本身的自我整合並不完整，當自我刻意接納陰影，自我就會朝向整體與健康的心理機能移動。

願意對夢中陰影採取負責任的態度，這點非常重要，我們可以從清明夢先驅佛萊德立克·凡伊登（Frederik van Eeden），飽受難題困擾的夢境生活得知一二。「在某個完美的清明夢裡，」凡伊登寫道：「我在一片遼闊之地漂泊，天空湛藍，陽光晴朗。我全身洋溢著喜悅與感激，想要以感恩與虔誠的詞彙表達。」[4]凡伊登發現，不幸的是，在這些虔誠清明夢之後，往往會緊跟著出現他所謂的「惡魔夢境」。在夢中，他常被長角的惡魔所嘲弄、騷擾或攻擊，他將惡魔的獨立存在歸類為「極低道德層級的聰明生物」。[5]

榮格可能會將凡伊登的惡魔夢境，當作補償的例子，也就是試圖修正自以為是與過度虔誠所導致的心理不平衡。套句尼采的話來說：「如果有棵樹向上長到天堂，樹根就會向下伸到地獄。」不論如何，凡伊登不相信他自己的心靈，必須對「所有夢境生活的恐懼與錯誤」負責。[6]由於他不了解這點，便無法將自己從「惡魔夢境」中解放出來。他應當要接納自己的惡魔，將他們視為個人的一部分，而不是去否認自己對惡魔所應負起的責任。

那麼，要如何接納夢中的陰影角色呢？有許多方法可以做到，但是所有方法都牽涉到，與個人的陰暗面向達成更和諧的關係。第十章提到的方法，是與陰影角色展開友善的交談[7]，這個動作對你在夢中（或現實生活）遇見的大多數人來說，都會產生差異，尤其，當你將此方法應用在具有威嚇性的角色時，還可能會產生驚人的效果。別殺了你夢中的惡龍，請與牠們做朋友。

保羅．索雷的交談方法，可以從史貝羅所提到的例子得到說明，史貝羅解釋以下某位女士的夢境是，「一長串的夢魘，她不斷逃離某個侵略性、心理不平衡的男人。這個夢是她轉為清明的第一個夢，同時，正如我們可以猜測到的，也是這個系列的最後一個夢境。」

我在某城市陰暗、貧窮的區域。有個年輕男人開始在巷弄裡追逐我，我在夢裡似乎跑了許久，接著，我發現我是在做夢，我的夢境生活有許多時間都花在逃離追逐我的男人上。我決定轉身對他說：「有什麼我可以幫得上忙的嗎？」他變得對我非常和善，開誠布公地對我說：「是的，我的朋友和我急需要協助。」我去他們的公寓，和他們談他們的問題，我很同情他們兩個人。[8]

別忘了，情人眼裡出西施，邪不邪惡端看你如何看待。正如八百年前阿富汗蘇非派大師哈金．沙奈（Hakim Sanai）的觀察：

如果你希望鏡子映照出你的臉龐，
請將鏡子拿正，並將鏡子擦拭明亮；
就算太陽不吝惜其光芒，
在薄霧中觀看時，它看起來只像是玻璃；
就連比天使還要秀麗的生物，
透過敵意看來，都像擁有惡魔般的臉孔。[9]

如果你的思維，因恐懼、貪婪、憤怒、驕傲、偏見與錯誤的假設而扭曲，你就無法辨認真正反映在你意識的事物。如果你的心靈與遊樂園的哈哈鏡很相似，那麼，如果天使在夢中看起來像惡魔，可別感到驚訝。因此，做最好的假設就會有好的結果。當你在清明夢裡遇見怪物，請真誠地將它視為許久未聯絡的朋友，那麼它就會成為你許久未見的朋友。蓋瑞・拉森（Gary Larsen）的卡通《遠端》（*The Far Side*）描述到，在鎖住的門後有兩個老太太往窗外看出去，看著站在門口階梯邊「從本我（Id）來的怪物」。比較有智慧的老太太說：「冷靜點，愛德娜……對，這是一隻巨大醜陋的昆蟲……但是牠也有可能是一隻巨大醜陋、需要協助的昆蟲。」[10]

你並不一定得和陰影角色談話才能和他們和平相處，如果你的內心可以真正愛你的夢中敵人，他們就會變成你的朋友。以充滿愛的包容擁抱遭到拒絕的人，這樣就能象徵性地將陰影整合至你的自我。

尋找成長的機會

我參加一個游泳比賽，當時正準備開始比賽，一群人要游過更衣室鋪著地毯的地板。這時，我發現一切都太很荒唐，於是我就轉為清明了。我很開心轉為清明，於是準備要飛出房間，找一處美好的戶外風光。但是，接著，我想起了自己有個目標，我想在夢中解決一些問題。我環顧房間，自問是否覺得哪裡有什麼不對勁。我的雙眼定格在我現實生活中非常不喜歡的一個女人身上，我發現這強烈的厭惡感，或許是因為她具備了我自己想擺脫的某個面向。因此，我走向她，將她的手放在我的手裡，看進她的雙眼，我尋找內在的溫柔，並將此溫柔投射至她身上。她轉變成年輕、無助的害羞女孩，我很同情她。我醒來後明白，為何她會做出那些令我惱怒的行為，以及導致她那些行為的恐懼感，那份恐懼也是我的一部分。（加州帕羅奧圖的C.L.）

在實際生活裡，我非常怕水，游泳是我在清明夢裡可以嘗試的選項之一。我夢到我在自家後院，決定讓游泳變得很好玩，這一動念，水立刻環繞著我的四周。我游了一百公尺左右，其中換了許多游泳姿勢。我剛開始站在水深及胸處，並且覺得很害怕，我提醒自己，在夢中沒什麼好害怕的。當我發現水已經消失，我立刻感到舒服多了，於是開始繞著房子走回去。（賓州柳樹街的L.B.）

我在高中學校的走廊，不知道自己為何在那裡，我覺得應該下樓到地下室找健身房。我進了電梯，但門砰地一聲關起來，接著，按鈕出了問題，我注意到有按鈕可以到較低的樓層與地下室。我害怕低樓層，於是想辦法讓電梯停在地下室。我在那裡發現了一個池子，但是池子在寬大陰暗的房間裡。不知怎地，我明白自己在做夢。我思索著該如何是好，我想起索雷的文章，我應該去找最陰暗與最低的地方。我發現自己很怕這麼做，然而我又喜歡自我整合的概念。於是我決定前往較低的樓層，我走到樓梯間，坐下，往下看，那裡很幽暗、恐怖。我很納悶自己究竟在怕發現什麼，於是我往下走，緊張地東張西望。四處無人，也沒任何活的東西，那裡看起來像是有許多間實驗室。我往下飛到走廊，發出聲音，在傳出回音的走廊裡，聲音聽起來就像是令人毛骨悚然的鬼哭聲。我想我看到了「當鬼」是什麼感覺，我看見衣物櫃的頂端有兩個鏡子，於是飛上去看自己的裸體，並且集中精神，培養以正面的態度欣賞自己。一個黑髮女人拿槍阻擋了我，當她拿槍指著我時，我仰躺著飄了過去。她用槍指著我的褲襠，我覺得很好笑。顯然，她覺得我會害怕。我說：「放馬過來，寶貝！」這時我有點害怕，如果她真的開槍，那會是什麼樣的感覺。但後來她吻了我，她仍然很憤怒，但她又吻了我一次。接著，她說：「去睡吧！」我閉上雙眼，然後就醒來了。（加州紅木市的A.L.）

國小三年級時我做了這個夢……在街道的另一側，我看不到平常在那裡的一排房子，反而看到各種各樣巨大美麗的花朵，就像是《愛麗絲夢遊仙境》的場景般。這些花真的很美，我站在那裡賞花，突然間，我猛然領悟這全都是我的夢。這是**我**的夢，我控制夢境的發展，不論發生什麼事，我都有所掌控：沒有什麼能傷害我！只要我希望發生的事都會發生，因此，我看著這些嬌豔的花朵，決定試試我的技巧。「你們這些美麗的花，」我心想，「你們都以為自己很了不得，但是你們全都有可能變成恐怖、醜陋的食人花！」此時片刻靜止，接著，突然間整個場景從彩色轉變成黑白，花朵的確都變成恐怖醜陋的食人花了。我發現自己面對著一堆怪誕、流著口水的恐怖生物，全都露出牙齒對著我。我大吃一驚，這真的都成真了，甚至開始害怕起來。接著，我想到這些都是我的夢，沒有什麼可以傷得了我，就連我面前這些令人厭惡的東西也是如此。我決定要迎接挑戰，儘管還是有點恐懼，但是我直接走到食人花的嘴裡。當我這麼做時，那些花全都消失了，我也就醒來了。

自此以後，如果夢境變得太恐怖，我總是能控制我的夢境。（加州馬林的B.G.）

有句東方諺語說：「如果你一點問題也沒有，那就去買頭羊吧！」[11] 這句話除了明顯告誡大家羊很麻煩之外，還蘊含了更深遠的意義——我們可以在學習應付困境的過程中，獲得智慧與內在成長。挑戰可以逼迫我們思考，自己究竟是誰？什麼才是真正重要的事？只要我們感到美滿，不再面對任何衝突或困境，**我們就不需要思考。**偉大的蘇非派導師魯米因此說道：

崇高的真相強加在我們身上
熱與冷，悲愴與疼痛
財富與身體的恐懼與虛弱
聚在一起，如此才使得我們內在的創造
變得顯而易見[12]

起初或許難以接受，但是最糟糕的經驗卻可以成為我們最好的朋友。正如前面引用的里爾克論點，如果我們面對困境、不逃避，整個世界就會變成我們的助力。

我們建議你在清明夢中，可以主動**尋求**困境，然後加以面對並克服，從中獲得益處。至少，當你面對無法逃避的恐懼，例如：追逐者或是具有攻擊性的怪物時，你應當留在夢裡，運用本書所建議的方法來解決衝突。接著，如果在你的夢境世界裡，出現任何事物讓你不舒服，你就可以將其當作調查問題的機會，看看你是否可以解決或接受那些讓你感到排斥的事物。

至於那些更具有冒險精神，或是更認真想自我整合的人，則可以刻意地在清明夢裡「尋找問題」，也就是說，在夢境世界尋找覺得恐怖或憎惡的事物。保羅．索雷在某個運用清明夢自我療癒的研究裡，建議那些受試者嘗試這個概念。他引用德國心理學家庫恩可（**Kuenkel**）的話，「真正的治療方法」在於尋找「在無意識裡吠叫的狗」，並加以安撫。

根據庫恩可的看法，情緒的平衡只能透過這個過程來完成。[13]

索雷數次暗示受試者，如何在夢中找到躲起來的那些「吠叫的狗」。這些暗示都是為了使受試者：從光亮區移至陰暗區，從較高處移至較低處，並從當下移至過去。因為我們總是傾向於將深層、陰暗之地，和恐懼與邪惡聯想在一起，認為孩童比成年人容易感到恐懼。

顯然，參與索雷自我療癒研究的受試者，透過和清明夢中的恐怖人物與狀況達成妥協，而獲得好處。六十二個受試者中，有四十四位運用清明夢，解決了他們生活裡的某個問題或衝突，改善了現實生活的品質；許多人覺得比較不焦慮，情緒比較平衡，心胸比較開闊，也比較有創意。然而，如果參與者忘記指示，而逃離恐怖人物時，就會出現焦慮感或沮喪感等負面結果。

索雷進一步分析並作結論：在夢中面對恐懼的狀況，有助於促進人們的自信，以及回應挑戰狀況的心理彈性。以本書的術語來說，索雷的受試者因為學會在夢中回應困難狀況，因此變得比較能「調適」個人的內在與外在世界。

以下練習，將引導你調適個人的焦慮與困境，如果你想嘗試這個練習，在清醒時，設定你要執行這個練習的意念很重要。否則，你可能會發現在夢中的情緒壓力下，你欠缺面對恐懼的意志力。

練習 37 療癒創傷，尋找自我整合

一、設定你的意念

下定決心，下次在夢中轉為清明時，要刻意「尋找問題」——恐怖、厭惡或困擾你的事。

相信你會勇敢、開放地面對困難，直到你可以接納困難，或是不再恐懼困難。將你的意念寫成簡潔的單句，例如：「今晚我會開放地面對我夢中的恐懼。」重複這個單句，直到你的意念確定為止。

二、推引清明

運用你偏好的技巧（參見第三、四章）做清明夢。

三、尋找夢中的問題

當你發現你在做夢時，請重複你的意念單句。環顧四周，尋找有問題之處。看看是否有什麼東西、或什麼人是你想避開的？如果沒有，尋找你覺得可能有困難之處，比如說，進入地下室、洞穴或陰暗的森林，或是去尋找你幼時某個恐懼的地點。在恐怖或困擾之處，你就有可能會找到問題點。

四、面對困境

刻意接近你所挑選的問題人物、東西或情況，保持開放態度，並且問自己這個東西為什麼讓你感到困擾。如果是人，請與這個人交談。（參見練習35）試著和那個人物和解，或是接納恐懼、厭惡的東西，告訴自己你可以處理這件事。別轉身離開，要先讓自己習慣這件事的存在，這或許可以幫助你和自己對話，因為這有助於你專注於自己的意志。比如說，「這沒問題，我可以處理這個。瞧，這沒有傷到我。不知這對我是否有用，或者我可以幫得上忙？」

五、用愉快的事物獎賞自己

當你解決了這個問題，或是當這個問題消失時，請盡情享受你夢寐以求的夢中娛樂。

這麼做可讓你勇敢面對困難，讓你會想要如此再做一次。如果你在到達這個步驟之前醒來，請在清醒時，用你喜歡的東西犒賞自己。

放手：完成未竟之事

數年前，我祖母過世，那時我有好幾個月都很不快樂。她是我的繆思與恩師，我與她非常親近，似乎沒有什麼事能讓我釋懷。

我先生提醒我，我有做清明夢的能力。我曾夢見她，我先生建議我可以把看見她當作是清明的提示。我決定這麼做，因為只要在清明的狀況下，我就可以問她是否安好？她在哪兒？並且再次告訴她，我非常愛她，謝謝她留給我的藝術天分。

等她再次出現在我夢裡時，我卻太傷心了，忘了要認出自己在做夢的意念，而無法執行我的計畫。

隔了幾晚，我又夢見她了。這回我事先做好準備，我告訴自己，「如果我夢見奶奶，我會記得這是個夢。」這次，我的確轉為清明了。我清楚明白這是個夢，然而她卻如此真實，彷彿她仍活著一樣。當我問她是否安好？她有點失望地說：「喔，親愛的，我不知道……我似乎不知道我在哪……」這個夢讓我很開心能與她接觸，卻又讓我因為她的困擾而心煩意亂。許多問題從心裡冒出來：她真的在「某處」嗎？這是否只是我的想像？我不確定該怎麼想，因此我很想再與她談話。

兩週後，我再次夢見她，同時立刻注意到我在做夢。我問她感覺如何？她在哪兒？她說：「羅莉，我現在感覺不那麼不安了。」我擁抱她好一陣子，並試著克制淚水地告訴她，我是多麼愛她，我會一直愛著她，感謝她啟發了我的舞蹈靈感，還有她會永遠與我同在。在夢裡，她看起來就像活著時一模一樣，臉孔美麗、高貴，我醒來時就放心多了。

或許我真的與她的靈魂接觸，或許我只是和我的內在自我說話，我不知道。我只知道，在做過這兩個夢後，我安心不少，我覺得自己與祖母的某個部分有了接觸，同時也說了我非常想告訴她的話。在這兩個夢之後，我很快就把悲傷釋懷了。（加州波托拉谷的L.C.）

三十歲時，我和交往九年的男朋友K分手了。一年後，他結了婚，這對我而言特別難受。經過一連串的清明夢後，我開始接受他已經娶了別人的事實，我在夢中見到他的妻子、他妻子家的親戚，同時也見過他們在一起的情景。

我夢見我遇到K和他的妻子，只是，這次是他邀請我到他家吃晚餐。我發現K與他的妻子相處得很好，他們的相處模式和我跟他在一起時似乎截然不同，我感到一股憂傷，但是他們兩人都對我很好。當晚結束時，我離開了他們家，突然想要再次感謝他們邀請我參加這個美好的晚餐。我想要晚點再打電話給他們，但是緊接著，我想起第二天我無法聯絡到他們，因為到時我就會在「清醒現實」裡清醒，無法與這些夢中人物有所聯繫。我決定走回去留言，那時他們突然走出房子，看見我。我解釋道，我想要再次感謝他們，尤其是他的妻子對我如此友善。我向他們解釋，事實上他們是我的夢境人物，但是對我而言，他們似乎非常真實。我希望自己的某一部分真的與他們的某個部分，在某個層次相遇。但是，我知道他們在清醒世界裡不會記得這次相聚。他們微笑說他們了解，同時感覺不管「外在」世界記得什麼，他們覺得有某個部分曾經和我互動過。之後我就醒來了，感覺相當快樂，同時也確認我們的分手是最佳的選擇。

（麻州阿靈頓的B.O.）

最近，我做了一個很令人欣慰的夢，夢見我一年前過世的爸爸一大清早來到我身邊，告訴我該起床了，就和我還是小女孩時一樣。他走進我房間叫我快點起床，接著在家裡各個房間四處走動。他讓我知道，一切看起來都很好，有些事得完成，但是一切都是我可以控制的。他也讓我知道，雖然他並非實際在我身邊，他的精神永遠與我同在。接著，他過來坐在床邊握著我的手。我不斷地對他說：「謝謝！」醒來時，我真覺得他曾和我在一起。

（田納西州諾克斯維爾的J.A.）

今年夏天，我父親因癌症辭世了。我做了一連串的夢，夢中我知道自己在做夢，並且堅持著不要醒來，因為我正在和父親談話，再次告訴他我愛他。但是，父親堅持要我醒來，並且要我接受他一切安好，他必須展開漫長的旅程。在某個夢裡，我在車站送他，同時也因為他趕上火車而放心；他為了道別延遲好長一段時間，幾乎快錯過班車，差點沒辦法啟程踏上那美好的假期。這是這一連串夢裡的最後一個夢。

（麻州佛拉明翰的C.M.）

我二十三歲時，家人從佛羅里達州搬到華盛頓州，離開了一些家人，包括病入膏肓的祖父。祖父過世時，我們才剛搬進新家一個星期。我和祖父非常親密，從我六歲起，就是祖父照顧的，我飛回佛羅里達，覺得自己離開他是非常糟糕的事。兩週後，我回到新家。一個月之後，我做了一個很棒的夢。我夢見我留在佛羅里達，並且在他快離世前，將他帶回家和我們住在一起。我將他當成只是熟睡般照顧，這時，我明白我在做夢。夢醒時，我發現我在哭泣。我的枕頭都溼了，但是我希望繼續這個夢。當我又入睡後，我發現我在他的房間，我知道我繼續這個夢了。他非常冷靜地告訴我他愛我，他一切安好，我現在可以離開他，過我自己的生活了。那時，他回到睡眠狀態。當我醒來時，我發現自己已經開始能接受他的離世。

（華盛頓州亞可特的 L.L.）

在清明夢裡尋找困難並加以解決，可以幫助你達到情緒平衡，以及增加應對生活困境時的能力。有些困難雖然你並未意識到，卻局限了你的快樂，清明夢就能幫助你解決這類困難。清明夢可以用來應付人們覺察到的特定困難，在必須處理的諸多棘手問題中，人際關係常是導致這些問題的根源。在許多案例中，我們無法與相關當事人一起解決困難，必須由自己來面對。這類問題可歸類為內在適應不良，因為它們無法藉由改變個人與世界的互動而解決。正如前述的例子所示，清明夢可幫助人們解決，與家庭成員及親密友人之間未完結的情緒。

當重要的感情關係結束時，人們往往會發現他們留下尚未解決的問題，這些問題會導致焦慮，甚至有可能使日後的感情關係緊繃。例如，在現實生活裡，有許多你在父親生前想對他說的話，卻未能及時說出口；或是在現實生活裡，去找前任伴侶討論未解決的問題，往往也過於不實際。

然而，在清明夢裡則可能有解決的方案。當然，缺席的伴侶並非真的在那裡，但是缺席者在你心中的形象卻是存在的，這就夠了，畢竟你要解決的是你自己的內在衝突。夢並無法使逝者再生，但是正如前述例子所證明的，在清明夢裡與逝者的相遇，真實度足以讓我們感覺又再次與他們相聚，因為他們活在我們的心裡。正如魯米的碑文所提醒世人的：「當我們離世，請不要在世間尋找我們的墳墓，請在人們的心中找尋我們。」[14]

索雷研究了如何將清明夢運用在這類未完成的感情關係上，以找出釋放遺憾的方法。[15]他的結論是，透過在清明夢裡做安撫性的交談，就有可能和生活中存在內心的重要人物，想出解決方法。

專注覺察與心理彈性

我沿著覆滿積雪的鄉間道路用腹部往下滑行，我並沒有用雪橇。道路兩邊都是茂密的森林與巨大的岩石，道路彎曲，高低起伏又大，我滑得非常快，我害怕自己隨時都有可能會撞上樹或岩石。當我沿路滑行時，我對自己說：「這是個夢，所以就算我撞到樹或岩石，我都不可能會受傷，所以我何不滑更快一點呢？」我希望能在這危險的路上以超快的速度滑行，玩得超開心！我的確控制了整個夢境，明白這是個夢，一點也不危險！（麻州奇科皮的K.H.）

清明可以大為提升你的心理彈性，使得控制夢中的一切挑戰變得更容易。它也可以使你體會保持彈性的感受，相信自己遇到意外問題時，具有想出解決方法的能力，這些都會成為你現實生活的資源。保持彈性的心態，有助於你採取最好的行動，讓你獲得想要的一切，並與世界的其他部分和諧共存。的確，有創意地回應有可能是現有唯一的行為方式。你無法讓其他人總是按照你所想的去行動，但是你可以有創意地重新架構你的狀況，彈性地控制你的行為，用心地創造多重觀點，並將你的觀點提升至最佳狀態。

哈佛心理學家愛倫．藍格（Ellen Langer）研究了兩個相對的心理功能模組：用心（mindless）與無心（mindless）。[16]用心是指專注覺察力的狀態，在人們處理新特徵與建立新基模的過程中，環境資訊會被有意識地控制與操縱。

反之，無心就是覺察力降低的狀態，人們自動處理環境資訊，仰賴慣性類型與特徵，而沒有注意到資訊可能有的新層面，造成墨守成規與死板行為。根據藍格的研究，「許多我們認為是用心執行的行為，其實都是在相當無心的狀況下完成的，除非有純熟的底稿可以遵循，或是可以做出努力的回應，否則大家每天可能都只處理極小部分的資訊，就過去了。」⑰舉某個研究為例，我們以幾種不同方式，請準備使用影印機的人先讓給另一個人使用。我們只比較兩個最有趣的情況，其中一個請求是：「抱歉，我有五頁。我可以先用影印機嗎？」另一個是：「抱歉，我有五頁。因為我得準備一些副本，可以先用影印機嗎？」聽到前者的人，有百分之六十都同意，但是聽到後者的人則有百分之九十三都同意。⑱就後者的例子而言，大家似乎是因為得到了讓位的理由而做出這個回應，儘管這「理由」並沒有實質內容，但是他們還是不加思索地回應了。

我們在一般夢境中，常常顯示驚人的無心狀態，這就是為什麼我們無法注意，並正確辨識夢裡荒謬異象的原因。與此相反，清明夢的心理功能，顯示用心狀態的特性。

人們會歸納出能夠影響世界的預期，找出控制他們經驗的是什麼，不是出於自身（內部），就是來自外在世界（外部）。認為影響力出自內部的人，相信自身行為對於事件有著具體影響，他們對世界所採取的方法非常彈性，因為他們相信可以藉由改變自己的行為，來影響生活的進程；認為影響力來自外部的人，不相信自己行為對事件的進程，有多大的影響，他們以為生活中大部分發生的事，都和福氣、機會、命運，或其他超出個人可控制的外在影響力量有關。如果你這麼想，請想想下面的話：

有兩個人從牢房柵欄看出去，

一個人看到爛泥巴，另一個人看到星星。[19]

只要妥當練習，清明夢就可以增強你在任何狀況下看見「星星」的能力，用心地尋找較好的做事方法，成為積極的命運塑造者，將自己的控制預期從外部移至內部。外在世界鮮少能受我們控制，但是我們的「內在世界」卻可以重新設計，以反映我們所選擇的現實。若是採用彈性的心態，就可以增強我們的能力，讓我們在許多潛在的現實中，找到最有用、最有回報的事實。

愛倫·藍格的研究顯示，「用心就是有創意地整合生活經驗，可以直接或藉由增加覺察力，來改善我們的健康、延長壽命。」[20]果真如此，或許就可以運用清明夢改善健康。接下來，我們將說明清明夢如何能提升身體的自癒力。

治療心靈，治療身體

我是一名舞者，一九七九年，我弄傷了我的腳，我無法承受失業的打擊，也不想三個月沒辦法用到我的腳。醫生說，我最好六個月都不要練舞，因此，我每晚都努力夢見意外發生當天在排舞時的情景，直到我可以在夢中改變讓腳錯誤落地的舞步。做了三個星期的夢以後，我開始用受傷的腳跳舞。三個月後，我去回診，我並沒有告訴醫生我一直在跳舞的事。醫生說，我的腳恢復得很好，要我繼續下去，不要用到這隻腳。

（加州斯圖狄歐市的D.M.）

一九七〇年時我出了車禍，當時，我坐在摩托車後座，一輛汽車撞上我。我的腳斷了，膽囊也受了傷。醫生緊急開刀切除了我的膽囊，手術後幾天，我在醫院靜養復原，我夢見我在病房四處漂浮，我看見我的身體躺在床上，打上石膏的腳，懸掛得略高於我的身體，身上每個孔都插著管子。我在自己身體上方盤旋，有時感覺傷口疼痛，有時感覺到夢境身體的完整性，以及在房間飛行的能力。我在夢境狀態下決定，將這個完整性送至我的實質身體，我告訴我的實質身體，我愛它，它會復原的。那天，當我醒來時，我就能夠停止服用止痛藥，也拔除了所有插管。第二天，我就能夠說服醫護人員，我已經可以開始拄著拐杖到處亂跑了。

（華盛頓州斯坡坎的R.B.）

這些經驗顯示，清明夢可能對身體及心理治療同樣有用。儘管這是清明夢應用中，最無法確證的看法，但是，坊間的傳聞與理論證據都支持這個可能性。遠古時代常常用夢境來治療疾病，病患會在治療的神殿睡覺，尋求治療的夢境，或是獲得建議他們療法的啟示。當然，我們無法評估這類古代風俗習慣的有效性。

大多數人認為睡眠與做夢的主要功能，在於休息與復原，這個廣受歡迎的概念已經經過研究證實，因此，對人類而言，身體運動能促進更多睡眠，尤其是DELTA睡眠。激發兒童成長、修補受壓迫組織的成長荷爾蒙，就是在DELTA睡眠時釋放出來的。另一方面，心理活動或情緒壓力，似乎會導致快速動眼期與做夢增加。

本章一開始談到較廣義的健康定義是，面對生活挑戰能夠調適反應的狀態。「調適」意味著至少那些反應，必須能解決具有挑戰性的狀況，才不會破壞個人的健全性或整體性。健康不只意味著沒有疾病，更代表有活力的事物。比如說，如果我們無法應付新的狀況，那麼學習更具調適性的行為會比較健康，這種心理成長，有助我們變得更能應對生命的挑戰。

人類是極為複雜、多層次的生物系統。正如我在《清明夢》中所寫的：

> 雖然過於簡化，但是如果能夠區分，構成我們的三個主要層次會很有用：生物、心理與社會，這反映了我們身體、心靈與社會成員的部分共通性。這些層次的每個部分，或多或少都會影響到另一個層次，比如說，你的血糖值（生物層次）影響那盤餅乾在你眼前的美味感覺（心理層次），甚至會影響到你是否餓到要偷竊（社會層次）；另一方面，你接受社會規範的程度，會影響到你這麼做會出現什麼樣的感覺。因此，餅乾看起來的感覺（心理層次）就得看你有多餓（生物層次），同時也要看是誰在你附近（社會層次）。也就因為這三個層次，我們可以把人類視為「生物心理社會系統」。[21]

睡覺時，我們抽離了外界環境的挑戰，在這個狀態下，我們會將精力放在恢復最理想的健康狀態，這就是調適的能力。睡眠的治療過程是全面性的，會發生在生物、心理、社會等所有層次。較高心理階層的治療過程，一般可能可以在快速動眼期的夢中辦到。然而，由於調適不良的心理態度與習慣，使得夢境無法完成這個功能，正如我們在夢魘的例子中所見。

清明夢是一種心理想像，和白日夢、催眠幻想、迷幻藥狀態與催眠幻覺有關。丹尼斯·傑夫（Dennis Jaffe）與大衛·布萊斯勒（David Bresler）寫道：「心理想像啟動了人們隱性、內在的力量，這股力量擁有無限的潛能，能夠協助治療過程，有助於恢復健康。」[22] 想像被廣泛地用來作為治療方法，範圍從心理分析到行為調整都包含在內，還可以幫助治療身體。

為了說明，讓我們來比較一種經過研究的強烈想像——催眠狀態。在催眠狀態下，做夢的人提到的經驗和清明夢非常相似。被催眠者在夢中幾乎處於部分清明的狀態，在更深層的狀態裡，則像造夢者一樣，想像的事物感覺起來都像真實的。

深度催眠的受試者能夠對他們的生理功能，發揮驚人的控制：抑制過敏反應，停止流血，並按照意志推引麻醉感。可惜，這些戲劇化的反應僅限於十或二十分之一的人，只有這麼少數的人才能深入催眠狀態。和清明夢不一樣的是，被催眠似乎是無法學習的；相反地，清明夢卻可以像深度催眠一樣，擁有相同的自我調節潛能，還可以應用在更廣泛的人身上。

另一個運用想像達到治療效用的例子，是卡爾．西蒙森醫生（Carl Simonthon）對癌症病患的研究。西蒙森醫生與其同事發現，癌症病患除了採取放射線治療與化學治療之外，若是練習想像治療，其平均存活率是全國平均值的兩倍之久。[23]

心理想像的逼真度，可以決定它們對生理影響的程度，近來這個觀點已有證據支持。[24]夢境是大多數人在一般狀況下，最有可能經歷到的一種心理想像。夢境可以逼真到讓我們難以分辨真偽，因此，夢境極可能成為有效的治療資源。此外，史丹佛大學與其他實驗室研究顯示，夢與生理反應之間具有強烈的關係。在清明夢裡，我們可能有空前未有的機會，可以發展出我們對身體的高度自我控制，而這或許可以證明清明夢對於自我療癒很有用。

一九八五年，我寫了下面這段話：

> 做夢時，我們用我們的夢境身體產生身體影像，因此，我們何不透過清明夢有意識地想像我們夢境身體是健康的，藉此啟動自我療癒過程呢？此外，如果我們的夢境身體並未呈現完美的健康狀態，我們就能以同樣的方法象徵性地治療我們的身體，我們從調查中了解，這類事情可以辦得到。這裡有個未來清明夢研究，可以嘗試回答的問題：「如果我們治療了夢

境身體，我們也能把實質身體治療到什麼程度呢？」[25]

五年後，這個問題仍舊令人迷惑，我們尚未獲得明確的答案，但是已經有了令人好奇的趣聞：

> 我的發現是，治療在清明夢裡是有可能的，我胸部有個小硬塊，我在清明夢裡，在我身體內部將它拆開，它是一個美麗如教堂般的宏偉結構！一週後，那個硬塊就不見了。
>
> （加州聖拉菲爾的B.P.）

> 一年前，我扭到我的腳踝，腳非常腫，難以走路。在夢中，我記得自己是在跑步，突然間，我意識到我不可能用這扭傷腳踝跑步，我一定是在做夢。我開始轉為清明，腳踝的疼痛開始隱隱出現，但是那時，我用我夢中的手摸了摸我的腳踝，這讓我在夢中跌了一跤。我握著腳踝時，感覺有股類似電流的振動，我驚訝到決定在夢中四處丟閃電。那是我對這個夢所能記得的內容，但是夢醒時，我腫脹的腳踝幾乎沒有任何疼痛了，我又能夠再次輕鬆地走路。（伊利諾州展望山的C.P.）

當然，這些故事都是**趣聞軼事**，我們無法知道清明夢是否與這些文章提到的病況改善有關。B.P.的硬塊**可能**消失了，而C.P.扭傷的腳踝，**也許**在當時正好到了痊癒邊緣。經過控制的科學研究，是唯一能確信的方法，唯有透過這樣的研究，才能確定夢境治療的真正潛能。

第十二章 人生就是夢：開拓更寬廣的心靈世界

我靜靜地站在房間裡，這時突然發現自己在做夢。我開心地在空中翻了幾個筋斗，差點碰到天花板。接著，我想起那個尋找生命意義的意念，於是決定進行這個任務。因為比較想待在戶外，於是我離開房間，走進廚房，我妹似乎在洗碗槽旁邊忙著做事，我停了下來，問她是否要和我一起去飛行。她婉拒了我的邀約，說她正要泡一杯茶。我告訴她我很快就回來，我就要出發去冒險了。

外頭，夜晚清澈、安靜，星星一閃一閃地發亮。我自在地仰飄著，向上看著天空，並發現我沒看到月亮，因此我推測月亮已經西落了。

那一刻，我決定造訪月亮。我將雙手向前伸出，向上飛入天際。移動的速度越來越快，不久，我就感覺到有個圓圓的形狀在我的雙手下方出現。我放低雙手，預期自己會看到月亮。但是我看到的東西卻讓我極為訝異：這根本不是月亮，很明顯，這是地球！這是非常美麗的景象，就像一顆寶石散發著柔柔的綠色與藍色。

我興奮到必須提醒自己冷靜下來，我非常清楚如果失去平衡，就會醒來。我將注意力轉到周圍環境：我在一片無邊無際的黑暗中飄浮，我開始離開星星與地球，星星與地球變得越來越小，到最後完全消失不見。很快地，我看見了整個太陽系與銀河，和諧地移動、旋轉，太陽系與銀河也變得越來越小，逐漸消失在遠方。

我又想起這個實驗，決定要試著提出一個問題。我問道：「什麼是宇宙的意義？」這個問法聽起來太過冒昧，因此我換了個方法重問：「我是否可以了解宇宙的意義？」

答案以完全出乎我預料的方式出現，某個東西從暗處浮現，看起來像是某種活生生的分子模組，或是數學公式，是用細線所構成、極為複雜的三維網絡，像霓虹燈般閃爍。它自己展開、增加、不斷變化，以不斷增加的複雜架構與相互關係填滿了宇宙。

當我幾乎回到家後，我真誠地對宇宙說：「謝謝！謝謝！」感謝那壯觀的景象。我醒來時充滿愉悅，同時也對宇宙有了全新、深刻的感動與敬意。

這個經驗讓我對宇宙的壯觀與創意，有了全新的敬畏感與尊重。我彷彿看見了連結萬物的無形之網，就像在廣闊無垠的宇宙上，疊加了緊密的分子層次一樣。這的確是很有力的感動，也是個令人印象深刻的事件。這個經驗同時也讓我相信，不論這世界正在發生什麼事，我也是其中獨特且重要的一部分——神無所不在。

（加州舊金山的P.K.）

我知道我在做夢，我在無垠的空間裡不再是「我」而是「我們」，「我們」是在黑暗中閃耀的純粹光芒。我是太陽外層眾多意識中心的一個，我們是能量與意識的集合體，儘管可以獨立地進行作業，但感覺上我們就像是一個意識，在完美的和諧與平衡中運作。我並沒有身體或靈魂，我們只是能量與全知的意識。所有相對的事物都完美地達到互補。

我相信有個音調振動穿過了銀河，但是我現在記不起來了。之後在夢裡，我們在太空中創造了一個矩形——一道通往地球的生命之門。我們在其中創造了大自然的景象，我向前進

入這些景象中，幻化為人形，體驗這些景象，總共大約有十個景象。突然間，我的意識不再分離，我們全都運作如一。

（加州惠提爾的C.C.）

一年前，我正在研究東方宗教，尤其是佛教、耆那教（Jainism，譯註：古印度宗教之一，創始人為筏馱摩那；耆那教徒以五誓言為生活重心：非暴力、誠實語、不偷竊、純潔行與不執著）與印度教。那時，我做了個清明夢，夢中我經歷了「濕婆神之舞」的體驗。我夢見一個歷經風吹雨打的印度神像，當我看著雕像時，整個視線開始模糊。那個畫面就像是電視接收訊號很糟時會出現的狀況一樣，在夢中我心想，或許我的視網膜脫離了視覺神經。

接著，我明白我在做夢，我所感覺到的，都是宇宙中潛在的原始能量，我深深感到與周圍一切相互連結。我似乎進入了永恆，時光停止了，或者，我跨越了時間的拱廊。

（田納西州克拉克斯維爾的T.D.）

最後的現象充滿光芒，這道光只有在我做清明夢時才會出現，但那並不是經由我個人的動作所產生的。這道光是當我待在陰暗中，在重要的房間，或是參與宗教活動時才會出現，它通常像太陽從我的頭頂往下移動般，到最後我眼前只見得到明亮的光線。沒有任何影像。我覺察到神的出現，不由自主地感到歡喜，就在我將注意力放在光線上時，我漸漸失去我夢境身體的注意力了。

在明顯的神的臨在中，我失去了注意力與夢中的影像，這讓我體驗到自己的超然存在。不管該怎麼說明，這就是我的經歷。充滿光芒、覺察到神，逐漸失去對自己的注意力、狂喜（往往稱作極樂）與不由自主的虔誠，這些全都是神祕文獻裡常提到的現象，我的這些經驗

只在清明夢的狀態下才出現。❶

理查・波頓爵士（Sir Richard Burton）在《卡希達》（*Kasidah*）裡寫道：「哪些無窮盡的問題令人困惑？出於何種原因？到達何種程度？在何時出現何種結果？」❷打從思考一展開，許多喜好反思的人針對「為什麼我在這裡」這個問題，提出過許多不同版本的疑惑。他們收到與提問者一樣多的答案，但是這些答案鮮少以文字表達。

同樣地，當造夢者基林（Keelin）在她的清明夢裡，問到上述問題：「我是否可以了解宇宙的意義？」時，她得到的答案是一連串極為複雜、活生生的方程式，遠遠超過她所能理解的範圍。我們可以將這個答案看作「不，你不行！」，但是，理解力或許並非**理解**「生命意義」的適當感官。彼得・布藍特（Peter Brent）在一篇討論蘇非派的文章中寫道：

在某種程度上，我們透過理解，創造了我們所覺察到的事物。如果你給一條狗看哲學書籍，狗會用鼻子聞一聞，確定那是什麼東西。狗會有一系列的分類目錄：食物／不是食物，是狗／不是狗等。這會是狗以氣味為主要資料的評斷標準，因此，狗很快就會失去對那本書的興趣。這並不是因為那條狗的嗅覺出了問題，而是因為狗的能力、直覺與經驗，迫使牠使用錯誤的感官執行任務。同樣地，從我們使用的感官來說，我們感知世界的方法或許並不充分，因為我們用錯了感官，因此所得到的答案可能會變得牛頭不對馬嘴。❸

那麼，哪個感官才**適合**用來感知隱藏的生命意義呢？布藍特暗示，這是一種直覺，而且，只有在擁有這種能力的導師指引下，才能培養這種直覺。在無人引領的狀況下，這個事實限制了清明夢可及的範疇。然而，清明夢可以賦予你無窮的感覺，一個超越一般現實限制、更遼闊的世界。不論你對於靈性與自我本質的看法為何，你都可以運用清明夢來探究你的個性，探索你的內在世界。

探索現實的媒介

塔湯祖古仁波切曾說：

> 夢是知識與經驗的水庫，但是在作為探索現實的媒介上，卻往往遭到忽略。[4]

一千多年前，藏傳佛教徒就已經使用清明夢，來體驗現實的虛妄本質，而且做清明夢也是修煉中的一部分，用來開悟並發現自我的終極本質。

蘇非派也用清明夢來修行，十二世紀知名的西班牙蘇非派導師穆希尤丁·伊本·愛阿拉比（Muhiyuddin Ibn El-Arabi）就建議，「人必須在夢中控制自己的思維。這個訓練……會對個人產生極大的益處。大家都應該讓自己獲得這類偉大的能力。」[5]

塔湯祖古仁波切解釋的清明夢優點，「我們從夢中言行得來的經驗，可以帶進我們的日常生活。比如說，我們可以試著將在夢中所見的恐怖畫面，轉變為和平的樣貌。運用同樣的程序，我們就可以把白天所感覺到的負面情緒，轉化為覺察。這麼一來，我們就可以運用我們的夢境經驗，培養更具彈性的生活。」[6]

仁波切還說：「持續不斷地練習，清醒與夢境狀態的差異，在我們的眼中就會越來越少，現實生活就會變得更生動多變，這是注意力更集中、更精微的結果……這類以夢境練習為基礎的覺察，有助於創造內在平衡。覺察以滋養萬物的方式滋養心靈，照亮之前從未照見過的心靈面向，為我們點亮探索現實層面的道路。」[7]

根據古西藏的睡夢瑜伽手冊《夢境狀態的原理》（*The Doctrine of the Dream State*），修煉某些夢境控制技巧，能讓人夢見任何想像得到的事。[8] 祖古也提到過類似的話，「高階的瑜伽士在夢中無所不能，他們可變成龍或鳥，變得更大、更小或是消失，回到孩童時代，重新經歷孩童時代的經驗，甚至飛越太空。」[9]

這種在夢境控制下讓願望成真的可能性，或許很吸引人，但是比起追求這種瑣碎的愉悅，西藏睡夢瑜伽士將眼光放在更高深的事情上。對他們而言，清明夢代表「探索現實的媒介」，是實驗並體會夢境狀態性質的機會，如果加以延伸，也是實驗並體會**清醒**經驗本質的機會。他們認為這種體會，帶有最深奧的開悟可能。

體會到我們的現實經驗是主觀的，而不是真實不變的，或許具有實際含意。根據塔湯祖古仁波切的看法，當我們將所有經驗視為像夢境那樣主觀，那麼「將我們局限在狹小空間裡的那些概念與自我認同，就會開始消失，當我們的自我認同變得比較不嚴苛時，我們的問題就會變得比較不重要，同時也會發展出更深層的覺察力。」[10] 因此，「就連最困難的事物，都會變得很有趣且容易。當你發現一切如夢，你就取得了純粹的覺察。取得這份覺察的方法，就是領悟所有經驗都如夢幻泡影。」[11]

某個對《夢境狀態的原理》的評論解釋道，若要了解睡夢瑜伽，就必須長期修煉並累積豐富的經驗，若要完成旅程，理論與經驗都有其必要。那些按照睡夢瑜伽修行的人，到最後都發現：

一、夢境可由意志操控

「當心理力量經過**瑜伽**有效地發展後，物質在空間層面上的大或小，和在數量層面上的多或少，全都受到個人的意志所影響。」[12] 根據一項實驗結果顯示，睡夢瑜伽修士了解到任何夢境都可以轉換，只要心存意念即可。大多數的造夢者已經從經驗得知這一點，我們在第五章也討論過「預期」對夢境內容的驚人效果。

二、夢境並不穩定

「他進一步了解到，在夢境狀態中，形式和一切夢境內容都只是心靈的玩物，而且如同海市蜃樓般不穩定。」[13] 經驗豐富的造夢者，也會觀察到這一點。夢境如同清醒感知一樣逼真，但是並不如清醒感知般穩定。

三、清醒狀態的感知，與不真實的夢境一樣不真實

「他進一步認識到，形式與感官在清醒狀態所感知到的所有事物，其本質都和夢境狀態的映像一樣不真實，兩種狀態都是**輪迴的**（sangsaric），也就是說都是幻影。」[14] 在這個階段，瑜伽修士的知識是理論，而非經驗。你應該還記得第五章我們曾經提到，不論是夢境或是清醒狀態都是運用相同的知覺過程，來達成對世界心理模型的呈現。不論是在夢境或現實世界，這些模型都只是模型，只是幻影，而不是它們所代表的事物，正如地圖不是實地，菜單不是食物一樣。

四、偉大的領悟：人生就是夢

「最後一個步驟會通往大覺悟（the Great Realization），在**輪迴**（時空的現象世界）內一切皆如同幻夢般不真實。」[15] 如果將心靈比喻為電視機，那麼大覺悟就是理解到，螢幕上的一切都只是影像，是幻影。比如有人說，「心靈所能擁有的只有思想。」這個想法就還不算大覺悟，因為大覺悟是經驗而非理論。所以說，「宇宙萬物與其中所有的現象」都被視為「至高夢境的內容」。[16] 這個觀點，是睡夢瑜伽修士直接從現實中經歷而來的。

五、合一

「隨著這個神聖智慧的顯現，大宇宙的小宇宙層面完全甦醒過來，露珠回到波光閃耀的大海，在**涅槃**裡喜樂圓滿，神與人和好，全能的造物者、全知的智慧皆合為一心，亦即現實本身。」[17] 這裡，我引用哲學家維根斯坦（Ludwig Josef Johann Wittgenstein）的名言——「對於無法言說之事，就應該保持靜默。」

簡而言之，這並不是必須受到公開檢驗與科學驗證的知識，然而，這個條件限制絕不是刻意要否認神祕經驗的價值，因為我們並沒有理由要相信，科學的極限就是知識的極限。我們也不會暗示，你應該按照西藏睡夢瑜伽修士的方法，尋找你自己的「神聖智慧」。藏傳佛教的方法與象徵系統，適合在西藏文化的脈絡下運作。如果你想認真追尋你至高無上的潛能，我們建議你找到的嚮導或導師，最好能說**你**可以理解的語言。

拓展對自我的認識

納斯魯汀去銀行將支票兌現。銀行出納人員問他是否可提出身分證明。「好，我可以。」納斯魯汀回答道，他拿出一面鏡子看看自己的臉：「那就是我，好了！」[18]

我們不盡然是自己所認為的那個人，我們並不是在夢裡（或是在清醒時）所認為的自己。關於這點，你可以在你的清明夢裡觀察得到。比如，你也許坐在**夢中的桌子**邊，你的腳放在**夢中的地板**上。當然，那是**夢中的鞋子**、**夢中的腳**、**夢中身體**的一部分，因此，這一定是**夢**

中的我！你只需要在夢中反思自己的狀況，就會看出夢中的你，並不是真正的你。夢中的你只是個影像，是你自己的心理模型，套用佛洛伊德的話來說，就是你的「自我」（ego）。

看出那個自我不是真正的你，就比較容易能停止用它來界定自己，進而自由地改變它。只要認出那個自我是自己（self）的簡化模型，就能讓你能更精準地了解自己，更不容易將地圖誤認為實地。

如果你能客觀地看待你的自我，將它視為自己的化身與僕人，就不必再和你的自我辛苦對抗了。無論如何，你無法擺脫自我，也不會想要擺脫自我，自我是讓世界有效運作的必要之物。自我與自己兩者都稱為「我」，這就是痛苦與錯誤的源頭。見多識廣的自我會說：「我知道這就是我。」而自己只會說：「我本是。」如果我知道我不等於我的自我，就表示我站得夠遠，可以對自己保持客觀超然，正如故事裡修士向納斯魯汀誇耀：「我非常公正超然，我從來不想到我自己，我只想到別人。」納斯魯汀回答：「嗯，我非常客觀，我可以將自己看成**是**別人，所以我有餘力可以想到自己。」[19]

我們越少認同自以為是的自己，就越有可能發現我們真正的樣貌。就此觀點，蘇非派大師塔卡維（Tariqavi）寫道：

當你發現你自己，你就能擁有真知，在此之前，你只能擁有意見，意見是出自於習慣，以及你為了方便所構想出來的東西。在研究「道」的過程中，你需要與自己邂逅。你尚未遇見你自己，而遇見他人的唯一好處，在於他們其中可能有人會引介你認識自己。

在你這麼做之前，可能會以為你已經遇見自己很多次了。但真相是，當你真正遇見你自己，你就獲得了地球上獨一無二的永恆力量與真知。[20]

在真心想要「遇見自己」之前，你可能會覺得實現自我的願望更吸引人。這是很自然的事，當某個部分的你，仍在追尋滿足現實生活的欲望與熱情時，要你去追求更崇高的層面反而會造成反效果，也會令你沮喪。

同樣地，你不該將追求超脫當作逃避現實的手段。想想凡伊登的惡魔夢境吧！你必須先有意願處理你所發現到的個人問題，在夢中尋求解決之道，並在做了足以滿足願望的行動後，才可能想再進一步，尋找超越你所知或所認為的可能性——想遇見真正的自己。

臣服

夢中，我走在高中校園的走廊上，這時我突然轉為清明。我很高興，一如往常，我想要到外面去曬曬太陽。穿過走廊，我來到了出口，但是卻打不開門，門被一輛壞掉的大卡車擋住了。我知道這只是個夢，於是我設法穿過門，用雙手抓住卡車，將它輕鬆扛起扔到一旁。

外面的空氣清新，天空湛藍，景色如田園般青翠。我跑過草坪，快樂地跳進空中。我直竄樹頂，卻卡在樹枝裡，為了想辦法脫離，我在樹頂停了一下。最後總算飛越樹枝，我繼續向上飛了幾百公尺。飛行時，我心想：「我以前飛過那麼多次，或許這回我可以試著在空中做飄浮。」決定要做這個嘗試後，我開始請求「更高層級」的協助，我大聲說：「崇高的天父、聖母，請幫我將這經驗發揮到極致！」接著，我向後滾回去，不再控制我的飛行，絲毫不怕墜落。

我立刻開始飄過天空，燦爛的陽光照在我身上，我的頭充滿亮光，我覺得自己像是羽毛般輕柔地在空中飄浮。五分鐘左右的飄浮中，我輕柔而堅定地將思緒推出我的心靈，如同我

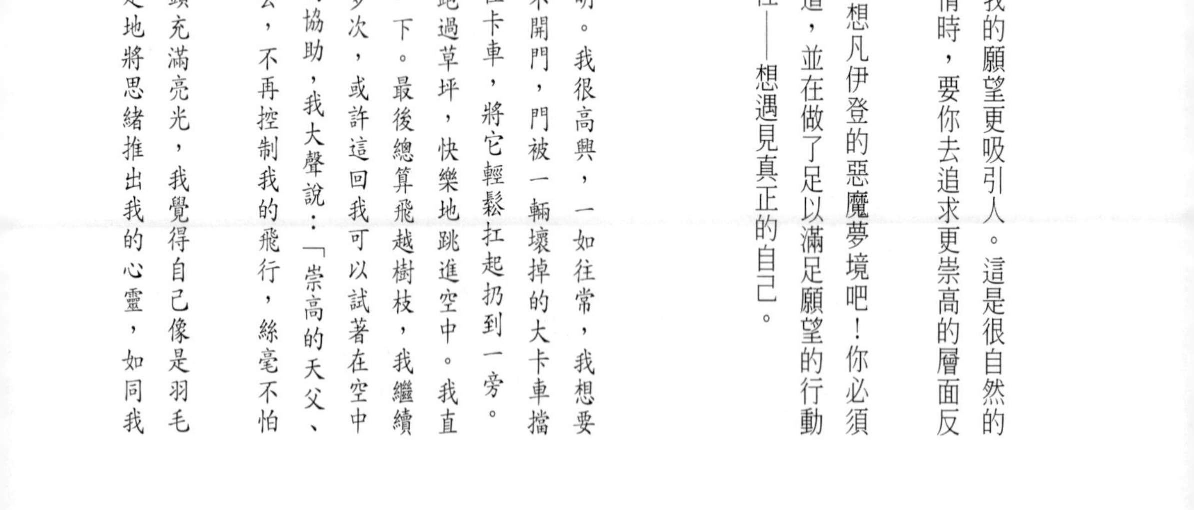

在清醒時做冥想練習一樣。我越是專注，覺察力就越強，也越感到喜悅，我只能說那是極樂。漸漸地，我注意到我的身體回到床上，醒來後，我有股難以形容的輕盈與舒服。[21]

我進入教堂，知道自己將要演講。教堂的會眾正在唱詩歌，我決定走到外面，讓自己做好準備。我擔心、害怕，因為我不知道要說什麼，我坐在草坪上，突然想到一個不錯的主題——「臣服之道」。我看看東方的天空，看見一顆很大、發著白光的星球，比月亮大上好幾倍。我知道我在做夢，我開心地狂叫，知道這是為我而來的。當我狂叫時，光線消失了，彷彿在等候我較為妥當的回應。我知道必須轉移目光，並且信任，當我這麼做時，光線降了下來。當光線靠近時，有個女聲說：「你在自己的身體裡反射出這道光，做得很好。但是，現在光芒必須向外綻放。」空氣似乎充滿了能量，地面非常亮。光線使得我的頭刺痛，也讓我感到溫暖，這時我就醒了。[22]

造夢者若想要超越自我所構築的世界模型，就必須把夢境的控制權交給（意即臣服於）超越自我的事物。臣服的觀念，我們可以從上述夢境看出。我們每個人對這「超凡的事物」都有不同的理解，其形式取決於我們的教養、哲學觀，或是對於神祕思想的接觸。

「臣服於神」是宗教常用的詞彙，然而，如果你不喜歡宗教術語，也可以用不同的方式來表達你的欲望。就我們在此所討論的情境而言，臣服可以是「我讓出對真實自己的控制權」。不管你對於真我的本質有何認知，讓控制權從你認為的自己手中交託給你的真我，將會是一大躍進。因為不論是在有意識或是無意識下，你的真我都比你的自我更能做出明智的決定。

雖然將引導夢境的控制權交出去，但你還是必須維持清明。如果你沒有維持清明，你的自我欲望與預期就有可能會重新取回控制權。此外，清明有助於有創意地、直覺地回應夢境的流動，並記得不需要因為恐懼未知而抑制新的經驗。

「至高無上」（The Highest）是對超凡事物的表述，不論「至高無上」是什麼，「至高無上」就階層來說就是在萬物之上，同時也比萬物更為珍貴，除此之外，我們不需針對「至高無上」做任何假設。以下兩段敘述，讓我們了解造夢者尋求「至高無上」時，可能發生的事。在第一個例子理，史考特．史貝羅夢見：

我坐在小祭壇前面，祭壇裡有些小雕像。起初，我看見一隻公牛。在短暫移開目光後，我把目光重新移回，這次卻只看到原來的位置上，有個龍的塑像。於是，我發現我在做夢。我再次將頭轉向別處，同時確認我再把目光移回去時，會看見至高無上的形象。我慢慢地將頭轉回去，張開雙眼，祭壇上有個冥想的男人塑像。一股巨大的情緒與能量湧上我的心頭，我跳了起來，興奮地衝出門外。[23]

史貝羅認為，這個夢讓他明白什麼是「至高無上」，這個經驗可以被建立成一個理想的典範，作為往後「用來評估內在經驗的量測方式」。[24]然而，我們必須記住，將影像化成偶像，等於是有了固定的觀念或信仰，這可能會限制進一步的成長。

第二個敘述，是我印象最深刻，對我個人最有意義的清明夢：

幾年前的某個中午，我發現自己開著跑車在夢中的道路上，為美麗的景色開心不已，我非常清楚我在做夢。持續開了一小段距離後，我看見前方路旁有個非常吸引人的人想搭便車。不用說，我非常想停車載她，但是我對自己說：「我以前做過這個夢，試試新的夢境吧？」因此，我經過她卻沒停車，決定尋找「至高無上」。

就在我放開胸懷、接受指引時，我的車衝進空中，快速地向上飛行，直到速度像是火箭升空的第一個階段，我直入雲霄。穿過了十字架、大衛之星與其他的宗教符號。就在我飛得更高之後，我進入了一個無邊無際的祕境——洋溢著愛的無垠空曠，那個空間感覺像是家裡一般無拘無束。我開始陶醉地唱起歌來，我聲音的音質非常棒，橫跨最低音到最高音的整個音域。在聲音的共鳴中，我覺得自己彷彿擁抱了整個宇宙。[25]

這個夢讓我大大擴展了我的認同感，我覺得自己彷彿發現了另一種存在的形式，這和我平常對自己的感覺相比，就像是一滴水掉入大海中一般。當然，我無法評估這個幻影與現實的最終本質（如果有這類東西的話）有多接近，話雖如此，我還深信這個經驗。

這些經驗在當時或許非常令人信服，但是很難評估它們基本的效力。正如喬治·吉萊斯畢（**George Gillespie**）反覆強調的，某人在夢中經歷某個超自然的現實，不論是神、空間、涅槃等，我們無法據此下結論說，造夢者確實經歷了超自然的現實。[26]否則，豈不就像你在夢中贏了樂透，一夜之間，你一醒來就變成百萬富翁一樣。因此，探索時保持健全的評斷是有道理的，記住，這些都是夢，可以輕易代表錯覺或真相。不要相信，但也不要不相信，可是心裡要記住：生命中的事，遠比你所知道的還要多。心理學家查爾斯·塔特（**Charles Tart**）詮釋經驗的意義時，也提出類似的警告：

> 通靈、冥想、清明夢或一般夢、神祕經驗等等，都會敞開我們的心靈，讓我們對世界有

嶄新的領悟，帶領我們超越平常的限制，也會暫時創造最令人信服的「明顯」真實，令人興奮、狂喜的似真幻覺。那時，我們就必須練習培養自己的辨別力。否則，太開放的心靈，可能會比封閉但理智的心靈更危險。[27]

法麗芭·波茲扎蘭做了個研究，調查人們在清明夢裡尋找聖靈時，會發生什麼事。她的研究聚焦在人們先前對聖靈的概念，以及尋找聖靈的方法對真正夢見神的經驗有什麼影響。有些人認為，神是具有人形的，是一個有智慧的老人、是基督，或是無所不容的聖母；有些人則將聖靈看作是無形無相的，不具人形的宇宙的力量。在她的研究中，那群相信「至高無上」具有人形的人裡，有百分之八十以上都在夢裡看見神以人形出現；而相信「至高無上」不具人形的人，也有百分之八十以上都經歷了聖靈以非人形的方式出現。

人們尋找聖靈的方式，也會影響他們的經歷。波茲扎蘭將她的受試者，分為兩組：一組是主動在清明夢裡尋找神的人；另一組則是敞開胸、接受任何聖靈出現經驗的人。這兩組造夢者在方法上的差別，明顯來自他們表達意念的措辭。主動尋求者比較傾向於，他們計畫要在清明夢裡「尋找至高無上」；敞開心胸臣服於聖靈者，則傾向於表達他們希望「體驗聖靈」的意念，或是開放自我面對聖靈。相對於主動尋求組，被動、臣服組對於神的樣貌比較沒有預期，也經歷了比較多沒預期到的結果。「臣服者」通常不需尋求，就會遇見某些聖靈的化身；「尋求者」也會找到神，但是往往找到的就是他們預期中的神。

這份研究顯示，我們的成見對在清明夢裡所經歷的神，有著重大影響，至少，在我們刻意尋求這類經驗時是如此。這是否意味著，我們在夢中看見神時，看到的不盡然是神呢？我不認為可以那樣說。聖靈在每個人心中都有不同的形式，或許我們的成見，就僅僅是我們在夢裡看見，並投射於「至高無上」之上的那個影像。但是，波茲扎蘭的研究結果顯示，如果我們臣服，如果我們不強迫自己在夢裡尋找神，可能會對於聖靈具有更深層的經驗。同時，尋找聖靈時，你應當注意如何用言語來表達你的意念，因為這會直接影響你在清明夢裡尋找神的行動。[28]

練習 38 尋找至高無上的神

一、挑選一句，能引起你追尋神的句子

想想對你而言最重要的事。設計出一個肯定或詢問的單句，讓這個句子呈現出你至高無上的渴望。確定這是你真心想獲得解答的問題，或是可以毫不保留說出的肯定句。

以下是可能的句子：

- 「我要尋找神（或真理、至高無上、神聖、至高奧義等）。」
- 「我想要遇見真正的自己。」
- 「讓我看看一切的初始。」
- 「我是誰？」
- 「我不清楚我內心的渴望。我要怎麼找到？」
- 「如果我有必須執行的天命。那是什麼？」
- 「我來自何處？我為何在這？我要去哪？」
- 「我目前（或是接下來）最需要知道（或執行）的重要事情是什麼？」
- 「請引導我到愛與光中。」

- 「讓我記起我的任務。」
- 「讓我覺醒。」

一次只要挑選一個單句，寫下並背誦你的肯定句或問句。

二、就寢前，請再次提醒自己

睡覺前，提醒自己你的肯定句或問句，以及你打算在下個清明夢裡詢問或確認的意念。

三、在你的清明夢裡下定決心，提出你的問題

進入清明夢後，請一邊隨著夢境的發展，一邊重複陳述你的肯定句，或是問句。要記住這個單句對你的意義，放開心胸，接受更高的指引。想辦法讓自己對於夢要帶你去的地方，保持機敏，並且盡可能放下應該要發生何事的成見，接納你將獲得的事物。

祕訣小分享

如果你難以決定想尋找的事物，請想像死亡天使正為你而來，這對你或許會非常有幫助。「多給我點時間！多給我點時間！」你請求道。「大家都這麼說，」天使回答：「但事實上，你可以許最後一個願望。大多數人都會把這個願望浪費在找牧師或律師，或是抽根菸，所以你要小心謹慎。在你最後一個夢裡，你想做什麼事？」將這個問題放在這個情境下，絕對會幫你排除那些瑣碎的事，留下對你而言真正重要的事。

人們睡著了

在十二世紀時，阿富汗的蘇非派大師哈金．沙奈寫道：「人們睡著了，只關注無用之事，住在錯誤的世界裡。」[29]將近一千年後，狀況幾乎沒有改變，人們仍在沉睡。有些人可能會覺得難以相信，認為如果這是真的，我們應該會知道！然而事實是，夢遊者永遠不會知道自己在睡覺。

同樣地，當我們走在人生的道路上，幾乎總是假設自己是清醒的。我們認為睡眠是不動的，但**這**是行動，因此現在是**清醒狀態**。我們不認為自己睡著了，就像夢遊者也不覺得自己睡著了。的確，蘇非派的箴言就強調了這一點：

> 畏懼毀滅之路之艱辛的人哪，不要害怕。
> 這條路非常容易，甚至可以睡著走完。[30]

造夢者對於自己的睡眠狀態，會抱持敏銳的覺察，正如以下南非數學家懷特曼（J. H. M. Whiteman）的經驗：

（參加知名弦樂四重奏的音樂會）之後……我記得睡覺時心靈平靜，充滿平靜喜樂。當晚做的夢起初相當惱人，接著，我似乎順利經過了一個區塊，那裡有明顯的寒意吹到我身上，引發我的注意力，對它產生奇怪的興趣。就在那時，我的夢境轉為清明。突然間，到目前為止都令我困惑不已的事消逝了，冒出新的、清晰的空間，我感覺到前所未有的自由與精確。我產生一種十分確定的想法，那就是：「我以前從未清醒過。」[31]

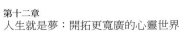

除非你有過類似清明夢的經驗，否則一般人難以想像，自己怎麼會尚未完全清醒。但是，透過思考以下類比，你就會理解其中道理：將平常做夢與做清明夢類比；將「夢遊」狀態，與我們稱之為「清明夢裡的清醒」或「醒來的清醒」狀態類比。

我並不是說，清明夢等同於開悟，只是在比較夢中這兩個層次的覺察力時，它所能顯示我們對生活的理解程度，可能遠遠超過我們目前的理解程度。當我們可以領悟到自己在做夢，我們的夢境世界就合理多了，同時夢境也會提供更多可能性。如此一來，類似於夢中的領悟，就可以被運用在現實生活中，促進我們理解生活脈絡，大大取用我們的潛能與創意。

正如上述，我並不把清明夢看作通往開悟的絕對路徑。或許在藏傳佛教徒的協助下，有了正確的指引，加上其他必要的技巧，真理追尋者可以運用清明夢通往開悟。但是，我主要是將它視為一個指標——一個通往更高階意識的可能性。同時，也將它視為一個提醒——生活周遭的事物，遠多於一般人平常注意到的。以及一種啟發，將它視為帶領我們走向真理之路的嚮導。

伊德里斯·夏在以下的故事裡，生動地描述了我們的情況。

人與蝴蝶

很久很久以前，在一個炎熱的夏日，兩個長途跋涉、疲憊不堪的男人來到了河邊，他們在那裡稍作休息。不久，比較年輕的男人睡著了，嘴巴張得大大的，這幕景象被另一個男人看到了。如果我告訴你，有個小小的生物，一隻美麗的迷你蝴蝶後來從他的唇間飛了出來，你相信嗎？

這隻蝴蝶飛到河中的小島，降落在一朵花上，吸吮著花蜜。接著，繞著那微小的區域飛了好幾圈（對這種體型的昆蟲來說，這個區域看起來一定很大），彷彿很享受這樣的陽光與微風。很快地，蝴蝶找到了另一隻同類，於是兩隻蝴蝶在空中飛舞，彷彿在彼此挑逗。

接著，第一隻蝴蝶再次停在稍微晃動的樹枝上。過了一會兒之後，那隻蝴蝶加入了一群大小不一、種類不同的昆蟲群，這群昆蟲全都聚集在某個癱在青翠草地上的動物屍體旁邊。

好幾分鐘過去了。清醒的旅行者丟了一顆小石頭到靠近小島的水裡，擾動的水波濺到了蝴蝶。起初，蝴蝶幾乎翻倒，但是牠費盡千辛萬苦彈掉翅膀上的水珠，飛入空中。

蝴蝶快速地拍動翅膀，飛回睡著的旅人嘴裡。但是另一個男人現在撿起一片大葉子，擋在他同伴的嘴巴前，不讓那小生物進去。蝴蝶一次又一次衝向這個障礙，似乎極為震驚。那個睡著的人開始挪動身體，發出呻吟。鬧著蝴蝶玩的人丟掉葉子，那隻小生物立刻如同閃電般，衝入睡著的人張開的嘴巴裡。蝴蝶一進到嘴巴，那個睡著的人立刻顫抖地坐了起來，非常清醒。

他告訴他的朋友：「我剛才經歷了一個很不愉快的經驗，一個很恐怖的惡夢。我夢見自己住在一個舒服安全的城堡，但是卻變得很不安，於是我決定探索外面的世界。

「我在夢裡透過神奇的方式來到一個遙遠的國家，那裡到處都很歡樂愉悅。我盡情享受珍饈，還遇見一位美得無與倫比的女人，和她跳舞。我和許多朋友玩樂飲宴，來自不同人種、狀況、性格、年齡和膚色的朋友。

「這樣的生活經歷了好多年。突然間，毫無預警地，發生了大災難：巨浪襲擊島嶼。我渾身溼透，差點就淹死了。我像是插了翅膀般，猛力飛奔想回到城堡，但是等我到了入口，卻進不去。某個巨大的惡靈豎起一道綠色的大門，我一再衝向大門，但就是開不了門。

「突然間，就在我覺得我快要死時，我想起一個可以解除魔法的咒語，我剛說出咒語，那道綠色大門就像是風中的樹葉般倒了，於是我終於能再次進到我家，安全地在裡面生活。但是我很害怕，夢就醒了。」[32]

夏評論道，這個故事**現在說完了**，你可能已經猜到，你就是那隻蝴蝶，而那座島就是這個世界。你喜歡與不喜歡的事物，都不是你所以為的事物。就連到了該離開的時候（或是當你想到這件事時），你只會發現扭曲的事實。這也就是為何這個問題平常無法被理解。但是「蝴蝶」之外，其實是「睡著的男人」，在這兩者的背後，則是真正的真實。只要時機適當，「蝴蝶」就會了解到，自己源自何處、「睡著的男人」的本質，以及這兩者以外的一切。[33]

後記

冒險持續進行中

讀完本書，你已經了解了許多關於做夢心靈的資訊，很快就要成為專業的夢境探索者了！如果讀完這本書，你還未成功做過清明夢，而這些練習與技巧的實驗也不順利，請別放棄！學會這個技巧的速度，有賴以下因素如何影響你，如：是其他哪些事分散了你的注意力，或是你記得夢境的能力？不管如何，鍥而不捨總是會帶來回饋的。

務必要投注充分的時間，培養練習推引技巧所需的基本能力。如果你的推引技巧效果不彰，請將精神集中於基本練習，同時也要練習附錄的補充練習。記住，萬丈高樓平地起。

本書並不是清明夢的結局。我們的研究仍然會持續進行，想找到更好、更容易的方法來達到清明。正如第三章所述，我們已經研發了稱之為「夢境亮光」的清明夢推引設備，同時，我們也已經發現這個設備有助於人們做清明夢。對於從未做過清明夢，以及有較多清明夢經驗的人來說，這個設備都能發揮功效。此外，我們也將繼續研究運用清明夢來解決生活問題的方法，如果你想多了解這方面的訊息，或是想加入我們一起探索清明夢的世界，我想在此介紹你認識清明學會。

媒體對清明夢的興趣，以及我在過去十年間所收到的許多信件，讓我明白其他人和我一樣，都覺得在夢中保持清醒的經驗或想法非常有趣，也十分引人矚目。有鑑於大眾對清明夢的興趣日漸濃厚，藉由《清明夢》與本書，我想對此做出部分回應。

麥可．拉波特是一位企管顧問，同時也是夢境探索者，他對於清明夢有著強烈的使命感，想將清明夢的好處介紹給普羅大眾。在他的寶貴協助下，我成立了清明學會。清明學會的目的在於：促進意識本質與潛能的研究，重點以清明夢為主，並運用研究成果提升人類的健康與福祉。

清明學會的工作目的在於，盡可能讓更多人享受清明夢的好處，為了達成這個目的，我們以幾個形式同時進行。首先，夢境亮光清明夢推引設備已經上市，因此，如果你有興趣試用這個設備，請聯絡清明學會。此外，我們也成立了會員社團，讓對清明夢有興趣的朋友，能夠參與並協助我們研究夢境與現實生活的清明度。我們也開設訓練課程，並出版季刊《夜光》（*NightLight*）；會員們可以從這本季刊了解、參與，並支持我們繼續研究睡眠時的意識。

在每期《夜光》季刊裡，清明學會的會員都可以看到有關清明夢實驗的資訊，包括不同的推引、研究或運用清明夢的方式。清明學會的夢境探索者會告知《夜光》的編輯他們的成果，而《夜光》的編輯則會在下一期季刊中，列出成果摘要。此外，《夜光》會回答有關清明夢的一般問題、提供清明學會最新的活動訊息（工作坊、技術發展與網路計畫），並呈現鼓舞人心的清明夢案例，《夜光》也會協助夢境探索者與研究人員彼此學習。

我希望你能加入我們的精彩冒險，一起探索清明夢的世界。

威廉・布雷克（William Blake）在某次晚飯後，在和先知以西結（Ezekiel）、以賽亞（Isaiah）的聊天中，問道：「是否只要抱持堅定的說服力，說某件事是何種狀況，就能讓那件事變成該狀況呢？」以賽亞回答道：「所有的詩人都這麼認為，在長期的想像力中，這個堅定說服力甚至足以移山，但是許多人並不具備堅定的說服力。」❶

許多清明夢推引步驟需要使用特定的意念，這種特定的意念一般認知為「意志」，其活動模式有著難以捉摸的特性。就像個性的其他層面一樣，意志在不同人身上，似乎都不太一樣，有些人似乎單憑「意志力」就能完成事情，但是許多人似乎「毫無意志力」可言。幸運的是，意志似乎可透過妥當的練習而加以強化。

羅伯特・阿薩吉歐利（Roberto Assagioli）在他的著作《意志行為》（*The Act of Will*）裡，描述了強化意志的方法。❷以下練習就是要讓你了解意志的價值，藉此獲得力量。

練習 39 創造自己的理想形象

一、思考因缺乏意志所導致的問題

拿一本便條紙坐下，閉上雙眼，想想目前因為缺乏意志，所可能導致的**負面**結果。如果你是老菸槍、酗酒或暴飲暴食，如果你無法取回你應得的事物，或是無法保護自己免於受傷。如果你似乎沒辦法做你所知對你最好的事，那麼，請思考一下，這會產生什麼不愉快的結果。同時，務必要把所有想到的事，都一一寫下，並思索這些事情。

二、思考堅定意志的好處

在心靈的眼睛裡描繪出同等逼真的畫面，這回，請描述建立更堅定意志的**正面**結果。正如練習的第一部分，首先請先審視、思索一個更堅定的意志，以及它每個潛在的正面結果，接著，請寫下這些結果。同樣地，思索你可能獲得的好處，如：滿足、認同、享受、成就等，如果此時你感覺到強烈的正面情緒，請讓自己停留在這些情緒中。接著，請集中精神將你的感覺轉換為強而有力的欲望，以便培養必要的意志。

三、用堅定意志創造自己的形象

把自己看成**已擁有**堅定的意志，在意志已經完全發展的前提下，進行思考和行動。想像自己運用這個高度發展的意志，盡一切可能達到最佳狀況。讓這個阿薩吉歐利所謂的「理想模型」，賦予你的意念力量，以培養你的意志。

正如我們身體與心靈的其他器官與功能，意志可透過練習加以強化。當我們要特別強化某個肌肉群組，我們採用特別針對那個肌肉群組的鍛鍊練習。同樣地，在強化意志時，隔離其他心理功能以訓練意志是很有用的。[3] 這可以透過實施「無用的」練習來辦到。美國心理學創始者威廉・詹姆士（William James）寫道，你應當「每天做些小小無用的練習，以維持自己勤奮努力的機能。」[4] 博伊・巴瑞特（Boyd Barrett）在他的著作《意志的力量與培養意志的方法》（*Strength of Will and How to Develop It*）提到這類練習的一個例子[5]：訓練者要連續七天、每天站在椅子上十分鐘，同時試著維持知足的態度。有個人做了這個練習，在練習了三天後，他提到：「自己要求自己做這種練習，讓我有種充滿力量的感覺，能憑著意志感覺到歡樂與能量。這個練習使我確實『提升』，喚醒了我的崇高感……」[6]

你可以將許多日常活動與經驗放進意志練習。比如說，你可以試著練習在工作出現困難時，保持平靜的心情，或是塞車時保持耐心。我們將在下文中，提供你訓練意志的方案。

練習 40 意志力訓練：執行重複的任務

下面是一份「隨意」練習的清單：

- 將五十個迴紋針從一個盒子移到另一個盒子，一個接一個，不慌不忙、慢慢地放。
- 從椅子起身、坐下三十次。
- 站在椅子上五分鐘。
- 靜靜地出聲重複說道：「我會這麼做。」持續五分鐘。
- 早上比應當要起床的時間提早十五分鐘起床。
- 一整天都要完全抗拒埋怨的衝動。

- 寫一百次下面的句子：「我要寫個沒用的練習。」
- 和五個你以前從未談過話的人打招呼。
- 找首你喜歡的詩，長度約二十行，或兩百個字，並背誦這首詩。

一、從上列清單中的某個任務開始做起

第一天，請挑選上面的某個任務，只要做這個任務即可；執行這個任務時，請專注於這個任務與你的感覺；試著保持頭腦冷靜，不要對這個練習的成果感到不耐煩或是懷疑；任務完成後，請寫下你的想法與感覺。如果你順利完成任務，第二天請做步驟二；如果你沒有完成或沒做任務，第二天請再試著做同樣的任務。

二、增加另一個任務

完成步驟一後，請挑選另一個任務，並在同一天執行這個任務，以及步驟一所做的任務。同樣地，在執行任務時，請保持頭腦冷靜，完成任務後請做筆記。連續兩天做這兩個任務，或是在這兩天內順利完成這兩個任務。

三、增加第三個任務

第四天時，請增加一個任務。連續兩天做這三個任務，並繼續記錄其餘的練習。

四、丟掉一個舊任務，挑選一個新任務

在這兩天完成三個任務後，請丟掉一個舊任務，增加一個新任務，如此一來，你還是有三個任務。同樣地，在兩天內執行三個任務；兩天後，請繼續丟掉一個舊任務，增加一個新任務，維持三個任務的比例，直到最後你順利完成所有任務為止。

五、試驗你自己列的任務

請按照你自己的方向繼續做練習，你可以編造自己的任務，隨喜好增加更多練習到日常生活中。然而，請勿給自己過多的練習，否則你可能會感到灰心沮喪。執行任務時，記得要試著感覺知足，別感到不耐煩，或是急著想得到回饋。

練習 41　專注力訓練：注視蠟燭火焰

本書提到的清明推引程序有許多都和想像有關，比如說，第四章的夢境蓮花與火焰練習，要求你必須能夠想像蓮花中央有著火焰，同時集中精神在火焰上，直到進入夢境為止。如果你覺得無法產生逼真的想像，請別失望，只要你有練習，你的技巧就會改善。以下練習是專門設計來強化你想像心靈影像的能力，將你對外在物體的視覺感受，調整為能看見想像的內在能力。

一、注視蠟燭的火焰

將燃燒的蠟燭放在你面前，在距離蠟燭前約一公尺處坐下，讓自己能輕易看見火焰。專注地看著火焰，盡量看久一點，但是不要看到讓自己眼睛疲累的程度。

二、必須休息時就休息

當你開始覺得眼睛吃力，請閉上雙眼，靜靜地坐一下子，想像前面的火焰。固定做這個練習，你很快就會提高長時間專注的能力。（**改編自米希拉的著作**）[7]

練習 42 觀想訓練：閉著眼就能歷歷在目

每天練習第一部分一至兩次，練習二至三天。每個過程都不要超過五分鐘，接著，請換到第二部分。

第一部分

一、面對一個簡單的物體坐著

選一個物體注視，如：蘋果、岩石、蠟燭或咖啡杯。選一個小而簡單的靜物，將這個靜物放在距離你不到一公尺處，自在地坐著。

二、集中精神看著那個物體

雙眼張開，試著將整個物體納入視線所及的範圍。試著沉浸於整體視覺印象，不要只專注在該物體的某個明確特徵。確認分散的心思與感覺，接著，就讓這些心思與感覺飄走。

三、閉上雙眼，觀察該物體的殘像

幾分鐘後，閉上雙眼，注視該物體的殘像，直到影像消失為止。接著，請張開雙眼，再次專注地看著該物體。重複這個步驟數回；殘像應該會變得越來越清晰、逼真、具體。不要費力製造出影像，就讓清晰度自然而然地浮現。

第二部分

一、集中精神看你面前的物體，將此當作暖身

重複第一部分好幾次，將此當作暖身。

二、想像該物體懸掛在你面前的空間

張開雙眼，視線離開該物體，並想像該物體在你面前不到一公尺之處，約莫視線水平處飄浮。起初可能看起來很奇怪，但是請不要過於緊張，你可能會想先專注於你對物體的感覺，而不是物體的詳細結構。只要接受該物體占據你的視線空間，並且專注於那個感覺即可——那個影像之所以占據了該空間，是因為你的意念。接著，看見影像的感覺會從那個體悟與感覺中浮現。

三、想像該物體在你的內部

在你可以想像該物體在你面前之後，接著，請重複步驟二，但是這回請想像該物體在你的內部。由於某些清明夢推引技巧必須要想像物體在喉嚨的區域，因此，請試著看見該物體在你的喉嚨，接著，再把該物體移出。反覆將你的想像從外在位置轉換到內在位置，直到你能毫不費力地做這件事為止。

（改編自祖古的著作）❽

註釋

第一章　別再浪費你的夢：認識什麼是清明夢

1. Principally Lynne Levitan and Robert Rich, under the sponsorship of Dr. William Dement.
2. T. Tulku, *Openness Mind* (Berkeley, Calif.: Dharma Publishing, 1978), 74.
3. G. S. Sparrow, *Lucid Dreaming: The Dawning of the Clear Night* (Virginia Beach: A.R.E. Press, 1976) 26-27.
4. I. Shah, *Seeker After Truth* (London: Octagon Press, 1982), 33.
5. W. James, *Principles of Psychology* (New York: Dover, 1891/1950).

第二章　睡前的啟動：做清明夢前的準備工作

1. S. Rama, R. Ballantine, and S. Ajaya, *Yoga and Psychotherapy* (Honesdale, Pa.: Himalayan Institute, 1976), 166.
2. P. D. Ouspensky, *A New Model of the Universe* (London: Rout- ledge & Kegan Paul, 1931/1971), 244.
3. S. LaBerge, *Lucid Dreaming* (Los Angeles: J. P. Tarcher, 1985).
4. I. Shah, *The Way of the Sufi* (London: Octagon Press, 1968), 244.
5. For further discussion of dream journals, see G. Delaney, *Living Your Dreams* (New York: Harper & Row, 1988); A. Faraday, *The Dream Game* (New York: Harper & Row, 1974); P. Garfield, *Creative Dreaming* (New York: Ballantine, 1974); M. Uliman and N. Zimmerman, *Working with Dreams* (New York: Delacorte, 1979).
6. O. Fox, *Astral Projection* (New Hyde Park, N.Y.: University Books, 1962), 32-33.
7. See J. M. Williams, ed., *Applied Sport Psychology* (Palo Alto, Calif.: Mayfield Publishing, 1986).
8. B. A. Locke et al., "Goal Setting and Task Performance," Psychological Bulletin 90 (1981): 125-152.
9. D. Gould, "Goal Setting for Peak Performance," in Applied Sport Psychology, ed. J. M. Williams (Palo Alto, Calif.: Mayfield Publishing, 1986).
10. LaBerge, op. cit.
11. A. Worsley, "Personal Experiences in Lucid Dreaming," in Conscious Mind, Sleeping Brain, eds. J. Gackenbach and S. LaBerge (New York: Plenum, 1988), 321-42.
12. E. Jacobsen, *Progressive Relaxation* (Chicago: University of Chicago Press, 1958).
13. S. Rama, *Exercise Without Movement* (Honesdale, Pa.: Himalayan Institute, 1984).
14. Adapted from Rama.

第三章　在夢境中醒來：進入清明夢的方法

1. O. Fox, *Astral Projection* (New Hyde Park, N.Y.: University Books, 1962), 35-36.
2. P. Tholey, "Techniques for Inducing and Maintaining Lucid Dreams," Perceptual and Motor Skills 57 (1983): 79-90.
3. C. McCreery, *Psychical Phenomena and the Physical World* (London: Hamish Hamilton, 1973).
4. W. Y. Evans-Wentz, ed., *The Yoga of the Dream State* (New York: Julian Press, 1964).
5. 同上
6. 同上
7. Tholey, op. cit.
8. 同上
9. Ibid, 82.
10. Tholey, op. cit.
11. S. LaBerge, Lucid Dreaming: *An Exploratory Study of Consciousness During Sleep* (Ph.D. diss., Stanford University, 1980). (University Microfilms International No. 80-24, 691).

12. J. Harris, "Remembering to Do Things: A Forgotten Topic," in Everyday Memory, eds. J. Harris and P. Morris (London: Academic Press, 1984).

13. LaBerge, op. cit.

14. P. Garfield, "Psychological Concomitants of the Lucid Dream State," Sleep Research 4 (1975): 184.

15. P. Garfield, *Pathway to Ecstasy* (New York: Holt, Rinehart .& Winston, 1979).

16.LaBerge, op. cit.

17.Tholey, op. cit.

18. C. Tart, "From Spontaneous Event to Lucidity: A Review of Attempts to Consciously Control Nocturnal Dreams," in Conscious Mind, Sleeping Brain, eds. J. Gackenbach and S. LaBerge (New York: Plenum, 1988), 99.

19. LaBerge, op. cit.

20. J. Dane, *An Empirical Evaluation of Two Techniques for Lucid Dream induction* (Ph.D. diss., Georgia State University, 1984).

21. S LaBerge, et al.," This Is a Dream: Induction of Lucid Dreams by Verbal Suggestion During REM Sleep," Sleep Research 10 (1981): 150.

22. W. Dernent and E. Wolpert, "The Relation of Eye Movements, Body Motility, and External Stimuli to Dream Content," Journal of Experimental Psychology 55 (1958): 543-53.

23. R. Rich, "Lucid Dream Induction by Tactile Stimulation During REM Sleep" (Unpublished honors thesis, Department of Psychology, Stanford University, 1985).

24. S. LaBerge et al., "Induction of Lucid Dreaming by Light Stunulation During REM Sleep," Sleep Research 17 (1988): 104.

25. DreamLighttm is a registered trademark of the Lucidity Institute, Inc., Woodside, California.

26. S. LaBerge, unpublished data.

27. S. LaBerge, *Lucid Dreaming* (Los Angeles: J. P. Tarcher, 1985), 149.

28. S. LaBerge, "Induction of Lucid Dreams Including the Use of the DreamLight," Lucidity Letter 7 (1988): 15-22.

29. J. Gackenbach and 1. Bosveld, *Control Your Dreams* (New York: Harper & Row, 1989), 36.

30. 同上 , 57.

31. S. LaBerge and R. Lind, "Varieties of Experience from LightInduced Lucid Dreams," Lucidity Letter 6 (1987): 38-39.

第四章　催眠與孵夢：從無意識到有意識的睡眠

1. S. LaBerge, *Lucid Dreaming: An Exploratory Study of Consciousness During Sleep* (Ph.D. diss., Stanford University, 1980). (University Microfilms International No. 80-24, 691)

2. S. LaBerge, unpublished data.

3. 同上

4.S.LaBerge, *Lucid Dreaming*, (Los Angeles. J.P. Tarcher, 1985).

5. P.Tholey, "Techniques for Inducing and Maintaining Lucid Dreams," Perceptual and Motor Skills 57 (1983): 79-90.

6. D.L.Schacter, "The Hypnagogic State: A Critical Review of Its Literature," Psychological Bulletin 83 (1976): 452-481; P. Tholey, "Techniques for inducing and Maintaining Lucid Dreams," Perceptual and Motor Skills 57 (1983): 79-90.

7. P. D. Ouspensky, *A New Model of the Universe* (London: Routiedge & Kegan Paul, 1931/1971), 252.

8. 同上 , 244.

9. N. Rapport, "Pleasant Dreams!" Psychiatric Quarterly 22 (1948): 314.

10. 同上 , 313.

11. Tholey, op. cit., 83.

12. 同上

13. T. Tulku, *Hidden Mind of Freedom* (Berkeley, Calif.: Dharma Publishing, 1981), 87.

14. W. Y. Evans-Wentz, ed., *The Yoga of the Dream State* (New York: Julian Press, 1964).

15. R. deRopp, *The Master Game* (New York: Dell, 1968).

16. T. N. Hanh, *The Miracle of Mindfulness:A Manual on Meditation* (Boston: Beacon Press, 1975).

17. Evans-Wentz, Op. Cit.

18. 同上

19. T. Tulku, *Openness Mind* (Berkeley, Calif.: Dharma Publishing, 1978).

20. L. A. Govinda, *Foundations of Tibetan Mysticism* (London: Ryder & Co., 1969).
21. Tulku, op. cit.
22. LaBerge, *Lucid Dreaming: An Exploratory Study*, op. cit.
23. 同上 , See also S. LaBerge, *Lucid Dreaming* (Los Ang eles: J. P. Tarcher, 1985).
24. Tholey, op. cit.
25. S. Rama, *Exercise Without Movement* (Honesdale, Pa.: Himalayan Institute, 1984).
26. Tholey, op. cit., 84.
27. LaBerge, *Lucid Dreaming*, op. cit.
28. Tholey, op. cit.
29. Rama, op. cit.
30. Tholey, op. cit., 85.
31. 同上
32. 同上

第五章　操控夢境就能翻轉人生？

1. G. J. Steinfield, "Concepts of Set and Availability and Their Relation to the Reorganization of Ambiguous Pictorial Stimuli," Psychological Review 74 (1967): 505-525.
2. F. C. Bartlett, *Remembering* (London: Cambridge University Press, 1932), 38.
3. B. R. Clifford and R. Bull, *The Psychology of Person Identification* (London: Routledge & Kegan Paul, 1978).
4. D. Rumeihart, quoted in D. Goleman, *Vital Lies, Simple Truths* (New York: Simon & Schuster, 1985), 76.
5. Rumethart, op. cit., 77.
6. S. LaBerge, *Lucid Dreaming* (Los Angeles: 3. P. Tarcher, 1985).
7. I. Shah. *The Sufis* (New York: Doubleday, 1964), 87.
8. P. D Ouspensky, *A New Model of the Universe* (London: Rout- ledge & Kegan Paul, 1931-1971), 281.
9. C. Green, *Lucid Dreams* (Oxford: Institute for Psychophysical Research, 1968), 85.
10. P. Garfield, *Creative Dreaming* (New York: Ballantine, 1974), 143.

第六章　第一次設計夢境就上手：做清明夢的原則與練習

1. L. Magallon, "Awake in the Dark: Imageless Lucid Dreaming," Lucidity Letter 6 (1987): 86-90.
2. H. von Moers-Messmer, "Traihne mit der gleichzeitigen Erkenntnis des Traunizustandes," Archiv fur Psychologie 102 (1938): 291-318.
3. G. S. Sparrow, *Lucid Dreaming: Dawning of the Clear Light* (Virginia Beach: A.R.E. Press, 1976).
4. C. Castaneda, *Journey to Ixtlan* (New York: Simon & Schuster, 1972).
5. Sparrow, op. cit., 43.
6. A. Hobson, *The Dreaming Brain* (New York: Basic Books, 1988).
7. K. M. T. Hearne, *Lucid Dreams: An Electrophysiological and Psychological Study* (Unpublished Phi). diss., Liverpool University, 1978).
8. A. Worsley, *Personal communication*, 1982.
9. Sparrow, op. cit., 41.
10. S. LaBerge, *Lucid Dreaming: An Exploratory Study of Consciousness During Sleep* (Ph.D. diss., Stanford University, 1980). (University Microfilms International No. 80-24, 691).
11. A. Worsley, " Personal Experiences in Lucid Dreaming," in Conscious Mind, Sleeping Brain eds. J. Gackenbach and S. LaBerge (New York: Plenum, 1988), 321-342.
12. P. Tholey, "Techniques for Inducing and Maintaining Lucid Dreams," Perceptual and Motor Skills 57 (1983): 87.
13. F. Bogzaran, "Dream Marbling," ink & Gall: Marbling Journal 2 (1988): 22.
14. Worsley, "Personal Experiences," op. cit.
15. 同上 , 327.
16. Tholey, op. cit., 79-90.
17. 同上 , 87.
18. 同上 , 88.
19. Worsley, "Personal Experiences" op. cit.

第七章　夢境用途之一：哪裡都能去的夢境旅行

1. H. Ellis, quoted in W. C. Dement, *Some Must Watch While Some Must Sleep* (San Francisco: Freeman & Co., 1972). 102.

2. K. Keizer, *The Sun and the Shadow: My Experiment with Lucid Dreaming* (Virginia Beach, Va.: A.R.E. Press, 1987), 140- 141.

3. R. Ornstein and D. Sobel, *Healthy Pleasures* (Reading, Mass.: Addison-Wesley, 1989).

4. P. Garfield, *Pathway to Ecstasy* (New York: Holt, Rinehart & Winston, 1979), 45.

5. F. Ungar, ed., *Goethe's World View* (New York: Frederick Ungar Publishing Co., 1983), 94.

6. J. Campbell, *The Hero With a Thousand Faces* (Princeton, N.J.: Princeton University Press, 1973).

7. 同上, 30.

第八章　夢境用途之二：比賽或演出前的排練

1. C. A. Garfield and H. Z. Bennett, *Peak Performance: Mental Training Techniques of the World's Greatest Athletes* (Los Angeles: J. P. Tarcher, 1984).

2. R. S. Vealey, "Imagery Training for Performance Enhancement," in Applied Sport Psychology, ed. J. M. Williams (Palo Alto, Calif.: Mayfieki Publishing, 1986), 209-234.

3. C. Corbin, "The Effects of Mental Practice on the Development of a Unique Motor Skill," NCPEAM Proceedings (1966); J. B. Oxendine, "Effect of Mental and Physical Practice on the Learning of Three Motor Skills," Research Quarterly 40 (1969); 755-763; A. Richardson, "Mental Practice: A Review and a Discussion, part 1, Research Quarterly 38 (1967): 95-107; K. B. Start, "The Relationship between Intelligence and the Effect of Mental Practice on the Performance of a Mental Skill," Research Quarterly 31(1960): 644-649; K. B. Start, "The Influence of Subjectively Assessed Games Ability on Gain in Motor Performance after Mental Practice," Journal of Genetic Psychology 67 (1962): 169-173.

4. Vealey, op. cit., 211-212.

5. R. M. Suinn, "Behavioral Rehearsal Training for Ski Racers," Behavior Therapy 3 (1980): 519.

6. M. Jouvet, "Neurophysiology of the States of Sleep," Physiological Reviews 47 (1967): 117-177.

7. Vealey, op. cit.

8. P. Tholey, "Applications of Lucid Dreaming in Sports." Unpublished manuscript.

9. 同上

10. 同上

11. 同上

12. A. Bandura, *Social Foundations of Thought and Action* (New York: Prentice Hall, 1986) 19.

13. 同上, 19.

14. I. Shah, *Caravan of Dreams* (London: Octagon, 1966), 11.

第九章　夢境用途之三：獲得解決問題的靈感

1. R. Harman and H. Rheingold, *Higher Creativity* (Los Angeles: J. P. Tarcher, 1984).

2. C. Rogers, *On Becoming a Person* (Boston: Houghton Muffin, 1961), 350.

3. O. Loewi, "An Autobiographical Sketch," Perspectives in Biology and Medicine 4 (1960): 17.

4. E. Green, A. Green, and D. Walters, "Biofeedback for Mind-Body Self-Regulation: Healing and Creativity," in Fields Within Fields. Within Fields (New York: Stulman, 1972), 144.

5. Rogers, op. cit.

6. F. Bogzaran, "Dream Marbling," Ink & Gall: Marbling Journal 2 (1988): 22.

7. R. L. Stevenson, "A Chapter on Dreams," in Across the Plains (New York: Charles Scribner' s Sons, 1901), 247.

第十章　夢境用途之四：克服夢魘，釋放內在恐懼

1. E. Hartmann, *The Nightmare* (New York: Basic Books, 1984).

2. S. LaBerge, L. Levitan, and W. C. Dement, ¡ § Lucid Dreaming: Physiological Correlates of Consciousness during REM Sleep,¡¨ Journal of Mind and Behavior 7 (1986): 251-258.

3. S. Freud, "Introductory Lectures on Psychoanalysis," in Standard Edition of the Complete Psychological Works of Sigmund Freud, vol. 15 (London: Hogarth Press, 1916-17), 222.

4. Hartmann, op. cit.; A. Kales et al., "Nightmares: Clinical Characteristics of Personality Patterns," American Journal of Psychiatry 137 (1980): 1197-1201.

5. J. A. Gray, "Anxiety," Human Nature 1 (1978): 38-45.

6. C. Green, *Lucid Dreams* (London: Hamish Hamilton, 1968); S. LaBerge, Lucid Dreaming (Los Angeles: J. P. Tarcher, 1985).

7. I. Shah, *The Way of the Sufi* (London: Octagon Press, 1968), 79.

8. H. Saint-Denys, *Dreams and How to Guide Them* (London: Duck- worth, 1982), 58-59.

9. P. Tholey, "A Model of Lucidity Training as a Means of Self-Healing and Psychological Growth," in Conscious Mind, Sleeping Brain, eds. J. Gackenbach and S. LaBerge (New York: Plenum, 1988), 263-287.

10. G. S. Sparrow, *Lucid Dreaming: Dawning of the Clear Light* (Virginia Beach: A.R.E. Press, 1976), 33.

11. See LaBerge, *Lucid Dreaming*, chapter 9, for a discussion of out-of-body experiences.

12. K. Stewart, "Dream Theory in Malaya," in Altered States of Consciousness, ed. C. Tart (New York: Doubleday, 1972), 161-170.

13. P. Garfield, *Creative Dreaming* (New York: Ballantine, 1974).

14. Tholey, op. cit.

15. 同上, 265.

16. S. Kaplan-Williams, *The Jungian-Senoi Dreamwork Manual* (Berkeley, Calif.: Journey Press, 1985).

17. Tholey, op. cit.

18. Garfield, op. cit., 99-100.

19. Tholey, op. cit., 272.

20. C. McCreery, *Psychical Phenomena and the Physical World* (London: Hamish Hamilton, 1973), 102-104.

21. Kaplan-Williams, op. cit., 204.

22. J. H. Geer and 1. Silverman, "Treatment of a Recurrent Nightmare by Behaviour Modification Procedures," Journal of Abnormal Psychology 72 (1967): 188-190.

23. I. Marks, "Rehearsal Relief of a Nightmare," British Journal of Psychiatry 135 (1978): 461-465.

24. N. Bishay, "Therapeutic Manipulation of Nightmares and the Management of Neuroses," British Journal of Psychiatry 147 (1985): 67-70.

25. M. Arnold-Forster, *Studies in Dreams* (New York: Macmillan, 1921).

26. P. Garfield, *Your Child's Dreams* (New York: Ballantine, 1984).

第十一章　夢境用途之五：療癒心靈創傷

1. E. Rossi, *Dreams and the Growth of Personality* (New York: Bruner/Mazel, 1972/1985).

2. 同上, 142.

3. R. Rilke, *Letters to a Young Poet* (New York: Random House, 1984), 91¡X92. I am grateful to Gayle Delaney for first having drawn my attention to this reference.

4. F. van Eeden, "A Study of Dreams," Proceedings of the Society for Psychical Research 26 (1913): 439.

5. 同上, 461.

6. 同上

7. P. Tholey, "A Model of Lucidity Training as a Means of Self-Healing and Psychological Growth," in Conscious Mind, Sleeping Brain, eds. J. Gackenbach and S. LaBerge (New York: Plenum, 1988, 263-287.)

8. G. S. Sparrow, *Lucid Dreaming: Dawning of the Clear Light* (Virginia Beach: A.R.E. Press, 1976), 31.

9. D. Pendlebury, *The Walled Garden of Truth* (New York: Dutton, 1976), 11.

10. G. Larsen, *Beyond the Far Side* (Kansas City: Andrews, McMeel & Parker, 1983).

11. I. Shah, *Caravan of Dreams* (London: Octagon, 1968), 132.

12. I. Shah, *The Way of the Sufi* (New York: Dutton, 1968), 104.

13. Tholey, op. cit.

14. Shah, op. cit., 110.

15. Tholey, op. cit.

16. B. Langer, *Mindfulness* (Menlo Park, Calif.: Addison-Wesley, 1989).

17. E. Langer, "Rethinking the Role of Thought in Social Interaction," in New Directions in Attribution Research, eds. H. Harvey, W. Ickes, and R. F. Kidd (Hilisdale, N.J.: Eribaum, 1978), 50.

18. Langer, op. cit.

19. I. Shah, *Learning How to Learn* (San Francisco: Harper & Row, 1981), 50.

20. B. Strickland, "Internal-External Control Expectancies: From Contingency to Creativity," American Psychologist 44 (1989): 1-12.

21. S. LaBerge, *Lucid Dreaming* (Los Angeles: J. P. Tarcher, 1985), 153-154.

22. D. T. Jaffe and D. E. Bresler, "The Use of Guided Imagery as an Adjunct to Medical Diagnosis and Treatment," Journal of Humanistic Psychology 20 (1980): 45-59.
23. O. C. Simonton, S. Mathews-Simonton, and T. F. Sparks, "Psychological Intervention in the Treatment of Cancer," Psychosomatics 21(1980): 226-233.
24. A. Richardson, "Strengthening the Theoretical Links between Imaged Stimuli and Physiological Responses,¡¨ Journal of Mental Imagery 8 (1984): 113-126.
25. LaBerge, op. cit., 156.

第十二章　人生就是夢：開拓更寬廣的心靈世界

1. G. Gillespie, "Ordinary Dreams, Lucid Dreams and Mystical Experience," Lucidity LetterS (1986): 31.
2. R. F. Burton, *The Kasidah of Haji Abdu El-Yezdi* (New York: Citadel Press, 1965), 13.
3. P. Brent, "Learning and Teaching," in The World of the Sufi (London: Octagon Press, 1979), 216.
4. T. Tulku, *Openness Mind* (Berkeley, Calif.: Dharma Press, 1978), 74.
5. 1. Shah, *The Sufis* (New York: Doubleday, 1964), 141.
6. Thlku, op. cit., 77.
7. 同上, 90.
8. W. Y. Evans-Wentz, ed., *The Yoga of the Dream State* (New York: Julian Press, 1964).
9. Thlku, op. cit., 76.
10. 同上, 78.
11. 同上, 86.
12. Evans-Wentz, op. cit., 221.
13. 同上
14. 同上
15. 同上, 221-222.
16. 同上, 222.
17. 同上
18. I. Shah, *The Subtleties of the Inimitable Mulla Nasrudin* (London: Octagon Press, 1983), 90.
19. 同上, 54.
20. I. Shah, *Wisdom of the Idiots* (London: Octagon Press, 1971), 122-123.
21. D. Hewitt, Personal communication, 1990.
22. G. S. Sparrow, *Lucid Dreaming: Dawning of the Clear Light* (Virginia Beach, A.R.E. Press, 1976), 13.
23. 同上, 50.
24. 同上
25. S. LaBerge, *Controlling Your Dreams* (audiotape) (Los Angeles: Audio Renaissance Tapes, 1987).
26. G. Gillespie, "Ordinary Dreams, Lucid Dreams and Mystical Experience," Lucidity Letter 5 (1986): 27-31; G. Gillespie, "Without a Guru: An Account of My Lucid Dreaming," in Conscious Mind, Sleeping Brain, eds. J. Gackenbach and S. LaBerge (New York: Plenum, 1988), 343-352.
27. C. T. Tart, *Open Mind, Discriminating Mind* (San Francisco: Harper & Row, 1989), xvi.
28. F. Bogzaran, "Experiencing the Divine in the Lucid Dream State," Lucidity Letter 8 (1990): in press.
29. Shah, *The Sufis*, xxviii.
30. I. Shah, *The Way of the Sufi* (London: Octagon Press, 1968), 252.
31. J. H. M. Whiteman, *The Mystical Life* (London: Faber & Faber, 1961), 57.
32. A. Musa, *Letters and Lectures of Idries Shah* (London: Designist Communications, 1981), 18-20.
33. 同上

附錄

1. W. Blake, *The Portable Blake* (New York: Viking Press, 1968), 256.
2. R. Assagioli, *The Act of Will* (New York: Viking Press, 1973).
3. 同上
4. W. James, quoted in Assagioli, op. cit., 40.
5. B. Barrett, quoted in Assagioli, op. cit., 39.
6. B. Barrett, *Strength of Will and How to Develop It* (New York, 1931).
7. R. Mishra, *Fundamentals of Yoga* (New York: Lancer Books, 1959).
8. T. Tulku, *Hidden Mind of Freedom* (Berkeley, Calif.: Dharma Publishing, 1981).

國家圖書館出版品預行編目 (CIP) 資料

清明夢完全使用手冊：操控夢境，翻轉人生 / 史蒂芬 ・ 賴博格 (Stephen LaBerge)、 霍華德 ・ 瑞格德 (HowardRheingold) 著 ; 蔡永琪譯 . – 二版 . --
臺北市 : 橡實文化出版 : 大雁文化發行 , 2023.02
272 面 ;17*22 公分
譯自 : Exploring the World of Lucid Dreaming
ISBN 978-626-7085-70-7(平裝)

1.CST: 夢 2.CST: 解夢

175.1 111021898

BC1018R

清明夢完全使用手冊：操控夢境，翻轉人生

Exploring the World of Lucid Dreaming

作　　者　史蒂芬・賴博格 (Stephen LaBerge)、霍華德・瑞格德 (Howard Rheingold)
譯　　者　蔡永琪
責任編輯　于芝峰
圖文整合　洪祥閔
封面設計　小草

發 行 人　蘇拾平
總 編 輯　于芝峰
副總編輯　田哲榮
業務發行　王綬晨、邱紹溢
行銷企劃　陳詩婷
出　　版　橡實文化 ACORN Publishing
臺北市 105 松山區復興北路 333 號 11 樓之 4
電話：02-2718-2001 傳真：02-2719-1308
E-mail：acorn@andbooks.com.tw
網址：www.acornbooks.com.tw

發　　行　大雁出版基地
臺北市 105 松山區復興北路 333 號 11 樓之 4
電話：02-2718-2001 傳真：02-2718-1258
讀者傳真服務：02-2718-1258
讀者服務信箱：andbooks@andbooks.com.tw
劃撥帳號：19983379 戶名：大雁文化事業股份有限公司

印　　刷　中原造像股份有限公司
二版一刷　2023 年 2 月
定　　價　420 元
I S B N　978-626-7085-70-7
原書名：《夢境完全使用手冊》

歡迎光臨大雁出版基地官網
www.andbooks.com.tw
> 訂閱電子報並填寫回函卡 <

版權所有・翻印必究（Printed in Taiwan）
缺頁或破損請寄回更換

Exploring the World of Lucid Dreaming
Copyright © 1990 by Stephen LaBerge, Ph.D. and Howard Rheingold.
Complex Chinese translation copyright © 2012 by Acorn International Publishing Ltd.
(through arrangement with Brockman, Inc.)
ALL RIGHTS RESERVED.